JN412383

노마디즘과 코리안 디아스포라 문학

노마디즘과 코리안 디아스포라 문학

2011년 2월 25일 초판 인쇄
2011년 2월 28일 초판 발행

지은이 | 장윤수
펴낸이 | 이찬규
펴낸곳 | 북코리아
등록번호 | 제03-01240호
주소 | 462-807 경기도 성남시 중원구 상대원동 146-8
우림2차 A동 1007호
전화 | 02) 704-7840
팩스 | 02) 704-7848
이메일 | sunhaksa@korea.com
홈페이지 | www.bookorea.co.kr
ISBN | 978-89-6324-120-3 (93300)

값 13,000원

- 이 책은 BK21 사업과 전남대학교 세계한상문화연구단의 지원에 의해 제작되었습니다.
- 이 도서의 국립중앙도서관 출판시도서목록(CIP)은 e-CIP홈페이지(http://www.nl.go.kr/ecip)와 국가자료공동목록시스템(http://www.nl.go.kr/kolisnet)에서 이용하실 수 있습니다.
(CIP제어번호: CIP2011003722)

노마디즘과 코리안 디아스포라 문학

장윤수 지음

북코리아

머리말

2005년 2월 필자가 코리안 디아스포라를 연구하는 과정에서 미국 로스앤젤레스(LA)를 방문한 적이 있었다. 재미동포 사회에 대한 기초조사와 동포예술가 및 예술단체 조사차 LA 코리아타운에 갔었는데, 마침 숙소의 한 홀에서 재미여성단체인 '3 · 1여성동지회'의 정기총회가 열리고 있었다. 주최 측에 양해를 구하고 참관하였다. 총회는 어린이 글짓기 대회(백일장) 결과 우수작에 대한 시상식을 겸하여 개최되었다. 재미동포들의 한글 사랑과 어린이 교육에 대한 열정을 느낄 수 있었다. 그리고 도산 안창호 선생의 딸 안수산나와 그의 아들이 초청된 그 자리에서 동포들이 독립운동가의 후손을 잊지 않고 있음을 확인할 수 있었다.

그런데 그 모임에 참석하신 한 분으로부터 재미시인협회 주최의 워크숍을 소개받았다. 며칠 후 코리아타운 내 한인식당에서 열린 그 모임은 모국에서 시인이자 대학교수인 한 분을 초청하여 특강을 듣고, 회원들의 작품에 대한 평가 등이 이루어지는 자리였다. 몇 년이 지난 지금 동포문학에 대한 자료를 정리하면서 그때의 일이 기억났다. 이국에서의 생활이 참 힘들고 어려울 텐데…. 우리말과 글을 잊지 않고, 문학활동을 하는 동포들의 모습이…. 당시 필자는 재외동포의 문학에 대해서 미처 연구계획을 갖지 못했다. 이제 비로소 코리안 디아스포라의 예술과 문학에 대하여 천착하고자 한다.

정치학 전공자인 필자가 코리안 디아스포라 연구를 시작한 지 10년 가까이 된다. 그 동안의 연구결과를 『재외한인 집거지역 사회경제』(2005, 집문당), 『재외한인의 문화생활』(2006, 북코리아), 『재외한인 문화예술 네트워크』(2008, 북코리아), 『코리안 디아스포라와 문화 네트워크』(2010, 북코리아) 등의 저서로 출판하였다. 그런데 당초부터 재외한인의 예술과 문화에 대한 연구가 목표였는데 이제야 비로소 필자의 관심 영역으로 넘어 들어간다. 특히 최근에는 재외동포 예술가와 작가들의 작품과 정체성 등에 지적 관심이 많아졌다.

문학과 예술작품은 작가의 가치관과 세계관을 반영한다고 믿는 필자는 작가의 가치관과 세계관 또한 작가의 삶의 조건과 상황을 반영한다고 본다. 이 때문에 동포 작가들의 작품세계는 바로 디아스포라로서 작가의 삶의 흔적을 드러낸다고 생각한다. 따라서 재외한인 이주사에 대한 그간의 연구는 동포 작가들의 작품세계를 이해하는 데 크게 도움이 되었다. 필자가 계획하고 있는 연구일정에 따라 먼저 코리안 디아스포라 문학에 대한 공부를 하고자 한다. 이 책은 그러한 과정에서 생산된 연구자료라고 할 수 있다. 동포 작가들의 작품에 대한 정체성 연구라는 본격적인 논의에 앞서 연구노트 성격으로서 이 책을 내놓게 되었다.

나중에는 동포 화가들의 작품에서 나타나는 정체성을 연구하고자 계획하고 있는데, 마찬가지로 예술과 문학 작품 모두 이주자로서 재외동포 작가들의 정체성을 드러낸다고 보는 필자로

하여금 그에 앞서 노마디즘을 공부하게 되었다. 바로 유목민으로서 디아스포라의 삶을 떠나서는 제대로 민족이산을 이해할 수 없다고 생각되어, 노마디즘에 대한 선행 연구자들의 성과를 독서하였다. 동포 작가들의 작품을 분석하는 평자들의 주장에 따르면 재외동포 1, 2세대를 넘어서 3, 4세대 작가에 이르게 되면 굳이 민족 정체성이라고 할 수 있을 만한 작가의 세계관을 읽을 수 없다고 보는 것이 일반적이다. 재외동포의 정체성에 대한 사회과학적 조사결과에서 나타나듯이, 마찬가지로 3, 4세대 동포 작가의 작품은 민족 정체성은 약화되고, 작품에서 추구하는 인간의 보편적인 이슈와 문제가 독자들에게 감동을 주었기 때문에 거주국 주류문단에서 평가받는 것으로 이해된다.

재외동포 문학을 전공하시는 분들에게 누를 끼친 것 같아 죄송하다. 문학에 문외한인 필자가 감히 문학의 영역까지 넘나보는 것이 외람되지만, 재외동포 사회에 대한 연구를 하다 보니 자연스럽게 사회의 반영물인 문학에 대하여 궁금하지 않을 수 없었고, 과연 문학은 재외동포 사회를 어떻게 그렸는지 살펴보게 되었음을 고백한다. 오히려 어떤 측면에서 문학이 재외동포 사회에 대한 다른 어떤 사회과학적 이해와 분석보다 더 과학적으로 그리고 사실적으로 보여주고 있음을 확인할 수 있었다.

필자는 이 기회에 주로 평론가들의 글을 검색하여 통독하였다. 동포문학에 대한 글들을 읽고 이를 한번 정리하면 좋을텐데 하면서도, 각주에서 인용되는 참고문헌을 또 검색하여 읽고, 그 논문에서 인용하는 각주의 참고자료를 또 검색하여 읽기를 반복하였다. 이렇게 동포문학에 관련된 자료를 읽다 보니 마치 숲은 보지 못하고 나무만 본 듯이 숲 속에서 헤맸던 느낌이다.

재외동포 사회의 이주사와 실상을 그린 동포문학에 대한 본격적인 분석은 다음 기회로 미루고, 이번에는 코리안 디아스포라 연구를 문화와 접목시키기 위한 입문서로서 이 자료를 내놓는다. 노마디즘, 디아스포라, 문학이 그 연결고리이자 이 자료집의 중심개념이다. 문헌해제 성격의 이 자료를 필자의 연구도정에서 나온 노트로 이해해 주시면 고맙겠다. 민족이산의 문학적 이해를 위하여 초심자가 공부한 결과로 보아주시길 바란다. 끝으로 이 책을 출판해 주신 북코리아 이찬규 사장님께 감사의 말씀을 전한다. 좋은 책을 만들기 위해 열성을 다하는 모습이 아름답다.

2011년 2월

장윤수

차 례

NOMADISM

제1장

현대사회와 노마디즘

KOREAN DIASPORA LITERATURE

1. 노마디즘이란

1) 이주의 시대, 유목의 시대

우리는 현대사회를 지구화와 정보화로 특징짓는다. 지구화와 정보화는 디지털 혁명과 네트워크로 촉발되었으며, 이것들에 의해서 더욱 가속화되고 있다. 그런 가운데 소련 동구 사회주의체제는 와해되고 단일의 자본주의적 시장경제에 의하여 하나의 지구촌이 형성되어 가고 있다. 따라서 이제 상품과 자본과 노동력의 국제적 이동 또한 더욱 빨라지고 있다. 특히 노동력의 국제적 이동에 대한 우리의 관심은 나라 안팎에 미치고 있다.

구한말부터 시작하여 지금까지 계속되고 있는 우리 동포들의 해외 이주와 더불어 외국인들의 국내 유입이 증가하여 다문화사회를 열어가고 있다. 한마디로 유목사회가 도래하였다고 할 수 있다. 그리하여 현대사회를 이동의 시대, 혹은 유목의 시대라고 한다. 상품은 물론이려니와 자본과 노동자의 이동이 일상화된 사회이다. 이제는 이동을 넘어 유목이 현대의 새로운 트렌드로 부상하고 있다.

이렇게 이동성이 일상화된 삶을 우리는 유목민의 삶에서 발견할 수 있다. 어느 한 곳에 정착하지 않으며, 끊임없이 새로운 곳으로 이동하는 삶을 유목 내지 유목주의라고 한다. 정착민은 머물기 위해 이동하지만, 유목민은 이동하기 위해 머문다. 정착민의 이동은 목적지에 종속되어 있지만, 유목민의 경우는 멈춰서는 점이 단지 이동의 궤적을 그리는 선 안에 있을 뿐이며, 그 점에 가는 것이 이동의 목적이 아니다. 정착민이 언제나 영토를 갖거나 영토에 안주하는 존재라면, 유목민은 언제든 영토에서 떠날 수 있는 존재, 어떤 영토에도 안주하지 않는 존재이다.[1]

지구적인 이주와 유목의 시대를 맞이하여 우리는 새삼 유목이란 무엇인지 질문을 던진다. 그리고 왜 인간은 끊임없이 이동을 하는지? 그런데 이주와 유목이 증가하였다고 이를 '유목주의'라고 할 수 있는지? 특히 디지털 시대를 맞아 '노마디즘'은 현대인에게 무엇인지, 어떤 의미를 갖는지 관련 질문을 하지 않을 수 없다.

유목이란 한 곳에 머물지 않고 떠돌아다니는 것을 의미하는 반면에 정착은 한 곳에 머무는 것을 말한다. 그렇지만 떠돌아다니는 자도 멈출 수 있고, 멈추어 있는 자도 떠돌아다닐 수 있다. 정착민도 이동할 수 있고, 유목민도 머물거나 멈출 수 있다. 정착민은 멈추기 위해 이동하는 사람이고, 유목민은 이동하기 위해 멈추는 사람이다. 따라서 떠남과 머묾은 단순히 공간의 문제가 아니다.[2] 유목주의는 지리적 공간 안에서의 위치이동을 나타내는 이주와 교류 등의 개념들과 관계된 것이 아니라, 길이 없는 곳에서도 길을 찾고자 하는 인간의 정신적 태도와 관계된 것이다.

세상에 원래부터 있던 길은 없다. 사람이 많이 다니면 그곳이 바로 길이 된다.[3] 인간의 여행과 방랑에의 욕망, 즉 '길을 가기'와 '떠돎에의

---

1 이진경. 2007a. "자본주의와 이동의 문제". 이진경 편저. 『모더니티의 지층들』. 그린비. pp. 263-267.

2 이진경. 2001. "유목주의란 무엇이며, 무엇이 아닌가?". 『미술세계』 195호. p. 38.

3 베이징대륙교문화미디어 편. 양성희 역. 2010. 『역사를 뒤흔든 대이동 7가지』. 현암사.

욕구'는 노마디즘의 중심을 이룬다. 방랑은 단일한 정체성을 추구하는 정착민의 사고에서 벗어나 인간 존재의 복합성을 일깨우는 계기가 된다. 방랑 자체와 방랑이 초래하는 다양한 정체성들은 무엇보다 생명력의 징표이며, 기쁨과 고통을 통해 강렬하게 현재를 살아갈 수 있는 불안정한 것의 진정한 지혜의 표현이다. 방랑하는 자아는 타인과 외계와의 교류를 통해 자신의 새로운 모습들을 발견하게 되고, 자아가 하나의 모습으로 고정되어 있는 것이 아니라 끊임없이 변화됨을 느끼게 된다.[4]

방랑자라는 의식은 인간이 자신이 살던 고향을 떠나는 순간부터 형성되는, 이방인이라는 일종의 자기 정체성이다. 타지의 타문화와 대립하면서부터 인간은 자신이 방랑자라는 것을 인식하게 되고, 비로소 그곳이 자신이 지금까지 보아온 풍경이 아님을 깨닫게 된다. 곧 인간은 그 풍경의 내부로 흡수될 것인가 아니면 계속 외부에서 존재할 것인가를 두고 고민하게 되고 머지않아 결정하게 된다. 하지만 그 결정이 어떤 것이든 간에 방랑자의 내면에는 고향의 풍경이 이미 화석화되어 존재하고 있으며, 그것은 새로운 풍경과 끊임없는 충돌을 한다.[5]

이렇듯 방랑과 유목의 의미는 경계를 넘어서는 탈경계, 고립된 정체의 섬을 넘어서는 탈정체로 이해된다. 탈경계와 탈정체는 모든 고정된 선입견과 가치관, 경계와 구분, 정체와 지도를 거부하는 위반의 실천으로서 유목성을 획득한다. 그것은 경계와 정체의 바깥에 자기를 세우는 것으로서, 위반의 실천으로서 정치적이다. 유목민은 이동할 때마다 하나의 영토로 영토화(territorialization) 내지 재영토화(re-territorialization)되지

---

4 조윤경. 2006. "현대 문화에 있어서 노마디즘과 이동성의 의미: Attali와 Maffesoli의 논의를 중심으로". 『불어불문학연구』 제66집. p. 345.

5 주정란. 2003. "재러 고려인의 방랑자 의식에 대한 고찰". 김종회 편. 『한민족 문화권의 문학』. 국학자료원. p. 567.

만, 이는 탈영토화(de-territorialization)에 종속되고 탈영토화하기 위해서만 그렇게 하는 반면, 정착민은 자신의 영토로 재영토화하는 한에서만 탈영토화를 수행한다는 것이다.[6]

유목주의란 특정한 가치와 삶의 방식에 얽매이지 않고 끊임없이 자기를 부정하면서 새로운 자아를 찾아가는 것을 의미하는 철학적 개념에서 유래한다. 이 개념은 고정된 중심에서 탈피하여 이동하는 것이 강조되고 있는데, 이때 이동이란 물리적 이동만을 의미하는 것이 아니라 기존 영역을 횡단해 새로운 가치를 창조하는 정신적 이동을 함께 의미한다. 노마디즘은 질 들뢰즈(Gilles Deleuze)가 『차이와 반복』에서 처음 언급하였다. 그는 또 천 개의 고원에서 국가로 대표되는 억압적인 코드가 인간 삶을 바둑판처럼 구획 짓고 구속하고 있을 때, 그러한 억압의 코드를 파괴할 수 있는 새로운 삶의 모습으로 노마디즘을 제시하였다. 바로 유목민들은 근대적 국가권력에 의해 배치된 사회장치 속에서 이를 거스르는 새로운 탈주선을 타고 스스로를 탈영토화한 존재이며, 유목민은 탈영토화 그 자체에 의해 재영토화된다.[7]

자본주의 역사에서 탈영토화는 인클로저운동(enclosure movement)으로부터 비롯한다. 본원적 축적으로서 '울타리치기'는 소유권을 갖지 못한 이용자 점유자를 토지에서 축출하기 때문에 거대한 이동을 야기하였다. 역설적인 것은 본원적 축적이 야기한 대이동이 자유로운 이동을 제한하는 인클로저에 의해 야기되었다는 사실이다. 인클로저는 토지로부터 분리된 자유로운 노동력, 탈영토화된 노동력을 산출한다. 그러나 그

6 Deleuze, G. and F. Guattari. 김재인 역. 2001. 『천 개의 고원』. 새물결. p. 960; 이진경. 2001. 앞의 글. p. 39.

7 Deleuze, G. and F. Guattari. 앞의 책. p. 732.

것은 어느 경우이든지 자본의 흡수능력을 초과하기 마련이고, 이는 부랑하거나 유랑할 수밖에 없는 빈민들과 부랑자들을 양산한다.[8]

인클로저운동에 의해 자본주의의 본원적 축적이 이루어진 기초 위에서, 산업혁명 이후 성장한 산업자본에 의한 노동력의 실질적 포섭은 노동력의 흐름을 직접 영유 착취함으로써 가능하게 되었다. 그리고 생산 못지않게 운송과 판매를 포함한 자본의 이동성이 자본의 능력에서 중요한 비중을 차지하게 되었다.[9] 그런데 노동력의 흐름과 대중의 흐름이 겹쳐지고 포개지는 한, 노동력의 흐름을 그대로 방치한다는 것은 정치적인 전복의 위험을 자초하는 것이 될 수 있다. 노동력의 흐름과 대중의 흐름이 근본적으로 분리될 수 없기 때문에 노동력과 대중의 흐름을 분리하는 고전적인 전략, 즉 정치를 경제로부터 분리하는 전략이 등장한다. 그러나 결코 대중의 흐름은 노동력의 흐름과 동일한 절단과 분절의 양상을 갖지 않는다. 근대적 훈육체계로서 공장은 완화된 감옥일 수 있지만 공장 바깥에서, 길거리나 선술집에서 혹은 모임이나 집회의 장소에서 조건만 갖춰지면 대중의 흐름은 언제든지 형성될 수 있다. 그래서 이러한 위험에 대처하기 위하여 고안한 것이 가족제도이다. 공장의 훈육체계가 가동되지 않는 비노동시간까지 가족을 영토화(정착민화)하며, 가족은 새로운 통치장치 혹은 치안장치가 된다.[10]

이렇게 자본주의의 발전에 따라 생산수단으로부터 분리된 노동력은 정치와 경제의 분리논리에 따라 공장과 가족 그리고 학교라고 하는

---

8 이진경. 2007a. 앞의 글. p. 271.

9 위의 글. p. 276.

10 공장과 가족에 덧붙여 학교와 도시라는 또 다른 근대적 통제장치를 추가할 수 있다. 이진경. 2007a. 앞의 글. pp. 278-279.

질서와 제도에 길들여졌다. 그렇지만 자본주의는 그 출발에서부터 팽창적 속성을 가지고 있기 때문에 강제적인 폐절이 요구되지 않는 한 스스로의 존재이유를 좇아 세계로 확산되어 나가기 시작하였다. 특히 20세기 들어 더욱 노골화된 지구화의 경향은 생산의 순환과정을 제한된 공간 안으로부터 탈영토화하였다. 생산의 탈영토화와 더불어 디지털혁명과 네트워크는 육체적 생산을 비롯한 모든 활동을 공간적 제약에서 벗어나 실시간으로 결합할 수 있게 해 주고, 탈영토화된 정신노동은 흐름으로 흘러다니다가 결합될 수 있게 해 주었다. 이를 우리는 정보화라고 부르며, 다른 말로 자본의 노마디즘 혹은 자본의 이동에 의해 야기되는 유목효과라고 할 수 있다.[11]

자본의 노마디즘, 그것은 영유하고 소모하곤 떠나버리는 이주민의 그것이다. 유목민은 언제나 하나의 특정한 지점에 있지만 어느 방향으로든 움직일 수 있는 잠재성을 갖는 반면, 그들은 지구상의 모든 곳을 쉽게 이동하고 떠돌지만 어디를 가든 돈이라는 하나의 목적을 벗어난 적이 없는, 오직 하나의 목적에 고착되어 있는 정착민이다.[12]

그렇지만 자본이 만들어낸 흐름의 공간은 자본이 만들어낸 목적과 다른 방식으로 사용될 수 있다. 특히 인터넷으로 표상되는 그 공간은 어느 경로를 선택하든 결국 하나의 중심으로 귀착되는 구도가 아니라, 복수화된 이동과 전송의 경로로 인해 어디를 막아도 다른 경로를 찾아낼 수 있는 뿌리줄기(rhizome) 같은 구도를 갖고 있다. 이로 인하여 그것은 자본으로 환원될 수 없는 삶의 흐름, 활동의 흐름, 대중의 흐름이 만들어지고 변형되며 흘러갈 수 있는 가능성을 갖고 있는 셈이다. 이러한 이

11 위의 글, pp. 281-282.

12 위의 글, p. 283.

유에서 우리는 그 흐름의 공간이 자본의 노마디즘과는 다른 종류의 긍정적이고 적극적인 유목적 삶과 활동을 촉진하리라고 믿는다. 지구상 여러 곳에 흩어진 다양한 사람들의 활동을 하나로 연결하는 네트워크로서, 이질적인 삶의 흐름이 만나고 혼합되는 변성의 공간으로서 가동될 수 있을 것이다.[13]

2) 호모 노마드와 노마디즘

현대사회는 사회적 이동성이 증가하면서 정주사회로부터 유동적인 사회로 바뀌고 있다고 얘기된다. 정착민이 움직이지 않으면서 할 수 있는 것이라곤 잠자는 것뿐이다. 그런데 그마저 점점 더 노마드화된다. 다시 말해 그들은 여행하면서, 출근하면서 혹은 퇴근하면서 잠을 잔다. 특히 IT혁명과 지구화로 인하여 정주사회로부터 이동적인 사회, 신유목사회로 바뀌고 있다. 현대사회의 국제적인 신유목화는 디아스포라의 경향이 빠르게 진행되고 있음을 의미한다. 국내에서도 보다 좋은 교육환경과 직장을 찾아 이동하는 것은 물론이려니와 유학, 무역, 기술연구, 결혼, 관광 등을 이유로 하여 해외로 무수한 노동력이 이동하고 있다.

생존을 위해 국경을 넘는 노동자들의 이동, 취업과 실업 사이에 끊임없이 이동하는 비정규직 노동자들의 급증과 더불어 이윤을 찾아 국경을 넘는 자본의 이동 역시 이 시대의 특징이라고 할 수 있다. 과연 이제 다시 이동의 시대 혹은 유목의 시대가 시작된 것일까? 가시적인 이동의

---

13 위의 글. pp. 285-286. 이는 바로 필자가 연구대상으로 하는 디아스포라 네트워크를 시사한다.

양상이나 이동의 속도, 혹은 유목적 이동의 형태가 급속히 확대되고 있는 것을 일컬어 노미디즘이라고 부를 수 있을까?[14]

인류의 문명이 정착적 농경문화에 그 기원을 두고 있다는 것은 세계사의 상식이다. 큰 강을 옆에 끼고 세워진 고대의 도시들은 부족사회를 통합하는 동시에 체계적인 농업생산을 시작했고, 이렇게 확보된 사회적 생산능력은 원시적 국가형태를 낳았다. 메소포타미아, 이집트, 인더스, 황허 등 고대 세계의 문명들은 모두 이러한 과정을 밟았으며, 무엇보다도 정주문명으로서 역사 속에 이미지화되었다. 그러나 자크 아탈리(Jacques Attali)는 이런 상식은 신화인 동시에 허구에 불과하다고 주장한다. 우리가 지금까지 알고 있던 역사는 힘과 권력을 독점함으로써 세계사의 주도권을 장악한 정주민의 자기합리화이자 자기기만이라는 것이다.[15]

이렇듯 오랜 세월 인류의 문화를 지배해 온 것은 정착민적 사유였다. 따라서 정착민과 더불어 존재했던 유목민에 대한 평가는 대체로 부정적이었다. 문자를 발명하고 역사를 기록하고 한 곳에 정착하여 평화롭게 문명을 꽃 피웠던 정착민에 비하여 집시, 유목민, 음유시인, 방랑자, 거지 등 떠도는 자들은 늘 척박한 삶을 살았다. 그리고 정착민들은 침략하는 호전적인 집단으로 혹은 주류에 끼지 못하고 떠돌아다니는 일탈자나 주변부 세력으로 분류되었다.[16] 구전되는 유목민의 역사는 기록되지 못하고 사라져 버렸으며, 유목민들은 늘 공간적으로 사회적으로

14 이진경. 2007b. "노마디즘과 이동의 문제". 『진보평론』 제31호. p. 281.

15 최진석. 2006. "자크 아탈리의 호모 노마드". 계간 『문화예술』 2월호.

16 Attali, Jacques. *L'homme nomade*. 이효숙 역. 2005. 『호모 노마드 유목하는 인간』. 웅진닷컴; Attali, Jacques. 정혜원 역. 1999. 『21세기 사전』. 중앙M&B; Michel Maffesoli. 1997. *Du nomadisme: vagabondages initiatiques*. LGF.

변두리에 살고 있는 사람들이었다.

이와 대조적으로 현대 유목민에 대해서는 대체로 긍정적으로 평가된다. 과거 아날로그적 유목민과는 대비되어 디지털 노마드라고 불리는 이들은 휴대폰과 노트북, 컴퓨터, 디지털카메라 등 첨단 장비를 갖추고 있어 시간과 공간에 구애받지 않고 이동하는 사람들이다. 그리고 특정한 가치와 삶의 방식에 매달리지 않고 끊임없이 자신을 바꾸어가는 창조적 행위자들이다. 이렇듯 유목주의는 현대를 살아가는 사람들의 문화를 지칭하는 중요한 키워드로 부각되었다. 특히 유목민의 가치가 부각되고 있다는 것은 머물러 있는 것에서 움직이는 것으로, 고정된 자아에서 다양한 자아로, 행동양식과 정책 그리고 세계관 등이 변해가고 있음을 의미한다.[17]

아탈리는 현대사회를 노마드의 시대로 규정하고, 노마디즘을 현대문화의 제반현상을 지칭하는 용어로서 본격적으로 사용하였다. 그는 『호모 노마드 유목하는 인간』, 『21세기 사전』 등에서 오랜 정주성 위주의 사유에서 벗어나 유목민적 시각으로 인류문화를 새롭게 정의하였다. 그리고 미셸 마페졸리(Michel Maffessoli)도 모더니즘 사회에서 포스트모더니즘 사회로 이행하는 과정에서 유목민적 사유로의 패러다임 전환을 가져왔다고 보고, 그 핵심이라고 할 수 있는 이동성을 입사의식적 방랑으로 풀이하고 있다.[18]

요컨대 자크 아탈리가 다음과 같이 요약하는 노마디즘은 인류의 삶 전체를 추동하는 근원적인 힘이라고 할 수 있다. "인간의 모든 역사에는 노마디즘의 봉인이 찍혀 있다. 정주성은 아주 잠깐 인류역사에 끼

17 조윤경. 앞의 글. p. 327.

18 Attali, Jacques. 1999. 앞의 책; Michel Maffesoli. 앞의 책; 조윤경. 앞의 글. p. 328.

어들었을 뿐이다. 인간은 중대한 모험들 속에서 노마디즘으로 역사를 이루어왔고, 다시 여행자로 되돌아가고 있다". 노마디즘의 본질인 여행에 대한 의지는 인간에게 본능처럼 각인된 욕망이다. 아메바로부터 원숭이를 거쳐서 현생 인류에 이르는 기나긴 진화의 여정도, 유사 이래 인류의 전 세계적인 이동과 확산도, 카우보이들의 서부개척과 지리상의 발견 및 자본주의의 전 지구적 확대도 모두 노마디즘의 실현과정으로 볼 수 있다.[19]

아탈리에 따르면 인류의 역사는 잠깐 정주민이 끼어들었을 뿐 유목민의 것이라고 한다. 유목민족들, 양치기들, 상인들, 기수들, 예술가들, 발견자들, 이주자들과 같이 지금까지 무시되었거나 잊혔던 역사의 주역들에게 이제 역사의 맨 윗자리를 되찾아주는 것이 마땅하다. 이들은 불에서 예술에 이르기까지, 글자에서 야금술에 이르기까지, 농경에서 음악에 이르기까지, 신에서 민주주의에 이르기까지 모든 문명의 토대를 발명한 사람들이다.[20]

아탈리에 의하면 정착민이 문자를 발명했기 때문에 인류 역사는 항상 정착해서 사는 사람들의 시각으로 쓰였다. 이에 비해 유목민들의 역사, 문화, 정신세계는 모두 구두로 전해졌기 때문에 남아 있는 것이 거의 없다. 정착민의 사회는 지리적으로 안정되지 않고, 사회적으로 예측불가능하며, 경제적으로 계획 가능하지 않았던 유목민을 무시해 왔다. 그러나 아탈리는 오히려 6백만 년에 이르는 인류역사를 전체로 볼 때 5천 년 동안의 정주역사는 극히 일부분에 지나지 않는다고 하면서, 정주형 위주의 역사에서 유목형 위주의 역사로 인류문화를 새롭게 보아

19 최진석. 앞의 글.

20 Attali, Jacques. 2005. 앞의 책. p. 18.

야 한다고 주장한다. 정착민의 입장에서 일탈자, 범죄자, 소외된 사람들로 취급받았던 양치기 상인, 예술가, 발견자, 이주자 등 모든 유목민들은 불, 예술, 글자, 야금술, 농경, 음악, 신, 민주주의 등 문명의 토대를 발명한 사람들이다. 반면에 정착민이 발명한 것은 국가, 세금, 감옥, 저축, 총, 대포, 화약일 뿐이라고 주장한다.[21]

아탈리에 의하면 국가가 탄생한 이후 불온한 존재로 여겨져 통제의 대상이었던 노마드들의 삶의 양식이 확산된 것은 세 차례의 지구화에 의해서였다. 그것의 첫 번째는 17세기 유럽을 하나로 엮은 도로 교통의 발달과 함께 최초의 지구화와 최초의 상업적 노마디즘의 시기이다.[22] 이 시기에는 상품, 상인들, 사상의 순환을 가져왔으나 이동하는 사람들은 주로 가난한 이들이었다. 다음 18세기 말~19세기에 시작된 두 번째 지구화는 철도와 자동차가 발명되고 전보, 전화, 라디오가 탄생한 통신혁명과 함께 도래하였는데, 이 시기는 빈곤한 노마드들과 부유한 노마드들 사이에 깊은 골을 파놓은 산업적 지구화의 시기였다. 이때 등장한 노마드는 탐험가, 이주노동자, 식민지 지배자, 출장객, 관광객 등 새로운 종류의 노마드들이 탄생하였다. 마지막으로 제2차 세계대전 이후 세계 인구의 1/6이 이동하고 있는 세 번째 상업적 노마디즘의 시기이다. 이 시기의 상업적 지구화는 노마디즘의 가장 나쁜 불안정성과 정착주의의 가장 나쁜 폐쇄성 위에 세워졌기 때문에 무질서, 대중운동, 국경 없는 테러리즘의 악화를 초래하였다.[23]

---

21 조윤경. 앞의 글. p. 329.

22 월러스타인은 서구의 근대성과 자본주의가 확장된 이 16세기를 지구화의 출발로 이해한다. Wallerstein I. 1989. *The Modern World-system. vol. III: The Second Era of Great Expansion of the Capitalist World-Economy 1730-1840*. Academic Press.

23 Jacques Attali. 2005. 앞의 책. pp. 417-418; 조윤경. 앞의 글. p. 330.

한편 아탈리는 현대 노마드를 세 종류로 분류하고 있는데, 하이퍼 계급의 부유한 유목민, 한 곳에 정착해서 칩거하는 대다수 가상 유목민(정착민), 생존을 위해서 평생 이동해야 하는 가난한 유목민이 그것이다. 물질보다 창의력과 정보가 중시되는 사회에서 부유한 유목민은 정보를 창출하고 향유할 수도 있으며, 그것으로 자유롭게 삶을 영유할 수 있는 최상의 계급이다. 그리고 다수의 가상 유목민은 대부분의 정보를 부분적으로 창출하거나 향유할 능력만을 갖추고 있는 부류이며, 인프라 유목민으로 일컫는 가난한 유목민은 정보를 창출하지도 향유하지도 못하고 자기의 의지와 상관없이 일자리를 찾아 이동하는 사람들이다.[24]

그리고 아탈리는 유목민이 갖추어야 할 조건으로 다음의 여섯 가지를 든다. 요컨대 유목민은 가볍고, 자유롭고, 언제나 주의를 게을리 하지 않고, 늘 접속되어 있으며, 우애를 지녀야 한다는 것이다. 먼저 가벼움은 이동하는 사람이 가장 먼저 염두에 두어야 할 사항이다. 물질적인 풍성함은 이동하는 데 불편하다. 오로지 유목민은 생각과 경험, 지식과 관계만을 축적해야 한다. 다음 자유로움은 유목민이 갖추어야 할 두 번째 덕목이다. 이는 특정한 사고방식, 이데올로기, 고정된 정체성에 머무르는 것이 아니라, 끊임없이 유랑하며, 새로운 것을 받아들이는 유연한 사고와 같이 모든 경계를 무너뜨릴 수 있는 힘을 의미한다. 국가, 혈연, 지연, 학연관계들의 그물망에 얽매인 것이 아니라, 뜻이 맞는 사람끼리 적극적으로 함께 만들어가는 소집단 문화나 혹은 함께 공유하는 이데올로기에 따라 복합적이고 다양한 정체성이 만들어지는 것을 의미한다. 그 다음 일견 상반되어 보이는 환대와 경계심 또한 유목민이 갖추

---

24 조윤경. 앞의 글. p. 330.

어야 할 덕목들이다. 방랑자가 묵어가길 청할 때 극진한 대접을 하는 것은 유목민의 불문율이며, 자신 또한 다른 사람에 신세를 지고 대접 받게 될 것이기 때문이다. 그렇다고 마냥 환대만 하는 것이 아니라, 경계심을 늦추어서는 안 된다. 울타리도 담도 없이 항상 떠돌아다녀야 하는 위험에 노출되어 있는 유목민은 자신을 보호하기 위하여 항상 경계상태에 있어야 하며, 늘 텐트를 철수할 준비를 하고 있어야 한다. 다섯 번째 유목민은 생존을 위해서 항상 부족 전체와 연결되어 있어야 하며, 오아시스와도 연결되어 있어야 하기 때문에 전송수단을 몸에 휴대하고 다녀야 한다. 현대인도 늘 네트워크상에 접속되어 있으며, 휴대폰을 잠시도 놓고 살지 못하는 것은 노마드의 접속의 필요성 때문이라고 할 수 있다. 마지막으로 노마드가 지향해야 할 보편적 덕목으로 이타주의적 우애이다. 유목인이라는 단어는 함께 나눈다는 의미의 그리스어이다. 관계의 네트워크 안에서 모두 평등한 공동체의 일원인 것이다.[25]

끝으로 아탈리의 패러다임에 제기되는 문제는 두 가지인데, 먼저 노마드 제국의 미래를 하이퍼 유목민에게 의지한다는 데 있다. 시장원리와 민주주의가 지배하는 사회의 꼭대기에 위치하는 하이퍼 유목민은 늘 네트워크에 접속되어 있으며 문화와 관련된 배당금을 받는 사람들이다. 정착민의 본령이라고 할 수 있는 기업, 토지, 사회 부담에서 자유로운 존재들이기 때문에 이들은 오로지 창조하고 즐기고 움직이는 것을 좋아한다는 것이다. 그렇다면 인프라 유목민의 미래는 없는 것인지 궁금하다.

두 번째 정착민의 고정된 시각에서 벗어나 유목민의 입장에서 새

---

25 Jacques Attali. 1999. 앞의 책. pp. 231-232; 조윤경. 앞의 글. pp. 335-338.

롭게 인류역사를 해석하였지만, 지나치게 유목민의 입장에서 정착민의 문화를 대립적으로 이해한다는 점이다. 이렇게 대립적인 역사 이해는 하나의 지구촌 사회를 지향하는 21세기 새로운 패러다임으로 적당한지 의문이 제기된다. 그래서 아탈리는 유목민과 정착민의 상호보완적인 역할을 강조하는 개념 '트랜스휴먼'을 제출한다. 노마드 제국의 세 축을 형성하는 시장, 이슬람, 민주주의가 연합하여 미국과 대립하다가 이 모든 것이 망하고 트랜스휴먼의 세계가 도래한다는 것이다. 이는 노마드적이면서 정착민적인 것으로 해석할 수 있다.[26] 트랜스휴먼은 발견과도 같은 뿌리 내리기를 경험하고, 휴식과도 같은 여행을 경험하며, 노마드로서 정착하고, 정착민으로서 이동하고, 움직이지 않고도 떠돌아다니고, 움직이면서도 명상할 수 있는 사람이다.[27]

---

26 Jacques Attali. 2005. 앞의 책. p. 417; 조윤경. 앞의 글. p. 332.

27 이처럼 아탈리가 트랜스휴먼을 통해 정착민과 유목민의 결합방식을 모색하였다면, 미셸 마페졸리는 역동적 정착의 개념을 제시하고 있다. 역동적 정착은 사물의 안정성과 관계의 지속성을 추구함과 동시에 움직임과 감정의 새로움을 추구하는 현대인의 양가성을 의미한다. 현대인은 한편으로 정서적 · 직업적 · 이데올로기적 안정을 추구하면서도, 다른 한편으로 일상의 방랑과 외국에서의 작은 모험을 꿈꾸고 있다. Michel Maffesoli. 1997. 앞의 책. pp. 333-334.

2. 현대사회와 노마디즘

1) 들뢰즈/가타리의 노마디즘

노마디즘 또는 유목주의란 다수-지배자의 삶의 방식에 안주하지 않고 다수-지배자의 삶의 방식과는 다른 삶의 방식을 끊임없이 분열증적으로 추구하면서, 창의적이고 생산적이고 유연하게 살아가고자 하는 사고방식, 가치관, 태도, 행동양식을 옹호하고, 정당화하고, 권장하는 패러다임이다. 특히 유목민은 욕망의 영토적 배치가 이루어진 국가로부터 탈주를 감행한다. 국가는 지배력이 미치는 공간에 홈을 파서 그 속에 모든 것을 고정시키는 일이 기본 임무인데, 그것에 순응하려는 정착민과 달리 유목민은 그로부터 벗어나려는 공간, 즉 탈주선을 따라 탈영토화를 꾀한다. 바로 영토화를 거부하며, 탈주선을 따라 끊임없이 탈영토화를 시도하는 사람들을 유목민이라고 부른다.

요컨대 유목민은 국가에 의하여 강제적으로 부여되어 따르기를 강요하는 규격화된 배치, 보편적이라는 이름으로 시도되는 획일화를 거부하고 새로운 배치, 새로운 욕망을 끊임없이 추구하는 사람이다. 국가장치에 의해 설정된 공간 안에서 정착민으로 살아가길 거부하고, 탈주선을 따라 지금까지와는 다른 형태의 삶의 공간을 찾아 이동하는 사람들만이 유목민인 것이다.[28] 바로 국가체제 안에서 정착민으로서 통제되는 삶을 거부하고 전쟁기계가 되는 것이 유목민이다. 요컨대 유목민은 국가장치에 의해서 설정된 공간인 홈 패인 정주적 공간을 벗어나 유목적 공간인 미끄러운 공간, 전쟁기계가 작동하는 공간에서 살아가려는 사람이다.[29]

따라서 휴대전화, 노트북 컴퓨터, PDA, 디지털카메라, MP3 등을 갖춘 소비자들이 노마드를 자칭하면서, 사이버공간이라는 새로운 무한 초원을 무대로 공간의 물리적 이동만이 아니라 특정한 가치와 양식에 얽매이지 않고 다양하게 자신의 생각과 삶의 방법을 능동적으로 바꾸어 가는 창조적 행위를 감행하고 있는 셈이다. 우리는 겉으로 드러난 현실에서 탈경계의 이동이나 탈주를 하는 듯이 보이는 소수 엘리트층 또는 자기 땅에서 밀려나 탈국가적으로 이동해야 하는 수많은 빈민이나 노동이민자들을 확인할 수 있다. 이들이 바로 떠돌아다니지만 끊임없이 어딘가 멈출 곳을 찾는 실질적 고착자들이다.[30]

이처럼 유목주의로 번역되는 노마디즘은 특정한 가치와 삶의 방식에 붙박이지 않고 끊임없이 탈주선을 그리며 새로운 삶을 찾아가는 사유의 여행으로 규정된다.[31] 유목은 다른 삶의 영토를 찾아, 다른 삶 자체를 찾아, 다른 사유와 다른 가치를 찾아 끊임없이 이동하는 것이다. 설사 그가 앉아 있다고 하더라도 자유의 새로운 공간을 찾아 끊임없이 탈영토화한다면 그는 유목민인 것이다.

이때 들뢰즈와 가타리는 국가로 상징되는 고착된 가치에 맞서 새로운 가치를 창조하는 도구로서 '전쟁기계'를 노마디즘의 핵심개념의

---

28 목영해. 2010. "들뢰즈의 유목주의와 그 교육적 함의". 『교육철학』 제48집. p. 56.

29 위의 글. p. 56.

30 홍윤기. "실체 없는 '유목주의' 이미지만 떠돈다". 『한겨레』 2007/12/28.

31 Deleuze and Guattari. 앞의 책. p. 597; 홍윤기. 앞의 글.

하나로 내세웠다.[32] 그들은 전쟁과 관련된 유목민의 역동성 같은 것이 국가의 영토성을 근본적으로 해체하는 탈국가적 탈경계적 추진력으로 작용하기를 기대하면서 불복종 행위, 봉기, 게릴라전 또는 행동으로서의 혁명이라는 반국가적 움직임이 있을 때마다 전쟁기계가 부활하여 새로운 유목적 잠재력이 출현한다는 명제를 제시했다.[33] 전쟁기계란 단순한 파괴행위가 아니라, 창조하는 방식으로 전쟁을 수행하는 모든 종류의 기계들을 지칭한다. 유목민이 새로운 가치의 창조자이고, 그 새로운 삶의 창조자가 사용하고 만들어내는 것이 전쟁기계인 셈이다. 예를 들어 동일성의 철학에 대한 차이의 철학, 존재의 철학에 대한 생성의 철학, 국가적 과학에 대한 소수자의 과학, 다수자의 문학에 대한 소수자의 문학, 왕립예술에 대한 소수자의 예술이 수행한 전쟁에서 동원된 것 모두 전쟁기계인 것이다.[34]

국가는 어떤 것이든 규칙적이고 동일하게 반복되도록 고정하고 통합하며 제도화한다. 그렇게 고정된 것에 질서라는 이름을 붙이며, 그 질서를 당연시하는 도덕이나 가치, 규범, 의무, 권리의 형식으로 그 구성

---

32 Deleuze and Guattari. 앞의 책. p. 726.

33 전쟁기계란 기존의 지배적 가치에서 벗어나는 탈주선을 그리는 집합적 배치의 이름이다. 그것은 새로운 가치의 창안을 통해서 기존의 가치, 이미 지배적 장치와 결합된 가치에서 탈주하지만, 많은 경우 그것과 충돌하게 된다. 대개는 국가장치나 지배적 가치가 탈주선을 가로막으며 충돌이 시작된다. 여기서 전쟁이 발생한다. 따라서 전쟁기계는 전쟁을 목적으로 하지 않지만 전쟁을 회피하지도 않는다. 유목민의 전쟁도 그렇다. 유목민은 전쟁을 목적으로 하지 않는다. 유목하며 자유로이 이동할 뿐이다. 그러나 땅을 소유하는 정착민들은 울타리를 쳐서 그들의 유목행로를 차단하고 저지한다. 전쟁이 시작되는 것은 바로 거기이다. 자유로운 행로를 차단하는 울타리가 잊혀진 채 유목이 남의 땅을 침범하고 침략하는 것으로 비난되듯이, 국가가 장악한 전쟁기계로 인해 전쟁기계는 전쟁을 목적으로 하는 기계로 오해되고 혼동된다. 자유로운 이동이 만들어낸 길들이 침략의 길로 간주되는 것은 그것을 차단하려는 소유의 벽, 울타리와 성벽(만리장성) 때문이다.

34 이진경. 2001. 앞의 글. p. 41.

원에게 부과한다. 그리고 그러한 질서 아래 각각의 구성원이나 구성요소들에 대해 동일성(정체성)을 부여한다. 따라서 주어진 것들을 새로운 배치 속에서 끊임없이 탈영토화시키고, 새로운 삶의 방식과 새로운 가치로 기존의 동일성을 뒤흔들고 전복하는 유목주의는 이미 그자체로 고정하고 통합하며 동일화하려는 국가장치나 기존 체제에 반하는 전쟁인 셈이 된다. 즉 유목이란 기존의 것을 파괴하는 것만이 아니라 새로운 것을 창조하는 것이고, 그 창조에 의해 낡은 모든 것을 위협하고 파괴되도록 한다는 점에서 유목민이 수행하는 전쟁은 파괴가 아니라 창조행위라고 할 수 있다. 요컨대 유목민은 전쟁이 아니라 창조하는 것이며, 유목민 존재 자체가 국가장치에 대한 전쟁인 것이다.[35]

따라서 들뢰즈와 가타리에게 국가는 노동, 상품, 자본 등과 같이 하나의 포획장치이므로 모든 제도 장치로부터 탈주를 권장하는 전면적 탈경계를 기획한다. 만약 탈경계의 지향점을 문제 삼지 않을 경우, 삶의 조건과 영역에 처진 경계들 자체에 얽매이지 않고 자유로이 왕래하거나 이동할 수 있는 일체의 행위와 생활양식은 모두 노마드적이라고 할 수 있다. 인간이란 여행을 존재의 본질로 한다는 아탈리의 '호모 노마드' 개념에 의하면, 현재와 같이 지구화된 세계시장은 옛날 대상로가 거미줄처럼 얽혔던 실크로드로 간주된다.[36]

다시 말해 국가는 영토 내에서 안정적으로 살아가는 정착민을 대상으로 포획활동을 자행한다. 포획은 국가가 영토 내 모든 것들에 대한 독점적 소유권을 활용하여 불공정 거래를 공정한 거래인 것처럼 위장하여 갖고자 하는 것을 강탈하는 것이다. 국가장치는 포획장치가 되어 정

35 위의 글. p. 40.

36 홍윤기. 앞의 글.

착민을 착취하고, 정착민은 국가 영토 안에서 안정적으로 살아가는 대가를 자신도 모르게 과도하게 지불하는 것이다. 국가체제 아래 제도화된 배치에 순응하는 사람들이 안정감을 가지고 순종하면서 살아가는 정착민인 것이다. 정착민은 편집증적으로 제도권의 고착된 삶의 방식에 안주하는 사람으로서 홈 패인 공간, 즉 제도권적 사고방식, 가치관, 생활방식에 안주하며 이로부터 벗어나지 않으려는 사람을 말한다.[37]

그런데 유목민은 주류적 척도에서 벗어난 새로운 삶의 양식과 사유양식을 창안하는 자들이다. 따라서 자동차나 비행기로 돌아다니지만 마음은 언제나 돈이나 자기 가족에 매여 있는 자는 유목민이라고 할 수 없다. 이동이 자본의 중요한 특징이 된 지금 노마디즘에서 중요한 것은 유목과 이동을 혼동하지 않는 것이다. 유목민은 결코 이주민이 아니다. 그 차이는 정착민의 이동이 어떤 목적(멈춤)에 종속되어 있다면, 유목민에게 멈춤이란 이동의 궤적 안에서 잠시 머무는 것이란 점에서 이동에 종속되어 있다. 정착민이란 성공에 안주하는 자라면 유목민은 성공을 버릴 줄 아는 자이고 이주민이란 실패를 쉽게 떠나는 자라면 유목민이란 실패와 대결하며 새로이 길을 찾아내는 자들이다.[38]

들뢰즈와 가타리가 말하는 마이너리티(minority)란 수가 적다는 의미의 소수파가 아니라 주류적(major) 척도와 대결하는 자들이고, 그런 척도에서 벗어난 새로운 삶의 방식과 사유방식을 창안하는 자들이다. 빈민이나 이민자, 혹은 여성이나 성적 소수자들조차 주어진 상태에 머물러 있거나, 주류적 척도에서 벗어난 삶이나 사유의 방식을 구성하지 못하고 개별적인 새 정착지를 찾을 뿐이라면 그들 또한 정착민이다. 이처럼

---

37 목영해. 앞의 글. p. 55.

38 이진경. "다른 삶을 위한 '차이 철학'이자 '혁명 정치학'". 『한겨레』 2008/01/04.

지배적인 가치에 대한 전쟁, 낡은 습속에 대한 전쟁, 그리고 이런 전쟁을 수행하는 것이라면 그것이 무엇이든 전쟁기계라고 할 수 있다.[39]

이상에서 살펴 본 바와 같이 노마디즘에 대하여 논자들은 여러 노마드들이 다양한 의미를 갖고 경쟁 대립 공존하고 있음을 지적하고 있다. 노마드들이 개념으로 묶이지 못하고 이미지로만 교착되어 있기 때문에 노마디즘에 대하여 회의적인 평가를 하는 반면에, 긍정적인 평가를 통하여 노마디즘이나 차이의 철학이 혁명의 정치학과 상통함을 주장하기도 한다. 특히 노마디즘은 좀 더 나은 삶에 대한 꿈이며, 그런 꿈을 통해 현실을 바꾸려는 의지의 표현이란 점에서 혁명의 정치학이라는 것이다.

그러나 노마드가 항상 국가 바깥에 있다고 주장하는 사람은 국가에 대한 투쟁을 말하지만, 그에게는 국가와 싸우는 일과 국가 바깥의 평화로운 공간으로 가는 길 두 갈래의 길밖에 없다고 비판받는다. 즉 유목적 전쟁기계는 국가에 대해서만 싸우는, 국가 바깥의 '착한 노마드'는 아니라는 것이다. 그것은 국가 말씀에 아랑곳하지 않고 떠도는 갖가지의 패거리들이기도 하며, 국가 바깥에서 국가를 비웃는 다국적이고 세계적인 조직과 폭력이기도 하다는 것이다.

다시 말해 소수자인 이주노동자들은 우정으로 받아들여져야 하지만, 그들도 더 좋은 일을 찾아 고향을 떠난 유목민이며, 더 나아가 이곳에서 정착을 원하는 사람도 많으니 유목민/이주민/정착민의 배치는 이진경의 주장처럼 그렇게 단순하지 않다는 것이다. 바로 전쟁기계의 복합체로 존재하는 한, 유목민들은 '따로 또 같이' 폭력적 흐름을 타고 있

39 이진경, 위의 글.

으며, 그 폭력적 끈의 긴장 속에서 문명적으로 생존하기 때문이라는 것이다.[40] 이에 대하여 이진경은 나쁜 노마드들이 있다고 해서 그것이 노마디즘을 버릴 이유가 되지 않으며, 지금 중요한 것은 좋은 것과 나쁜 것을 가려 옳다고 믿는 것을 실행하는 것이라고 주장한다.[41]

그런데 유목주의는 언제나 창조와 생성을 보증하는가? 전쟁기계는 그리고 매끄러운 공간은 우리를 동일성과 고착, 통제와 강압의 메커니즘에서 구해낼 수 있는가? 답은 그렇지 않다이다. 왜냐하면 자유의 공간과 해방의 공간의 틈새로 주류화와 안정을 미끼로 정착적인 욕망이 유혹하고, 치열한 전쟁 뒤에 지친 신체를 사로잡는 국가장치의 촉수가 다가오기 때문이다. 그리고 창조와 생성, 생산의 능력을 상실하는 순간, 전쟁기계는 탈주선을 죽음의 선으로 변형시키는 파괴기계가 되고, 유목은 불모적인 방향으로 되기 때문이다.[42]

그렇지만 경계를 넘기 전에 정말 이 경계를 누가 그어 놓았는지, 정말 경계가 있기나 한 것인지 의문이 제기될 수 있다. 홈 패인 공간과 매끄러운 공간의 경계는 있는가? 현실에서 유목민은 누구이고, 유목민이 되기를 바라는 사람은 누구인가? 표준화된 제도에 저항하는 유목주의의 근본 의도를 배제하고, 생존을 위해 장소를 이동한다는 유목의 사전적 의미만을 고려한다면 거리의 노숙자가 유목민처럼 보인다는 것이다. 그들은 거리의 벤치나 공원으로, 지하철 역사 안으로 끊임없이 이동한다. 노숙자는 그들이 선택한 것이 아니라, 구조조정에 의해 거리로 내몰린 것이다. 그러면 노숙자는 표준화된 제도의 희생물로서 유목민인가

---

40 김진석. "'착한' 노마드? 현실엔 '나쁜' 노마드도 있다". 『한겨레』 2008/01/11.
41 이진경. "'나쁜 노마드'를 구별해야 '진정한 노마드' 찾아". 『한겨레』 2008/01/18.
42 이진경. 2001. 앞의 글. p. 43.

고민해야 할 필요가 있다.[43]

이렇듯 유목민 문화의 핵심인 순환과 이동은 정치-이데올로기, 직업, 감정, 문화, 종교 등 다양한 분야의 한계와 금기를 부술 수 있다는 기능에 있다. 유목민의 방랑의 사유는 편안한 길을 버리고 도전하는 삶이야말로 자기 안에 숨은 가능성과 창조성을 끊임없이 발견할 수 있는 계기를 일깨워 준다. 방랑하는 현대의 유목민들은 문화-언어, 국가, 풍경을 횡단하고 현실세계와 가상세계를 넘나들면서 새로운 발견을 하고, 자신의 가치를 실현하면서 일상적인 삶과 사물의 비루함을 넘어서고자 한다. 유목민들의 이동의 정신은 제도들로 경계 지워진 기존 사회의 억압적 틀을 뛰어 넘어 세계와 존재의 새로운 관계설정을 가능하게 해준다.[44]

유목민의 사유는 하나에서 여럿으로, 중심에서 주변으로, 유폐에서 순환으로, 물질에서 비물질로, 소유에서 버림으로 시각의 전환을 가져온다. 정착민의 사유가 나, 우리 가족, 우리 민족에 지나치게 집착하여 타인과 세계를 나와 구별되는 배타적인 존재로 여겼다면, 유목민적 사유는 나와 타인과 세계에 대하여 포용적이고 개방적인 관계를 맺도록 요구한다. 이에 따라 자신으로부터 벗어남으로써 타인과 세계에 자아를 열고, 자신의 정체성을 타자와의 정체성과 결합하면서 공동체 의식을 키워 나갈 수 있다. 국가, 인종, 이데올로기, 신념의 차이를 넘어서 타인에 대한 배려를 중시하게 되고, 개인적인 것보다는 범세계적인 것을 추구하는 열린 시야를 갖게 된다. 따라서 유목주의와 방랑성은 이기주의나 자기 존재 내면으로의 침잠이 아니라 타인과 함께 나아갈 수 있는 공동체주의로의 길을 열어 준다.

---

43 안성렬. 2007. "정처 없이 떠도는 유목주의와 현실의 유목자들". 『문화예술』. p. 57.

44 조윤경. 앞의 글. p. 348.

2) 한국사회와 노마디즘

여행은 한 곳에서 다른 곳으로의 이동이다. 여행은 고정된 공간으로서의 점과 또 다른 점 사이를 연결시키는 통과이다. 여기에서 유목민적 사고가 출현하는 것이다. 우리는 본능적으로 안정을 희구하고 정착하기를 언제나 갈구한다. 그러나 이것은 정체와 동일화에 빠지는 길일뿐이다. 끝없이 이리저리 움직이는 여행은 이런 의미에서 하나의 생성의 연출이다. 우리가 살고 있는 이곳을 영원히 타향이라고 느끼면서 타자로서 자기 추방자로서 살아가는 유목민적 사고야말로 우리를 이디 언제나 중간으로 가져다 놓는 것이다. 그곳에서는 고정되거나 안정은 없다. 불안정하지만 복합성이 있는 중간지대이다. 중간지대에서만 우리는 배치라는 공감을 갖고, 다른 것으로 생성되고 새로운 것을 창조할 수 있다. 이것이 바로 들뢰즈가 말하는 유목민적 사유, 즉 노마디즘일 것이다.[45]

이렇듯 이제 집의 시대가 가고 부랑의 시대가 온 것인가. 존재의 집은 파괴되었다. 존재는 홈리스이고, 존재는 노숙한다. 공장이 노등자를 내치고, 학교가 학생들을 내치고, 농토가 농민들을 내치고, 정부가 국민을 내치고, 나라가 이방인을 내치면서 집은 텅 비고 길은 꽉 찼다.[46] 대중의 추방현상은 주변화라고 할 수 있다. 추방된 대중들은 주변화된 삶을 살아가고 있다. 이 추방은 적극적인 방치를 의미한다. 이 추방은 공유지의 사유화를 의미한 인클로저를 떠올리게 한다. 추방당한 대중들이 모여드는 광장에는 새로운 울타리가 쳐지고, 대중들이 공유했던 소통은 사유화되었다. 공공부문의 사유화는 국가에 의한 사적 소유권의 발생이

45 정정호 편. 2003. 『들뢰즈의 철학과 영미문학 읽기』. 동인. pp. 48-49.
46 고병권. 2009. 『추방과 탈주』. 그린비. p. 5.

자 소유권 없는 대중들에 대한 추방이라고 할 수 있다.[47]

길은 온통 뛰쳐나온 사람들과 쫓겨나온 사람들로 가득 찼다. 길 위의 대중은 참으로 두렵다. 하지만 그 두려움은 추방된 자들의 감정이면서 동시에 추방한 자들이 감정이기도 하다. 탈주, 그것은 앞으로 일어날 일의 전조이다. 길 위의 무수한 대중들은 무슨 일이 일어났는가에 대한 증언이자 무슨 일이 일어날 것인가에 대한 예언이다. 이제 길 위에서 사람들은 말하고 행동한다. 사유의 장소는 집이 아니라 길이다.[48]

대중들의 탈주현상을 주변화와 대비해서 소수화라고 할 수 있다. 주변화가 척도에 의한 부차화를 가리킨다면, 소수화는 척도로부터 탈주를 가리킨다. 바로 추방은 역설이게도 소수자를 양산하고 있다. 권력에 의해 통제의 편익을 제공했던 주변으로의 추방은 새로운 통제불가능성을 낳고 있다. 멀리 떨어져 있다는 것, 탈주한다는 것은 계속 살아야겠다는 악착같은 투쟁전략을 낳는다. 권력의 가장 바깥에 위치하는 그들은 떠나지 않고 앉은 채로 유목하고 있다.[49]

탈주와 방랑은 합리성과 기능주의와의 결별을 의미한다. 이성, 과학, 진보, 미래에 대한 믿음을 중시하는 가치보다 상상계, 쾌락, 꿈, 축제라는 문화적 가치를 보다 중요시 여긴다. 이러한 문화적 가치를 상징적으로 대변하는 인물이 돈키호테이다. 현실보다 꿈과 이상의 세계를, 이성보다 감성과 열정의 세계를 찾아 유영하는 인간상이다. 이러한 돈키호테가 바로 '호모 비아토르'(Homo Viator), 즉 '길 위의 인간'의 전범이라고 할 수 있다. 이렇게 방랑자는 길들여지지 않은 삶, 열려 있는 삶을

47 위의 책. pp. 24-31.
48 위의 책. pp. 10-14.
49 위의 책. pp. 40-41.

추구한다. 방랑을 하는 사람들은 경계를 부수는 사람들이다. 통치자들은 질서를 유지하는 입장에서 새로운 문물과 다른 문화를 전파하는 여행자와 방랑자들을 질서와 안정을 해치는 위험한 인물로 다룬다. 그런데 방랑자는 양가적인 사람들이다. 새로운 문명의 전파자이며 유동성과 소통을 가능하게 해주는 한편, 안정적인 질서와 제도의 파괴자이기도 하다. 특히 방랑은 저항을 의미한다. 방랑은 고정된 사회, 획일적인 사회, 중심이 상정된 사회의 감시로부터 벗어나는 기존 사회에 대한 저항의 몸짓으로 이해된다. 방랑은 합리성과 일의 분업에 대한 저항이며, 안일함, 게으름, 비움의 중요성에 대한 강조이다.[50]

탈근대 시대, 사회 내에 존재하는 방랑자와 탈주자를 어떻게 볼 것인가? 나아가 사회 내에 존재하는 차이를 우리는 어떻게 볼 것인가? 이는 우리 안팎의 문제이다. 이진경에 따르면 차이를 적대시하면 그 이질성을 견디지 못하지만, 내 생각을 내려놓고 차이를 받아들이면 그것이 오히려 나를 갱신시키는 힘이 된다.[51] 즉 유목주의는 침략주의가 아니라 끊임없이 지배적 가치와 대결하며 새로운 가치를 창안하는 태도이다.[52] 노마디즘이란 정착과 소유, 착취와 포획, 동일성의 지배에 대항하기 위한 철학적 문제설정이고, 우리의 삶을 사로잡고 있는 권력과 대결하며 새로운 창조적 삶을 창안하며 살아가는 방법이라는 것이다.[53]

울타리 치는 곳에 도둑이 있고, 도둑이 있는 곳에 울타리 치는 자가

---

50 조윤경. 앞의 논문. pp. 346-347.

51 고명섭. "열린 세상을 향해 맹렬한 '사유의 모험'". 『한겨레』 2007/05/10.

52 홍윤기. "실체 없는 '유목주의' 이미지만 떠돈다". 『한겨레』 2007/12/28. 『유목주의는 침략주의』(실천문학사, 2006)는 천규석의 저서로, 여기서 그는 다리를 놓고 길을 내며 질주하는 유목의 세계에서 반생태성과 비지속성 그리고 침략과 파괴의 역사를 읽어낸다.

53 이진경. "다른 삶을 위한 '차이 철학'이자 '혁명 정치학'". 『한겨레』 2008/01/04.

있다. 공통의 영역에서 타자를 몰아내고 울타리를 두르는 것은 재산에만 국한된 것이 아니라, 고유성에도 관련된다. 소유(property)는 재산만이 아니라 고유성을 의미하기도 한다. 내 안에서 타자를 배제하는 것, 내 안의 타자성을 억압하는 것, 외부 타자와의 공통작용을 거부하는 것 또한 사적 소유체제의 특징으로, 고유성이니 정체성이니 하는 영역에도 추방과 배제, 도둑질이 존재한다는 것이다. 따라서 코뮨주의자는 사적 소유에 반대하며, 울타리를 치는 자, 그것을 넘는 자 모두에 반대하며, 울타리 자체를 반대한다.[54] 바로 '공통된 것'은 오직 차이 나는 것들 사이에만 존재하고, 오직 차이 나는 것들만이 생산할 수 있는 것으로 여긴다. 다양한 차이들, 여러 특이점들이 소통하고 공통된 것을 생산하는 것, 그것을 그들은 '코뮨'이라고 부른다.[55]

그러한 코뮨의 정의 안에서 타자를 발견하고, 그 타자가 항상 우리와 함께, 우리 곁에, 우리 안에 있기 때문에 코뮨은 타자들의 공동체로 평가한다. 요컨대 우리의 안과 바깥은 모두 타자들, 차이들로 이루어져 있다고 주장한다.[56] 그들은 타자를 적으로 만드는 체제를 겨냥하여 싸우고, 그 투쟁은 적대를 양산하는 계급사회에 대한 투쟁으로 이해한다. 그런 의미에서 그들은 우정의 정치학을 꿈꾼다. 오히려 적대와 추방의 정치학을 넘어서, 부정적 배제와 억압, 투쟁과 증오의 정치가 작동하는

---

54 고병권 · 이진경 외. 2007. 『코뮨주의 선언』. 교양인. p. 18.

55 위의 책. pp. 20-21. 방랑과 탈주를 통하여 공동체주의를 지향하는 국내의 연구자 집단이 '연구공간 수유+넘어'이다. 이 연구공동체의 연구자들은 '코뮨주의'라는 개념을 제출하고 있다. 그들에게 코뮨주의는 '공통된 것'(the common)의 생산을 의미한다. 사유화에 반대하는 그들은 사적 소유의 철폐를 주장하는 마르크스 엥겔스의 코뮨주의를 '공통된 것의 생산'이라고 번역하면서 분리와 배제, 추방이 작동하는 사유화를 반대한다. 사적 소유의 핵심은 사람과 사물의 결합이 아니라, 처분과 분리에 있기 때문이라는 것이다.

56 위의 책. pp. 11-12.

체제를 지양하려고 한다.[57]

그리하여 그들 코뮨주의자는 나만이 아니라 이 사회, 이 우주를 이루는 대중들, 우리에게 친숙하면서, 낯선 무리들, 우리 안과 바깥에 있는 이 대중들을 사랑한다. 그 대중은 정체성을 지닌 자가 아니라 정체성을 벗어나는 자이며, 주어진 정체성을 받아들이는 자가 아니라 새로운 정체성을 끊임없이 만들어내는 자들이다. 따라서 코뮨주의자는 착취당하는 자, 소수자, 광인과 긴밀한 유대를 맺으려 한다. 여러 소수자들, 착취당하는 자들, 광인들, 가난한 자들과의 공통작용을 꿈꾼다.[58] 요컨대 이들의 코뮨주의는 소수자의 철학이며, 앞으로 논의하게 될 디아스포라의 문학과 맥을 같이 한다.

57 위의 책. pp. 16-17.
58 위의 책. p. 25.

NOMADISM

제2장

디아스포라와 디아스포라 문학

KOREAN DIASPORA LITERATURE

1. 디아스포라란

1) 디아스포라의 개념과 의미

정보화와 지구화에 힘입어 유목주의는 당대사회를 특징짓는 핵심 개념이 되고 있으며, 이동과 유목은 우리 시대의 최대 화두로 등장하고 있다. 공간의 이주와 더불어 미디어에 의한 상상의 이주가 가능해짐에 따라 실제 공간과 가상공간에서 이동이 빈번해지고 있으며, 이를 통하여 정체성에 대한 패러다임의 변화가 발생하고 있다.

그런데 오늘날의 이주는 예전의 이주와 구별된다. 19세기와 20세기 초반의 이주는 거의 영구적이었고 떠나온 곳에 남아 있는 사람과의 유대도 이루어지지 않았던 반면에, 오늘날의 이주는 영구적 이주와 잠정적 이주(관광, 여행) 등이 뒤섞여 있다. 과거의 이주에서는 이주자와 모국과의 유대, 즉 네트워크가 없다는 의미이다. 그렇지만 현재는 모국과의 연대의 끈을 놓지 않으려는 경향이 있다. 이 중에서 잠정적 이주와 관광, 노동을 위한 이주가 증가하고 있다. 그리고 거주허가는 갱신될 수 있지만, 이주자가 많고 매력적인 곳이라 해도 영주권은 소수에게만 허용되고 국민으로서의 권리와 참여의 기회는 극히 제한적이다. 다시 말해 이주를 허용하는 거주국 사회와 이주자 사이에 단절이 발생한다. 이러한 단절은 거주지, 교육, 의료에서뿐만 아니라 믿음과 관습에 있어서도 격리현상이 벌어지고 빈번히 박해와 추방으로 이어지기도 한다.[1]

앞서 자꾸 반복하여 강조하였지만 당대의 사회는 지구화와 정보화로 특징지을 수 있다. 특히 지구화로 인하여 상품과 자본과 노동력이 경계를 넘어서 이동하는 양상이 이전보다 더 뚜렷해졌다. 그 가운데 국가의 경계를 넘나드는 노동력, 즉 사람들의 국제적인 이동으로 인한 현안들이 각국에서 제기되고 있다. 따라서 노동력의 국제적 이동 또는 다문화현상은 일국적 차원의 문제가 아니라 국제적인 문제가 되었다. 이에 대한 견해가 여러 가지의 다문화주의로 해석되고 있으며, 그에 따른 국가적 정책이 실천되고 있다.

전 지구적 자본주의 시대에 등장한 사람들의 이동은 전 지구화, 디아스포라, 탈영토화와 같은 공간적 비유들을 통해 몸들의 존재방식으로 표출되고 있다. 이러한 비유들을 바탕으로 등장한 전 지구화 시대 주체에 대한 새로운 형상화로서 노마드(nomad), 사이보그(cyborg), 하위주체(subaltern)를 들 수 있다. 노마드는 모든 것을 재영토화하고 재식민화하는 초국적 자본의 흐름을 거슬러가기 위해 고정화를 거부하는 전복적인 동시다발적 주체를, 사이보그는 하이테크 첨단 자본주의 시대에 몸과 기계의 불경스런 연결 속에서 군산복합체의 위력에 맞설 수 있는 주체를, 하위주체는 전 지구화 시대에 재편성된 신국제노동분업 체계 속에서 성, 계급, 인종적으로 열악한 그래서 잘 보이지 않지만 경계들을 가로지르며 존재하게 된 주체를 표상한다.[2]

---

1 이주자를 대하는 태도는 각 나라마다 정책에 따라 달라지고 또한 이주자의 자격요건에 따라 달라진다. 전문직 종사자, 기술자, 지식인, 부유한 자와 교육수준이 높은 사람, 그리고 특수 업종 종사자들은 쉽게 이주가 허락된다. 그러나 이와 차이가 있는 신분의 사람들의 이주는 쉽게 허락되지 않는다. 김은중. 2005. "세계화, 정체성, 다문화주의". 『라틴아메리카연구』 제18권 1호. p. 149.

2 태혜숙. 2003a. "아시아계 디아스포라 여성의 위치에서 '몸으로 글쓰기': 『여성전사』와 『딕테』를 중심으로". 『영미문학 페미니즘』 제11권 1호. p. 235. 최근 들어서 지역은 확

경계를 가로지르는 순례, 망명, 피난, 추방 등과 같은 탈지역의 이야기들이 인간 역사의 대부분을 구성해 왔다. 그러면 디아스포라, 추방, 이민, 노마드 사이에는 어떤 차이가 있을까? 디아스프라와 추방은 개인의 선택일 수도 있고 강요된 것일 수도 있겠으나, 추방은 개인적인 반면 디아스포라는 집단적인 것이라고 할 수 있다. 추방은 외로운 모더니스트 개인이 조국에 항의하는 뜻으로 조국을 버리거나 떠나 살면서도 돌아갈 조국에 대한 강한 향수와 파토스로 가득한 데 비하여, 최근의 디아스포라는 돌아갈 고향에 대한 강한 향수와 열정을 나타내지 않는다.[3]

자본의 막강한 힘 앞에 고국을 떠나 지구상에 흩어져 거주하는 디아스포라적 이동은 국가적 · 민족적 · 인종적 경계들에 대한 비판의식을 함축한다. 그래서 디아스포라적 이산자들은 제국이건 모국이건 동화대상으로 여기지 않으며, 오히려 둘 다에 대한 탈동일시(de-identification) 경향을 갖는다. 반면 이민자들은 고국에 대한 향수를 버리지 못하면서도 제국에 동일시하고 동화하려고 한다.[4]

요컨대 오늘날 이주자들은 그들이 떠나 온 곳과의 유대관계를 긴밀히 유지하고 있다. 이주자들이 사이에 그리고 이주자들과 모국 사이에 긴밀한 유대가 가능한 것은 매스미디어의 영향 때문이기도 하다. TV와 인터넷과 통신수단을 이용하여 가족 및 친구들과 수시로 연락을 취

고한 경계를 갖는 물리적인 공간에 고착되기보다 탄력적이고 유연하며 열려 있는 장소를 지향하는데, 이곳에서는 기원으로 설정된 고향, 조국 등을 지난 시대의 이데올로기적 잔여물로 보고 그것을 해체하는 가운데 새로운 방식의 고향 만들기를 요청한다. 이런 맥락에서 전 지구화 시대 새로운 주체화의 시공간적 배경으로서 유용하게 활용될 수 있는 디아스포라의 가능성을 점검해볼 수 있다. 태혜숙. 2003a. 앞의 글. p. 236.

3 Naficy Hamid ed. 1998. *Home, Exile, Homeland: Film, Media, and Politics of Place*. Routledge. pp. 3-4; 태혜숙. 2003a. 앞의 글. p. 236.

4 여기서 디아스포라의 정체성과 탈정체성의 견해가 나뉜다. 이는 향후 디아스포라 문학 연구에서 분명히 확인해야 할 대목이다.

할 수 있다. 이를 통하여 '사이-문화(=테크노문화=이종문화)'의 생성이 가능하다. 이것이 바로 지구화 시대 모국을 떠난 이주자와 모국 사이에 유대관계를 형성하는 네트워크의 문제이며, 오늘날 글로벌 디아스포라 연구자가 천착하는 분야의 하나이기도 하다.

그런 가운데 이주를 통해 일어나고 있는 문화변동을 이해하기 위해서는 위에서 언급한 이종문화에 대한 선이해가 요구된다. 지구화 시대 문화적 잡종화는 정체성에 의문을 던진다. 그것은 영토에 귀속되어 있는 것도 아니고 언어와 음식에 고착되어 있는 것도 아니다. 이제 정체성은 탈영토화라 불리는 문화적 역학 속에서 고려되어야 한다. 영토화가 어딘가에 귀속시키는 것이라면, 탈영토화는 귀속되거나 머물렀던 영토에서 벗어나는 것이다. 탈영토화의 경험은 머무름과 떠남의 변증법적 작용이지만, 영토화는 반드시 공간적 · 물리적인 것에 국한되는 것이 아니라, 존재와 생성/되기가 경계를 접하고 있는 광범위하고 포괄적인 차원에 적용된다. 문화와 지리적이고 사회적인 영토 사이의 자연스러운 관계의 상실이라고 할 수 있는 탈영토화의 경험은 복합적이고 양면적인 가치를 지닌 문화적 조건이다.

이처럼 미디어와 이주를 통한 탈영토화의 경험은 완결된 형태를 유지하는 단일하고 구심적인 주체형태를 해체하여 탈중심적이고 다중적인 새로운 주체형태를 생산한다. 영토의 문화적 성격은 동일시(identification)의 문제이며 정체성의 문제이다.[5] 현대사회를 논구함에 있어서 탈영토화(de-territorialization), 지구화(globalization), 다문화(multi-cultural) 등의 용어를 사용하는 연구자들은 'de-', 'ex-', 'post-' 등의 접두어를 활용하여 복

5 김은중. 앞의 글. p. 158.

합적이고 중층적인 사회적 현상과 조건 나아가 그 변화과정/양상의 추이를 설명하고 있다. 그들 가운데 아파두라이(Arjun Appadurai)는 문화적 영토의 경계와 재생산의 토대가 끊임없이 변화 교란되고 있으며, 전자매체의 등장과 대량 이주(migration) 현상을 설명하는 데 현재의 상상력은 한계를 지니므로 새로운 상상력을 요구한다. 또 릴다 간디(Leela Gandhi)는 포스트콜로니얼리즘(post-colonialism)이 식민지배와의 대면을 포스트민족주의적으로 독해하는 것을 촉구하는 한편, 이를 위해 다양한 개념적 용어들과 분석범주들을 배치하고 있음에 주목한다.[6]

특히 대량의 노동력이 국경을 넘는 이동을 설명하기 위해서 초국적 패러다임과 더불어 디아스포라 개념을 사용하고 있다. 앞 장에서 언급한 바와 같이 유목의 시대를 맞이하여 방랑하고 이동하는 사람들이 급증함에 따라 이에 대한 설명이 필요하다. 따라서 인종, 민족, 국가의 개별적인 개념이 상호 간에 개념의 경계를 넘어서는 혼종성(hybridity)의 개념으로 치환되면서 인종 간(inte-racial), 민족 간(inter-national), 국가 간(inter-state)의 경계를 넘어서는 새로운 형태의 담론이 대두되고 있다.

요컨대 망명자, 난민, 이민자, 이주노동자, 무국적자들이 세계 인구에서 차지하는 비중이 점차 증가함에 따라 시민권 획득, (재)정착 허용 여부, 정치 경제활동의 제한 등의 복잡한 국제정치상의 문제를 다루는 연구들에서 민족성의 존속, 부활, 새로운 출현과 국민(민족)국가의 통제력 간의 관련성, 더불어 정체성의 정치학이나 인권문제 등과의 연계성을 탐색하기 위하여 디아스포라 개념을 차용하기도 한다.[7]

---

6 Appadurai, Arjun. 차원재 외 역. 2004. 『고삐 풀린 현대성』. 현실문화연구. pp. 7-25; Gandhi, Leela. 이영욱 역. 2000. 『포스트식민주의란 무엇인가』. 현실문화연구; 임유경. 2008. "디아스포라의 정치학: 최근 중국조선족 문학비평을 중심으로". 『현대문학의 연구』 제36호. p. 184.

다시 말해 인종, 민족, 국가, 문화의 이쪽과 저쪽에 위치한 한 인간, 한 민족, 한 국가, 한 문화의 정체성은 두 인종, 두 민족, 두 국가, 두 문화 사이의 틈새/간격의 통로에서 원초적인 양극으로 정착되지 못하고, 어떤 형태로든 위계질서 없는 차이를 누리는 문화적 혼종성의 화두를 던지고 있다.[8]

이렇듯 소수민족의 문화를 구성하는 백인, 흑인, 아시아인, 히스패닉, 중동인 등 모두가 시간적 움직임인 이민의 역사를 배경으로 공간적 통로를 통한 디아스포라의 이주적 주체(migrant subject)를 구성하고 있다. 그리고 고향인 모국/조국을 떠나 목적지인 거주국으로 이주하여 낯선 나라에서 시민권을 획득하여 소수민족을 구성하여 미국과 같이 용광로(melting pot)와 샐러드볼(salad bowl)의 문화적 혼종성을 체험하며 살고 있다. 이들의 디아스포라적 정체성과 혼종성의 문화는 기존의 다문화주의만으로는 설명할 수 없는 새로운 유형과 복합적인 담론의 내용을 분출하고 있다.[9]

디아스포라(diaspora)라는 용어는 1980년대 이후 초국가적 현상이나 언어의 혼성화를 설명하고, 나아가 국민국가와 다국적주의 및 전 지구화에 얽혀 있는 복잡한 문제를 해명하는 데 유용한 개념으로 각종 담론에 등장하고 있다. 디아스포라는 한편으로 정체성(identity) 및 문화(culture)와 밀접한 관련을 맺고 있으며, 다른 한편으로 혼종성(hybridity)의 의미를 갖기도 한다.[10]

---

7 임유경. 앞의 글. p. 181.

8 김영민. 2009. "새로운 문화담론으로서의 초국가주의". 『한국중앙영어영문학회』 제51권 1호. pp. 87-88.

9 위의 글. p. 88.

10 임유경. 앞의 글. p. 180.

특히 전 지구적인 탈영토화 과정, 국적을 초월한 이주와 문화적 혼종성을 의미한다. 그리고 디아스포라는 이제 문화적 혼종성 때문만이 아니라 다양한 이유들로 인하여 타자의 범주에 속하게 된 개인들까지도 포괄적으로 지칭하는 용어이자 정치적 경제적 환경의 변화와 맞물려 불안, 소외, 초월 등의 특징을 아우르는 메타포가 되었다.[11]

디아스포라는 분산 또는 이산의 의미이다. 이는 원래 그리스어 'diasperien'(dia+sperien)에 어원을 둔, 영어로 풀이하면 'across'와 'to sow or scatter seeds'를 조합한 말이다. 이는 '…을 가로질러+씨를 흩뿌리다'의 뜻이다.[12]

팔레스타인 북부에 위치하고 있던 이스라엘왕국은 BC 734~721년 아시리아의 침입으로 멸망했고, 남쪽의 유대왕국도 BC 598~587년 바빌로니아의 침략으로 멸망하여 많은 유대인들이 고향을 떠나 팔레스타인 바깥으로 퍼져나가 살기 시작하였다. 이렇듯 디아스포라는 팔레스타인에서 추방되어 로마, 안티오키아, 알렉산드리아 등에 살고 있는 유

---

11 위의 글. p. 183.

12 디아스포라(diaspora, *διασπορά*)는 "씨 뿌리다"(*Σπορά*)라는 그리스어 'dia sperien' (to scatter of seeds)에서 유래되었다. 김응교. 2010. "이방인, 자이니치 디아스포라 문학". 『한국근대문학연구』 제21호(상반기). 디아스포라는 원래 BC 800년에서 BC 600년 사이에 그리스 도시국가가 그리스 지역이 아닌 소아시아와 지중해지역에 식민지(colony)를 설치하여 행정적 종교적 제도를 이식하여 식민지 통치를 원활하게 하려는 의도를 표현하기 위해 사용되었다. 김영민. 앞의 글. p. 90. 이 당시의 디아스포라는 원래 그리스의 식민지와 그리스와의 밀접한 관계에 초점을 맞추었는데, 해가 거듭되어 기원전 5세기에 이르러 에피쿠로스학파와 같은 철학자들에 의해 부정적인 의미를 내포하게 되면서 점차적으로 식민화 과정보다는 분산과 해체의 과정에 의미와 비중을 맞추게 되었다. 이후 히브리어의 성서를 번역하는 과정에서 유대인들은 디아스포라를 약속의 땅인 가나안으로부터 강제로 망명 추방되어 바빌론으로 유폐된 자신들의 유배상태를 지칭하는 용어로 사용하게 되었다. Davies. W. D. 1982. *The Territorial Dimension of Judaism*. Berkeley, University of California Press. pp. 116-121; 김영민. 앞의 글. p. 90. 이렇듯 디아스포라라는 용어는 식민지 경영을 위한 명목적인 개념에서 분산, 해체, 추방, 망명 등의 부정적인 실질적 개념으로 치환되게 되었다.

대계 그리스인(Hellenic Jewish) 공동체를 지칭하는 의미로 처음 사용되었다.[13] 그 후 디아스포라 개념은 전 세계적으로 흩어져 분산된 이스라엘 이외 지역에 거주하는 모든 유대인을 지칭하는 의미를 지녔다.[14]

그런데 디아스포라의 개념이 영어 대문자 D 대신에 소문자 d로 표기되어 유대민족뿐만 아니라 특정 민족이 전 세계에 산재해 거주하면서도 민족의 정체성을 확인할 수 있는 동일한 문화를 유지하며 하나의 공동체를 형성하는 경우를 의미하는 것으로 확장되었다. 16세기 이래 흑인들을 대상으로 한 노예무역과 노예노동이 착취되는 곳은 어디든지 흑인들의 대량 유입이 이루어져 아프리카 흑인 디아스포라(Black African Diaspora)가 형성되었고, 근대 제국주의 국가들에 의한 세계 분할 및 식민지 쟁탈전으로 인하여 피지배 국가의 국민들이 그들의 모국을 떠나 외국에서 생활해야만 하는 상황이 전개되었기 때문이다.

이렇듯 역사적으로 근대의 중심주의가 국민국가라는 형태로 제도화되는 과정에서 비국민으로 배제되거나 차별받아 온 디아스포라는 근대 국민국가 체제가 낳은 전형적인 타자화의 대상이었다.[15] 근대성의 중심주의 논리는 중심과 주변으로 이분되는 지리적 · 사회적 공간의 구획에서 나아가 다양한 형태의 인간 인식상의 경계를 만들어 왔으며, 그

---

13 Braziel J. E. and A. Mannur. 2003. "Nation, Migration, Globalization: Points of Contention in Diaspora Studies". J. E. Braziel and Anita Mannur eds. *Theorizing Diaspora: A Reader*. Blackwell; 엄묘섭. "세계화, 디아스포라, 민족적 정체성". 『사회과학논총』 제8집. p. 2.

14 동시에 주목할 만한 것은 디아스포라를 통하여 최초로 반유대인의 풍조가 발생하였다는 사실이다. 유대인들의 민족 배타성, 경제적 번영, 지역적 특권들이 혐오의 대상이 되어 유대인에 대한 편견이 나타났다. 김종회. 2008. "남북한 문학과 해외동포문학의 디아스포라적 문화통합". 『한국현대문학연구』 제25호. p. 490.

15 이상봉. 2010. "디아스포라와 로컬리티 연구: 재일코리안을 보는 새로운 시각". 『한일민족문제연구』 제18호. pp. 107-108.

대표적인 것이 인종 또는 민족에 의한 경계, 즉 디아스포라라고 할 수 있다.

따라서 이러한 역사적 배경을 참조하면 디아스포라는 항상 자발적으로 원해서 된 것이 아니라, 정치적 · 경제적 · 사회적 이유들로 하여금 어쩔 수 없이 그들이 태어나고 자란 땅에서 추방당한 존재이며, 이주한 땅에서도 또한 언제나 이방인인 동시에 소수자들이다. 그런 의미에서 사프란(William Safran)은 디아스포라를 국외로 추방된 소수 집단 공동체로 정의한다.[16] 그리고 퇴뢰리안(K. Tölölian)은 디아스포라가 한때 유대인, 그리스인, 아르메니아인의 분산을 가리켰지만 이제는 이주민, 국외로 추방된 난민, 초빙 노동자, 망명자, 공동체, 소수민족 공동체 등도 포함하는 보다 광의적인 어원을 지니게 되었다고 말한다.[17] 윤인진도 특정 민족들의 국제이주, 망명, 난민, 이주노동자, 민족공동체, 문화적 차이, 정체성 등을 아우르는 포괄적 개념으로 디아스포라를 인식한다.[18] 요컨대 변화된 디아스포라의 개념은 특정 민족들이 국민국가 또는 그 기원이 되는 지정학적 장소로부터 다른 장소로 이전하여 하나 또는 그 이상의 국민국가, 영토 내지 나라들에 재배치되어 사는 공동체를 의미하게 되었다.

현대 디아스포라라는 개념은 다양한 의미로 사용되고 있다. 먼저 집단성을 나타내는 디아스포라성(diasporicity), 디아스포라주의(diasporism)

---

16 Safran, W. 1991. "Diasporas in Modern Societies: Myths of Homeland and Return". *Diasporas* 1(1).

17 Tölölyan, Khaching. 1996. "Rethinking Diaspora(s): Stateless Power in the Transnational Moment". *Diasporas* 5(1).

18 윤인진. 2004. 『코리안 디아스포라: 재외한인의 이주, 적응, 정체성』. 고려대학교출판부. p. 5.

와 같은 '상황'을 의미하는 경우 명사로, 다음 디아스포라화(diasporization), 탈디아스포라화, 재디아스포라화와 같은 '과정'을 나타내는 경우 추상명사로, 셋째 디아스포라학(diasporology, diasporistics)과 같은 연구 분야를 의미하는 경우 명칭으로, 넷째 디아스포라주의의(diasporist)와 같은 '입장'이나 '자세'를 나타내는 경우의 형용사로, 다섯째 디아스포라적(diasporic, diasporan)이라는 '속성'이나 '양상'을 나타내는 형용사로 사용된다.[19]

그러면 디아스포라의 특징 내지 조건은 무엇인가? 사프란은 디아스포라의 이념형적 특성으로 특정 근거지로부터 외국 주변적인 장소로의 이동, 모국에 대한 집합적 기억, 거주국 사회에 수용될 수 있다는 희망의 포기 및 그로 인한 거주국 사회에서의 소외와 격리, 조상이 묻힌 모국을 자손들이 언젠가 되돌아갈 진정하고 이상적인 땅으로 보는 견해, 모국에 대한 정치적 경제적 헌신, 모국과의 지속적인 관계의 유지 등을 지적한다.[20]

그러나 한편으로 많은 디아스포라들이 거주국 사회에 잘 동화하고 있으며, 모국으로 돌아갈 생각이 별로 없는 것도 현실이다. 다른 한편 디아스포라는 정치적인 이유로 거주국 사회에 동화될 수 없고, 동화되지 않으려는 사람들이기도 하지만, 이상향인 자신의 모국으로 다시 돌아갈 수 없는 처지의 사람들이기도 하다. 그런 의미에서 디아스포라는 돌아갈 고향도 없지만, 다시 돌아갈 수도 없는, 그리고 거주국에서도 동화되려고도 하지 않는 부동의 집단으로 이해된다. 그 결과 디아스포라는 거주국에서도 그를 고유의 민족정체성과 함께 동족에 대한 애착 및

---

19 Brubaker, Rogers. 2005. "The 'Diaspora' Diaspora". *Ethnic and Racial Studies*. 28. p. 7; 이상봉. 앞의 글. p. 113.

20 Safran, W. 1991. pp. 83-84; 엄묘섭. 앞의 글. p. 3.

연대감으로 모국과의 유대를 지키려고 지속적으로 노력하면서, 나아가 외국에 살고 있는 모든 동족과의 상호 교류를 위해 초국가적 네트워크를 만들고자 시도하기도 한다.[21]

2) 탈식민시대의 디아스포라 연구

최근 들어서 과학기술의 발달과 지구화의 경향은 국민국가 체제를 변화시키면서 디아스포라의 양상에도 영향을 미치고 있다. 글로벌화에 수반하여 국경을 넘는 사람들의 이동이 빠른 속도로 증대하면서, 디아스포라의 경험을 어떻게 읽어낼 것인가가 새로운 관심으로 떠오르고 있다. 디아스포라에 관한 연구는 본질적으로 자본(자본가/노동자), 성(남성/여성), 민족(국민/비국민) 등의 요인에 주목하여 논지를 전개하고 있는 소수성 담론이다. 특히 디아스포라는 근대 국민국가 체제가 낳은 대표적인 타자라는 점에서 타자화의 메커니즘을 규명하고 나아가 국민국가 중심성의 그늘에 묻혔던 타자성, 혼종성의 의미와 가능성을 읽어내는 좋은 소재이다.[22]

당초 디아스포라라는 용어는 유대인의 역사와 관련되어 있었지만, 이제 지구적으로 이동하는 사람들의 사회적 경험이나 의식 및 문화를 나타내는 용어로 사용되고 있다. 구체적으로 강제추방, 차별, 피해자의식 등과 결부되어 부정적인 이미지를 나타내는 경우도 있지만, 최근에는 문화적 · 정치적으로 긍정적인 의미를 부여하기도 한다. 기존의 에

21 엄묘섭. 앞의 글. p. 4.
22 이상봉. 앞의 글. p. 108.

스니시티(ethnicity)론이나 다문화주의(동화)론과 같은 국민국가 중심의 연구 틀로서는 국가의 경계를 넘어 출신지와 거주지 사이를 이동하는 사람들의 다양한 경험을 효과적으로 분석하기 어렵기 때문이다.

이와 관련해서 쉐퍼(G. Sheffer)는 에스니시티와 디아스포라 개념을 구분하여 사용할 필요가 있다고 주장한다. 에스니시티가 주로 국내의 마이너리티에 주목한 데 비하여, 디아스포라는 국내와 트랜스내셔널한 네트워크에 나타나는 에스닉 문제를 포괄할 수 있다는 점에서 그렇다.[23] 앤시아스(F. Anthias)의 경우도 에스니시티 개념은 국민국가 틀에 의거하는 경향이 있는데 비하여, 디아스포라 개념은 트랜스내셔널한 시점의 연구에 사용되는 경우가 많아 에스니시티에 비하여 디아스포라 개념이 연구시야를 넓히는 데 기여한다고 지적한다.[24] 이처럼 디아스포라 연구는 국경을 넘은 이동의 경험과 이에 수반하는 자기인식이나 문화 및 정치활동 등에 관한 것으로 그 영역을 확장하고 있다.

그리하여 이동하는 사람들이라는 실체에서 출발한 디아스포라가 이제는 일정한 연구시각이나 연구지향을 의미하게 되었다. 먼저 의식을 중심으로 한 의미 확산에 기여한 연구자는 학술지 『디아스포라』의 편집자인 퇴뢰리안이다. 그는 실체로서 존재하는 커뮤니티에 주목하는 사프란의 정의에 더하여 디아스포라 집단이 지닌 가치관이나 행동패턴에 배양된 특정한 의식을 디아스포라를 구성하는 주관적 요소로서 강조한다.[25] 이렇게 디아스포라 의식을 우선시하는 입장은 아프리카계 미

---

23 Sheffer, Gabriel. 1995. "The Emergence of New Ethno-National Diaspora". *Migration*. 18. pp. 5-28; 이상봉. 앞의 글. p. 110.

24 Anthias, Floya. 1998. "Evaluating 'Diaspora': Beyond Ethnicity?". *Sociology*. 32/3. pp. 557-580; 이상봉. 앞의 글. p. 110.

25 Tölölyan, Khaching. 1996. "Rethinking Diaspora(s): Stateless Power in the Trans-

국인 등과 같이 특정 장소에 커뮤니티를 구성하지 않고 있는 경우에도 홈랜드 지향이나 차별 및 피해의식을 갖는 경우, 그리고 디아스포라 의식을 공유하는 국내의 이주자나 빈민의 경우까지 디아스포라에 포함시켜 파악하려고 한다.

또 디아스포라가 지닌 특정한 의식을 매개로 그 적용범위를 확장하는 경향과 함께 디아스포라를 일정한 가치지향을 의미하는 것으로 이해하는 입장도 있다. 이른바 해방의 언설로서의 디아스포라가 그것이다. 1990년대 이후 디아스포라 개념이 학문적 쟁점으로 부각되었을 때 많은 연구자들이 이 개념을 포스트모던식의 해방의 정치와 연결시키고자 하였다. 옹(A. Ong)에 의하면 미국의 디아스포라 연구는 두 개의 디아스포라 문화 모델이 있는데, 하나는 희생, 이민의 강제노동, 근대화의 부도덕성이라는 특징을 가지며, 다른 하나는 문화적 하이브리드나 유동적인 위치를 주장하면서 경계를 횡단하는 이동이 야기하는 역경이나 폭력에 저항하는 대항모델이 그것이다.[26]

홀(S. Hall)도 국민국가 시스템에 근거한 사고를 뛰어 넘는 계기 또는 가능성으로서 디아스포라의 개념을 주장한다. 혼종성(hybridity)을 특징으로 하는 디아스포라 아이덴티티는 본질주의에 근거한 내셔널 아이

---

national Moment". *Diasporas* 5(1). pp. 3-36; 이상봉. 앞의 글. p. 111. 샤프란은 디아스포라를 홈랜드의 밖에 거주하는 커뮤니티로서 개념화하여, ① 하나의 기원적 중심으로부터 주변적 장소나 외국의 장소에 이산, ② 홈랜드에 관한 공통된 기억이나 신화유지, ③ 호스트사회에서의 소외감이나 굴욕감, ④ 홈랜드를 최종적으로 귀착할 장소로 생각함, ⑤ 홈랜드의 유지나 회복에 커뮤니티 전체가 헌신적으로 관계함, ⑥ 에스닉한 커뮤니티 의식이나 결속이 홈랜드와의 계속된 관계에 의해 결정됨 등의 여섯 가지 특징을 제시하였다. Safran, William. 1991. "Diaspora in Modern Societies: Myth of Homeland and Return". *Diasporas*. 1(1). pp. 83-99.

26 Ong, Aihwa. 1999. *Flexible Citizenship: The Culture Logics of Trans- nationality*. Duke University Press. p. 13; 이상봉. 앞의 글. p. 112.

덴티티가 타자를 배제하고 제국주의적 침략에도 연결된 데 비하여, 역으로 식민지적 상황에 갈등하고 싸우는 자의 차이나 불연속성에 찬 경험과 의식을 자리매김하기 위한 것이며, 고정된 단일의 위치를 의미하는 것이 아니라 단편적이고 전략적인 무수한 위치라는 것이다.[27]

그러나 현실에서는 디아스포라적 경험이 민족 또는 국가중심성에 대항하는 해방의 언설로 귀결되지만은 않는다. 실제로는 글로벌화에 편승하여 복수의 국가에 살고 있는 동포들 간의 탈영토화된 민족주의를 상상하기 위하여 사용되는 경우가 더 많다. 해방의 언설에 대비하여 민족 중심의 언설로 부를 수 있는 이러한 경향에는 에스니시티론과 다문화주의론이 그 전제로 삼고 있는 문화적 본질주의가 자리하고 있는 것이다.

다시 말해 민족 중심 언설의 디아스포라 이해는 국민국가의 모델을 기본으로 하고 있고 모국과의 연계를 자연스러운 것으로 간주하며, 그 연계에 근거하여 사람들을 경계로 묶어 낸다. 여전히 주류적 디아스포라 담론이라고 할 수 있는 이러한 입장은 민족(국가) 중심적이라고 할 수 있다. 모국을 떠났든지 모국과의 연계를 바탕으로 문제가 제기되고 그 문제를 풀어가는 방식을 취한다.[28] 국경을 넘은 디아스포라의 경험은 국민국가의 영토에 기반한 경계설정이나 내적인 동질화를 비판하는 계기로 간주되는 경우가 많지만, 디아스포라 역시 경계를 전제로 성립하여 타자와의 단절을 통해 내적 결합을 강조할 수밖에 없는 경향을 갖는다는 점에서 해방의 언설로서는 한계가 있고, 따라서 디아스포라 언

27 Hall, Stuart. 1990. "Cultral Identity and Diaspora", Jonathan Rutherford ed. *Identity, Community, Culture, Difference*. Lawrence & Wishart. pp. 222-37; 이상봉. 앞의 글. p. 112.

28 이상봉. 앞의 글. p. 114.

설은 본질적으로 민족주의적이라고 할 수 있다.[29]

예를 들어 화교들의 경우 국경을 넘나든다는 점에서 민족 또는 국가 중심성의 틀을 벗어나는 것 같지만, 세계적인 화상 네트워크와 같이 자본주의적 부의 추구라는 목적달성을 위해서는 민족주의를 새롭게 강화하기도 한다. 디아스포라라고 하는 글로벌한 언설은 세계 각지의 화교와 그 커뮤니티를 동질화하여 이를 트랜스내셔널한 차원으로 통합하는 수법이며, 나아가 그러한 욕망을 자극하는 강력한 수단이라는 점은 거의 의심할 여지가 없다. 자본가계급의 중국인에 의한 경제협력을 목적으로 한 트랜스내셔널리즘을 뛰어 넘어 이들 화교 디아스포라는 아이덴티티나 귀속의식을 기본적인 과제로 하는 하나의 문화운동이 되고 있다.[30] 이러한 점은 세계한상네트워크에서도 동일하게 나타난다고 볼 수 있다.[31]

과거의 디아스포라는 시간이 많이 걸리긴 해도 거주지 국가에 어떤 형태로든 동화되는 방향으로 나아갔지만, 최근의 디아스포라에서는 모국을 포함한 거주지 안과 바깥에 있는 동일한 에스니시티를 공유하는 자들과의 교류나 자문화의 유지로 연결되는 경향이 커지고 있다. 여기에는 교통수단이나 정보통신 및 미디어기술의 발달이 타국에 거주하면서도 홈랜드의 민족문화를 유지하는 것이 수월하도록 돕고 있기 때문이다. 따라서 디아스포라는 이전에 비하여 문화적 차별이 훨씬 줄어들고 있음에도 불구하고, 소외감을 느낄 수밖에 없는 거주의 문화에 동화되

29 Ang, Ien. 2003. "Together-in-Difference: Beyond Diaspora, onto Hybridity". *Asian Studies Review* 27-2. p. 142; 이상봉. 앞의 글. p. 114.

30 이상봉. 앞의 글. p. 144.

31 위의 글. p. 115.

기보다는 홈랜드의 정치에까지 적극 관여하려고 한다. 글로벌화와 함께 확산되는 디아스포라적 경험이 해방의 언설이 아니라 새로운 민족주의로 귀결되는 이러한 현상을 원격지 내셔널리즘이라고 부른다.[32]

특히 탈식민주의는 식민주의가 종식되고 정치적으로 독립하여 한 국가가 다른 국가의 지배로부터 벗어나는 시간적 목적론적인 제국주의의 담론적 체험이라기보다는 식민주의의 담론, 권력구조, 사회 계급구조 등에 참여하면서 도전하는 이중의식으로 이해할 수 있다. 왜냐하면 그 동안 피지배 식민지 민족은 식민지 지배자들의 권력에 눌려 그들의 문화와 전통을 받아들이며 살아왔으나, 이제 해방과 독립 이후에는 독자적인 자기 나름의 방식으로 새로운 삶의 방식을 창출하기 위해서 독립 이전의 억압과 압제에 대한 이전 세대의 구습과 인식을 전환시켜 해체하는 탈식민화 과정을 겪기 때문이다. 탈식민주의 가치는 식민주의 담론에 대한 의식과 재편을 가능하게 하고 제약을 가할 수 있는 역사적 · 문화적 · 사회적 문맥을 어느 정도 깊이 있고 민감하게 파악하여 '되받아쓰기'(writing back)를 할 수 있는가에 있다. 탈식민주의는 식민주의 담론에 대한 도전과 식민주의 이후의 작가와 예술가들이 보는 새로운 시각, 민족의 탈식민주화와 정신의 탈식민지화의 차별화, 탈식민화된 세계의 미학적 관행에서 통용되는 담론의 방식 등에 민감하게 반응한다.[33]

---

32 Anderson, Benedict. 1994. "Exodus". *Critical Inquiry* 20/1. pp. 314-327; 이상봉. 앞의 글. p. 116.

33 김영민. 앞의 글. pp. 88-90. 1960년대까지는 디아스포라의 개념은 이러한 유대인의 망명의 전통에 국한하여 사용되었다. 그러나 1966년 쉐퍼슨(Gerge Shepperson)이 탈식민지화와 정치적 해방의 과정을 중심으로 '아프리카인의 디아스포라'(African diaspora)를 제안한 이후로 현재까지 디아스포라의 개념이 확산되고, 더 나아가 루비 코헨이 옥스퍼드의 연구단체와 협력하여 제작한 온라인상의 인터넷 인용문헌(online bibliography, "Diaspora and Transnational Communities") 제시된 바와 같이 흑인뿐 아니라 아르메니아, 그리스, 아일랜드, 팔레스타인, 중국, 타밀, 인도 등을 포함하는 광범위한 디아스포

가야트리 스피박(Gayatri Spivak)은 『탈식민주의 비평가: 인터뷰, 전략, 대화』(*The Post-colinial Critic: Interview, Strategies, Dialogues*)에서 탈식민주의 비평가가 해체적으로 점유하여 개입하고 변화시킬 수 있는 제국주의의 산물을 '탈식민지적 협상적 위치성'(negotiated postcolinail positionality)이라고 명명하고 있다. 이 위치성은 틈새나 혼종적 위치이며, 탈식민주의 비평가들은 보다 복잡한 식민주의 문서고의 정치적 · 문화적 경계선인 틈새의 공간을 접하여 식민주의 담론을 다시 읽어 되받아 쓰기를 할 수 있다고 주장한다.[34] 요컨대 탈식민주의 비평가들의 담론의 특징은 이중의식을 전유한 사실에 있다.

특히 초우(Rey Chow)의 관점에서 디아스포라의 이중의식은 쉽게 '둘 다'(both~and)라기보다는 '둘 다 아닌'(neither~nor) 상태라 할 수 있고, 긍정적 균형적인 구성을 해체하고 두 군데 이상의 장소와 문화에 이상적으로 소속되고자 하는 욕망을 둘러싼 디아스포라의 이중의식이다. 탈식민주의는 탈식민주의화 과정을 통해, 디아스포라라는 인종의 탈영토화 과정을 통해 타자화를 명시적으로 재현하고 있다. 타자화는 이중의식의 운용원리에 의해 때로는 부정적으로, 때로는 긍정적으로 제3세계와 소수민족의 담론에 노정되고 있다.[35]

라 연구로 현재에 이르렀다. 현재 디아스포라 개념은 이민, 망명자, 피난민을 포함한 망명단체, 해외이민단체, 인종적 공동체 등 민족적 · 문화적 · 종교적 · 인종적으로 구성된 공동체를 통합적으로 지칭하는 포괄적 개념으로 치환되어 있다. 한 인종이나 민족이 어떠한 이유에서든 고향을 떠나 타지로 이주를 하여 이주한 지역의 민족이나 국가에 동화해야 할 경우 문화의 경계선이 발생하게 되고, 이 경계선 상에서 디아스포라 인종성의 이중의식이 파생된다. 디아스포라 이중의식은 '틈새/간격'의 시각으로서 모국의 민족에 대한 소속감과 민족적 정체성을 상징적으로 인식하는 동질성이 한 축이 되고, 이주국 내에서 동화를 보류하면서 파생되는 비판적 시각으로 바라보는 기생적 위치를 지니고 있는 의식이 다른 축이 되어, 이러한 두 축 사이에서 지속적으로 진동하는 의식을 말한다.

34 김영민. 앞의 글. p. 89.

이제 다양한 형태의 민족이동을 통한 국제적인 이주의 현상은 단일국가의 경계선을 넘어서서 다양한 인종적 민족의 문화적 이동을 수반한다. 고향인 모국/조국을 떠나 낯선 타향으로 이주하여 온 이민들에 대한 디아스포라의 현실을 파악하여 초국가주의로 넘어가는 길목에는 민족이라는 장애가 있다.[36]

21세기에는 더 이상 민족이나 민족국가의 한계에 국한되지 않고 코스모폴리탄 형태의 지역적 정체성을 표현하는 전 세계의 탈민족적인 재구성이 이루어질 것이다. 탈민족주의적 시각은 곧 민족주의에 대한 새로운 해체된 시각을 제시하고 있으며, 나아가서는 민족주의 이후(post-)의 탈식민주의(post-colonialism), 탈민족주의(post-nationalism)를 넘어서서(beyond/trans-) 분산/확산(diaspora)되어 초국가주의(trans-nationalism)로 넘어가는 민족의 움직임의 통로(passage/route)가 되고 있다. 이 통로에서 디아스포라는 중요한 역할을 하는 것이다. 다양하고 서로 멀리 떨어진 지역에 있는 사람들을 연결시켜 주는 장거리 네트워크(long-distance network)가 민족국가 이전에 존재하여 있었고, 글로벌 여행의 확산, 텔레콤과 인터넷과 같은 컴퓨터공학의 발달 등에 자극받아 현대의 초국가적 공동체를 제시하고 있다.[37]

알레한드로 포르테스(Alejandro Portes)는 탈식민주의의 제3세계, 디아

---

35 위의 글. p. 91.

36 장거리 민족주의(long-distance nationalism)는 향수에 젖어 잃어버린 고향을 그리는 국적이탈자들의 망명과 탈출의 산물이다(Anderson, Benedict. 1983. *Imagined Community: Reflections on the Origins and Spread of Nationalism*). 여기서 더 나아가 후기 민족주의, 반동민족주의, 신민족주의 등의 개념이 등장하고 있는데, 민족과 민족성이 다문화주의 다원주의 대량이민 등의 요인으로 인하여 출생지인 국가와 영토를 넘어서는 새로운 형태를 말한다.

37 김영민. 앞의 글. p. 94.

스포라 이민사회, 그리고 탈민족주의의 인종적 정체성 등의 세 고리를 다문화주의에 새로운 시각을 던져 주는 초국가주의를 주장한다. 초국가적인 코스모폴리탄적 경향과 디아스포라의 이주현상의 관성에서 탈식민주의, 디아스포라, 탈민족주의의 세 축을 서로 엮을 때 초국가주의의 새로운 개념에 대한 적절한 이해가 등장할 것이다. 그러나 초국가적인 경제적 네트워크가 지역적 관심에 투영되어 이주와 이산의 결과로 민족의 해체를 가져오기보다는 민족주의적 프로젝트를 뒷받침하고 후원하는 경우도 있다. 어떤 경우에는 초국가주의와 민족주의가 상호보완적이고 초국가적 경계 넘기(border crossing)가 민족 간의 경계를 재구성하는 수단으로 활성화되기도 한다.[38]

구모룡은 쉐퍼의 디아스포라에 대한 이해에 덧붙여 다음과 같이 이해하고자 한다. 열린 정의들, 범주적 디아스포라, 모순어법적 디아스포라가 그것이다. 먼저 선험적 전제 없이 집시와 같은 유목적 존재들을 포함하면서 노마디즘의 가능성이 탐문될 수 있는 열린 정의이다. 현대적 디아스포라를 의미하며, 기원의 나라들에 대한 정서적 · 물질적 유대를 견지하면서 시민권을 지닌 나라들에서 살아가는 민족적 소수자 이주그룹을 강조한다.

둘째, 범주적 디아스포라는 사프란이 대표적인데, 그는 소수 국외추방 공동체들에 한정하면서 다음과 같은 여섯 가지의 디아스포라 특성을 거론한다. ① 중심으로부터 둘 이상의 주변 외국으로의 이산, ② 고향에 대한 집합적 기억의 지속, ③ 거주 사회의 수용 확실성이 불가능함, ④ 귀환의 목표로서의 이상화된 고향의 유지, ⑤ 기원의 국가에 대

38 위의 글. p. 96.

한 영속과 부흥과 안전에 참여하려는 집합적 의무에 대한 신념, ⑥ 기원의 국가에 대한 개인적이고 집합적인 관계의 유지. 여기에 코헨(Robin Cohen)은 사프란의 범주를 다소 수정하여 기원의 국가라는 개념에 이상화와 국가의 영속적인 창조라는 의미를 덧붙인다.

셋째, 모순어법적 디아스포라는 포스트모던 사상과 연관된 개념이다. 하위주체(subaltern) 혹은 포스트식민지적 하위문화 등을 다루는 문화연구와 만나면서 디아스포라 개념이 이산 대신에 정체성에 집중되는 현상과 연관된다. 역설적인 정체성, 혼종성 등의 개념과 함께 디아스포라는 순수성으로 정의되기보다 다양성이나 이종성, 차이, 등의 개념으로 이해된다. 이러한 이론적 진전에 이르면 고향으로 돌아가리라는 본래의 속성은 디아스포라를 부정하는 기제로 바뀐다.[39]

---

39 Dufoix, S. W. Rodarmor trans. 2008. *Diasporas*. University of California Press. pp. 21-24; 구모룡. 2010. "윤동주의 시와 디아스포라로서의 주체성". 『현대문학이론연구』 제43호. pp. 130-131.

2. 디아스포라 문학

1) 디아스포라 문학

노마디즘과 디아스포라에 대한 논의를 통하여 인간은 유목의 본능을 갖고 있으며, 자발적이든 강제적이든 자신의 본거지를 벗어나 이산의 삶을 영위하고 있는 역사적 현실을 확인하였다. 디아스포라로 읽히는 이러한 현상은 식민주의와 민족주의와 연관되어 이해되기도 하거나, 오히려 탈식민주의와 탈민족주의로 해석되기도 하다는 것을 앞서 확인하였다.

디아스포라에 대한 다양한 이해와 직접 관련된 문화현상으로서 디아스포라의 현실을 반영한 디아스포라 문학이 자연스럽게 발현한다. 특히 이주자의 삶과 체험 속에서 노마디즘이 읽힐 수 있으며, 구체적인 이주자의 삶과 체험은 디아스포라 문학으로 체현된다. 따라서 디아스포라 문학을 통하여 노마디즘을 이해하고자 한다.

디아스포라 문학은 조국을 떠나 세계 각지에 흩어져 자국 아닌 이국에서 정착하며 살아남기까지 감내해야 했던 각고의 역사적 체험, 위치성, 타자와의 타협과 비타협, 조화와 부조화의 관계를 문학적으로 성찰하고 있다. 당연히 디아스포라 문학은 이방인으로서의 삶, 타자와의 투쟁, 핍박의 역사로 상징되는 '한'의 정서와 자기 정체성 문제가 문학적 주제로 표출될 수밖에 없다. 이국 이문화와의 접촉과 생존 투쟁과정에서 동반될 수밖에 없는 유민민족의 불행한 체험과 역동적인 사유가 인류 보편가치로 확장되고 정착되기까지, 문학은 이들 디아스포라에게 간고한 역사를 헤쳐 나가는 동반자이자 증인이었던 셈이다. 디아스포라 문학은 이산민족의 흩어진 정서를 결집시키고 정체성을 지켜 갈 의식의 거점이었다.[40]

이러한 디아스포라의 문학의 역사는 성경으로까지 소급할 수 있다. 성경을 이주자의 문학으로 읽을 수 있다는 의미이다.[41] 유대인의 신앙에 따라 당초 본거지인 가나안으로부터 이집트로의 이산, 이집트로부터 다시 가나안으로 이산의 삶의 기록인 성경은 바로 디아스포라의 기록이자 디아스포라 문학이라는 것이다. 그리고 앞서 여러 차례 디아스포라의 어원에서도 유대인의 이산을 확인한 바 있다.

우리 역사도 디아스포라의 문학을 소급하여 보여준다. 바로 노마드 개념에 의한 문학읽기는 멀리 '공무도하가'에 이른다.[42] 그리고 유쾌한 노마드의 지적 여정으로 연암 박지원의 『열하일기』를 들기도 한다.[43] 특히 고미숙은 『열하일기』의 저자 박지원을 포획장치로부터의 탈주자라고 평가한다. 정조시기 문체반정을 통해 사문계급을 길들이고 탕평책을 실시하려던 정조에게 박지원은 노마디즘에서 논하였던 미끄러져간 유쾌한 분열자였다는 것이다. 채찍과 당근을 함께 휘두르는 정조의 노련한 조처에 열하로의 여행은 유쾌한 여정이었다는 것이다. 『열

40 김환기 편. 2006. 『재일 디아스포라 문학』. 새미. p. 16.

41 박정희. 2009. "탈민족주의 시대, 신노마드의 모험 그리고 남긴 이야기들". 『독일어문학』 제46집. p. 79.

42 구사회. 2009. "〈공무도하가〉의 가요적 성격과 디아스포라". 『한민족문화연구』 제31집.

43 고미숙. 2001. "'천의 고원', 유쾌한 '노마드'의 지적 여정: 연암 박지원의 『열하일기』". 『문학과 경계』 제1호(1).

하일기』는 수많은 고원들로 이루어져 있는데, 연암은 오직 붓과 먹만을 지닌 채 이 천의 고원을 경쾌하게 가로지른다. 『열하일기』의 수많은 구언들은 시각조차 촉각처럼 만지고 직접적으로 느끼고 감응하는 유목적 여정의 산물이다. 그리고 그것은 중심도 뿌리도 없이 우발적인 흐름에 따라 줄기를 뻗어나가는 점에서 리좀이기도 하다. 거대한 스케일과 무시로 변화하는 중원의 대자연을 포착하기 위하여 환상의 메타포, 공감자, 돌연한 비약 등 화려한 수사학을 구사한다. 그의 시선이 닿으면 어떤 계층, 어떤 성향의 인물이든 모두 생기발랄하게 움직인다. 이러한 변주야말로 『열하일기』라는 리좀이 지닌 특이성이다. 이질적인 것 안에서 직접적으로 작동하며, 이미 분화된 선에서 다른 선으로 비약하는 리좀적 선분들은 수목적 위계와 통일성을 파괴하면서 그 특성을 발한다.

『열하일기』 가운데 가장 논란이 되고, 뒷날 가장 많이 삭제 윤색된 부분도 웃음이 분출되는 대목이다. 박지원에게 유머란 중세적 엄숙주의를 전복하는 유목적 특이점들의 기법이고, 언제나 자리를 옮기는 우발점의 기법이다. 현대의 정보사회에서도 권력에 대한 효율적인 저항의 한 방법으로 패러디를 들 수 있다. 그의 유머는 의미와 무의미 사이 혹은 의미의 전도, 즉 패러독스와 중첩된다. 그리고 그는 근대성에 의한 재영토화의 방향에 사로잡히지 않고 모든 구획의 문턱을 넘어선다. 언제나 그는 탈주체화하는 방향으로 나아간다. 일생 동안 하나의 고정점을 갖지 않은 채 떠돌았던, 때론 고요히 앉은 채로 유목을 했던 그는 이름에 대한 집착을 버리고 탈주체화의 극한을 걷는다. 그것이 바로 『열하일기』에서 노마드의 열정으로 표현된 것을 평가할 수 있다.[44]

---

44 고미숙, 앞의 글, pp. 93-97.

2) 탈경계시대의 디아스포라 문학

앞서 디아스포라는 탈영토화, 탈식민화, 탈주체화의 개념과 의미로 사용되고 있음을 확인하였다. 특히 이동과 유목의 시대 디아스포라는 탈경계의 의미를 갖는다. 따라서 해외동포로 대표되는 기존 논의들의 지향점은 기본적으로 모국이 될 수밖에 없는 데 비하여, 디아스포라는 국외로 추방된 소수 집단 공동체 그 자체에 중심을 둔다. 이와 연관되어 '해외한인 문학'이나 '교포문학' 등의 용어가 국토 바깥에서 이루어지고 있는 동포들의 문학을 단일한 민족성에 포섭하여 한국문학 주변에 두고자 하는 의도를 내포하고 있는 데 반하여, '디아스포라 문학'은 국외자들 각각의 가치를 인정한다. 즉 기존의 논의가 종적 결속을 염두에 두는 반면에, 디아스포라 문학은 횡적 연대를 의도한다. 특히 디아스포라 문학에서 발견되는 탈식민주의적 요소들은 이러한 측면에서 이해된다.

그러한 배경하에서 경계를 뛰어넘고 초월하고 가로지르라고 촉구하며 무한히 자유로운 이동과 혼종을 찬양하는 '트랜스'라는 용어는 지구화 시대의 삶을 이해하기 위하여 앞서 이해해야 할 개념이 된다. 특히 글로벌한 모습으로 환골탈태하려는 이 시기에 문학은 국민국가 패러다임을 고집스럽고 끈질기게 고수하는 분야로 남아 있기 때문이다. 다시 말해 문학이 지구화의 요구에 빠르게 반응하지 못한다는 그 점이야말로 우리가 지구화 시대를 살아가면서 문학, 특히 '트랜스내셔널 문학'을 말해야 하는 이유이다.[45]

트랜스내셔널 문학이 마치 이민작가들의 문학공간인 양, 이중정체

45 박선주. 2010. "문학연구의 탈/경계; 트랜스내셔널 문학: (국민)문학의 보편문법에 대한 문제제기". 『안과밖』(영미문학연구) 제28권. p. 166.

성/이중언어의 경험을 반영하는 문학이면 자동으로 속하는 범주인 양, 혹은 국가 정체성이 뚜렷하지 않은 모든 문학들, 즉 '국민문학' 속에 분명하게 소속되지 않는 그 나머지 문학들을 다 아우르는 용어인 양 이해하는 것은 '트랜스내셔널 문학'을 '내셔널 문학'으로부터 기계적으로 구분 짓고, 이 둘 사이의 역동적이고 문제적인 관계를 간과하는 것이다.[46] 또 이런 입장은 트랜스내셔널 문학을 이민작가, 디아스포라 작가, 혹은 이중언어나 다문화 등의 특수한 경험을 극화한 문학으로 국한함으로써 트랜스내셔널 문학이 제기하는 언어와 권력에 대한 근본적인 문제제기를 간과한다. 요컨대 이민문학을 이민작가의 영역으로 구획화하는 것은 국민문학을 주류로, 그 나머지 '트랜스내셔널 소수자'를 비주류로 하는 국민문학 중심의 권력구도를 계속 유지 강화하는 것이며, 그 영역 안에서만 논의될 수 있도록 경계를 둘러 논의의 정치적 · 사회적 파장을 축소하는 것이 된다.[47]

작가의 국적 혹은 국가적 정체성은 문학작품의 국적을 결정하는데 가장 중요한 요소이고, 이런 방식으로 확실한 극적을 부여받은 문학작품은 소속 국가의 특수한 문화적 코드와 집단적 기억을 대표한다. 〈작가-문학-국가정체성〉 간의 이처럼 기묘하게 밀착된 상동관계 위에서, 문학의 특수한 정체성을 보편적이고 세계적인 맥락으로 승화되어 인류라는 모두가 공감하고 이해할 수 있는 보편적인 정체성까지 부여받는다. 다시 말해 개별 문학작품이 갖는 언어적 국가(문화)적 정체성은 특수하고 고유한 것들이지만, 그것들이 지향하는 궁극적인 가치는 '그럼에도 우리는 결국 같다'라는 보편적(으로 보이지만 사실은 서구적 가치일 뿐

46 위의 글, p. 168.
47 위의 글, p. 169.

인) 진리를 일깨우게 된다.[48]

'이민작가'라는 사실, 즉 국가(문화) 간에 애매하게 걸쳐진 정체성을 가졌다는 사실이 이들의 작품을 자동적으로 트랜스내셔널하게 만들어 주는 것은 아니다. 문화 간 이동에 따른 혼종성을 중요한 주제로 삼고 불안하게 부유하는 정체성으로 인한 소외와 단절의 경험을 말하는 것은 사실이지만, 문학이 트랜스내셔널 문학연구에 있어 모범적인 텍스트가 된다면 그것은 작가들이 트랜스내셔널한 정체성을 가졌기 때문이 아니라 작가와 문학작품의 '특수한' 문학적 정체성을 이미 전제하는 서구 내셔널리즘의 문법과 그것을 고민 없이 받아들이는 안이한 태도에 도전하는 이들의 방식이 트랜스내셔널하기 때문이다. 지금까지 이민작가의 작품을 읽는 방식은 작가 자신의 분열된 정체성, 어디에도 소속되지 못하는 파편적 자아, 소통불능과 상실감 등에 초점을 맞춰 이루어졌다. 이민자의 불완전하고 불안한 자아는 궁극적으로 극복해야 할 것이고, 모국이건 거주국이건 어느 한 쪽의 국가(문화) 정체성을 온전히 받아들이는 과정이 고통스럽고 분열과 무소속의 경험을 이겨내는 유일한 방안으로 제시되었다.[49]

트랜스내셔날 문학에서 트랜스내셔널이 의미하는 것은 특정한 지역의 범주화라기보다는 지역의 재개념화라고 할 수 있다. 트랜스내셔널 문학은 국가와 국가 사이의 가교역할을 거부하며 그와 동시에 '여기'와 '저기'라는 공간적 이분법 자체를 문제시한다. 여기 '안'의 저기, 혹은 저기 '안'의 여기와 같이 명백히 분리되어 있다고 여겨지는 공간들이 얽혀 있는 양상, 그들의 복잡하고도 불가분으로 얽힌 존재론적 인식론적

48 위의 글, p. 181.
49 위의 글, p. 181.

관계성을 추적하고 탐구한다.[50]

트랜스내셔널 문학연구는 지역과 공간이 국민국가의 경계를 단위로 분리되고 차별화되며, 그 경계 안에서는 동질한 현실을 만들어낸다는 서구 내셔널리즘의 전제를 깨면서 지역의 재개념화를 통해 서로 다른 공간 간의 다층적이고 복잡한 관계성을 밝혀내는 무한히 다양한 작업을 촉구한다. 트랜스내셔널 문학연구가 도전하는 또 하나의 서구 내셔널리즘의 주요 문법은 모국어라는 개념이다. 개별국가의 문학적 정체성은 그 국가의 언어적 정체성과 불가분의 관계이며, 문학작품이 국민문학의 범주 안에서 논의되기 위해서는 그 국가의 고유한 언어로 (대부분의 경우 단일언어로) 쓰여야 함은 최소한의 전제조건이다. 그러나 언어란 하나의 고정적인 의미체계 안에 갇힌 것이 아니기에, 어떤 언어를 모국어로 어느 정도 자유롭게 구사한다고 해서 그 언어에 대한 완전한 소유나 지배를 주장할 수 없다. 특히 번역과정에서 명백하게 인식되는데, 번역을 통해 우리가 이미 속속들이 이해하고 완벽히 구사한다고 생각해왔던 모국어가 사실은 다층적이고 불안정한 의미체계를 지닌 낯선 언어임을 알게 되며, 그럼으로써 자국의 언어와 문학에 대해 가졌던 확신, 본질적인 권한 그리고 장악력을 잃게 된다는 것이다. 그리고 단일한 모국어라는 개념은 국민국가의 이데올로기를 강화하기 위하여 만들어진 인위적 구성물로 보아야 한다는 것이다. 하나의 언어라고 여겨지는 것 속에 이미 수없이 많은 이질적 요소(계급적, 성적, 지역적, 지적 차이뿐만 아니라 타문화, 타언어의 흔적들, 자취들)들이 복잡하게 섞여 있음은 부인할 수 없다.[51]

---

50 위의 글, p. 186.
51 위의 글, pp. 188-189.

기존의 국민문학 연구가 자세히 읽기를 통해 원어민에게 해석의 권위를 부여하고 언어의 단일성, 고정된 의미, 문화본질주의를 전제로 하는 읽기를 재생산했다면, 트랜스내셔널 문학은 '비스듬히 읽기' 혹은 자세히 읽기의 재개념화를 통해 언어/의미의 이동과 파생, 순환, 전용/차용, 심지어는 오역(의도적이든 아니든)의 과정을 추적하고자 한다. 왜냐하면 올바른 혹은 제대로 읽기라는 것은 언어에 대한 그리고 작품에 대한 일종의 통제와 규율이 아닐까? 모국어의 단일성을 문제 삼는 것은 따라서 문학을 문화본질주의에서 탈피한 방식으로 문학을 국민문학이 아닌 방식으로 읽을 수 있는 방법론에 대한 탐구로 이어진다. 결국 독자는 자기 상황에 맞추어 텍스트의 정치성을 전유하게 되고, 텍스트와 독자 사이에는 비스듬한 관계, 비스듬한 참여의식이 생겨난다. 바로 이런 종류의 독자, 즉 텍스트가 직접적으로 겨냥하는 사회적 맥락 밖에 존재하면서 비스듬한 읽기를 통해 텍스트가 원래 의도했던 참여의 성격을 바꾸고 굴절하는 독자의 존재가 바로 세계문학 개념의 핵심이다.[52]

'비스듬히 읽기'는 모국어의 단일성 문화본질주의적 자세히 읽기 등에 도전하며 언어의 이동성, 혼종성, 다의성을 주목하는 데서 비롯한 문학연구의 한 방법론이라고 할 수 있다. 문학작품이 반드시 특정한 시대와 공간에 한정되어 특정 문화와 특정 이데올로기를 본질화하는 수단으로 연구될 이유가 없으며, 오히려 작품이 길고 험난한 이동을 거쳐 굴절되고 변화하면서 전혀 다른 종류의 읽기와 참여의식, 연대와 결과를 낳는 과정을 추적하는 것이야말로 트랜스내셔널 문학연구가 서구 내셔널리즘이 유포하는 국민문학에 대항하여 제시하는 대안적 방법론이라

52 위의 글, p. 193.

고 할 수 있다. 단일언어라는 전제에서 벗어나 피진(pidgin)인 동시에 크레올(creole)인 언어의 걷잡을 수 없는 혼종성을 만끽하며 이런 일련의 이동, 전이, 순환의 자취, 끝없는 파생의 연결들을 따라가다 보면 문학 밖, 더 정확하게 말해서 우리가 문학이라고 인식해 온 것의 밖으로 나가 뜻하지 않은 것들과 만나게 되는 것은 어쩌면 필연적인 일이다.[53]

---

53 위의 글, p. 195.

NOMADISM

제3장

코리안 디아스포라 문학

KOREAN DIASPORA LITERATURE

1. 한국문학

1) 민족담론과 단일민족국가론

2007년 8월 '유엔인종차별철폐위원회'(CERO)는 한국의 인권문제를 놓고 "순혈 혈통, 혼혈과 같은 용어와 더불어 인종 우월적인 관념이 한국 사회에 널리 퍼져 있다는 데 주목한다 … 단일민족을 강조하는 것은 다른 인종, 국가 출신 사람들이 같은 영토 내에 함께 살며 이해와 관용, 우의를 증진하는 데 장애가 될 수 있다 … 이주노동자와 혼혈아 등 외국인에 대한 모든 형태의 차별을 금지하고 이들이 인종차별금지 조약에 명시된 권리를 누릴 수 있도록 관련 법규 제정 등 추가조치를 취해야 한다"고 지적하였다.[1] 이는 단일민족 국가가 안고 있는 폐쇄성, 배타성, 인종차별적 시선을 비판한 것으로 혼종성(hybridity)을 부정하거나 터부시하는 순혈주의에 비판을 가한 것으로 해석된다.[2]

한국문단에서도 탈식민 시대, 탈민족 시대 세계문학과 한국문학의 관계에 비추어 '민족'의 용어 사용을 두고 크게 논쟁이 벌어졌다. 이렇게 한국문단의 일각에서 민족문제에 대하여 심각한 논쟁을 거치게 된 것은 바로 위에서 계속 논의한 탈식민과 탈민족 담론과도 연관되어 있

1 『중앙일보』 2007/08/20.

2 김환기. 2009. "재일 디아스포라 문학의 '혼종성'과 세계문학으로서의 가치". 『일본학보』 제78집. p. 116.

다. 따라서 이하에서는 민족담론에 대한 그간의 견해를 정리한다.

민족담론은 민족구성론과 민족발생론으로 나누어 설명된다. 먼저 민족구성론은 객관주의와 주관주의로 나누어 볼 수 있다. 객관주의는 혈통, 언어, 역사, 경제, 문화, 지역 등 객관적 요소에 주안점을 둔다. 주관주의는 감정, 의지, 이념 등 주관적 요소들을 강조한다. 민족은 혈연, 언어, 역사, 지역, 경제, 문화와 같은 객관적 요소와 이러한 요소를 직간접적으로 반영한 귀속의식이나 애족사상, 민족주의, 민족정신 같은 주관적 요소에 의해 동질성과 일체성, 정체성이 보장됨으로써 비로소 완벽한 민족이 생성된다.[3]

다음 민족발생론, 즉 민족구성의 제요소를 구전한 민족이 언제 형성되었는가에 대해서는 근대주의와 영속주의로 나뉘어 설명된다. 먼저 도구론적 입장에 기초한 근대주의는 18세기 말엽부터 일기 시작한 산업혁명과 프랑스혁명, 자본주의에로의 전환과 국민국가의 탄생 등을 통하여 만들어진 근대의 산물이라고 주장한다. 도구주의는 민족이 절대적인 정서와 공통의 문화유산이나 역사적 경험에 기초한 근원적인 것이라기보다는 현실적인 이해관계와 관련이 있다고 보는 것이다. 예를 들어 르완다 내전이나 보스니아 내전 등이 대표적인 사례로서 겉으로는 민족갈등이지만, 본질적으로 현실의 이해관계를 둘러싼 갈등과 투쟁이라는 것이다.[4]

---

3 정수일. 2010. "민족과 민족주의, 그 재생적 담론". 정수일 외. 『재생의 담론, 21세기 민족주의』. 통일뉴스. pp. 20-22.

4 한경구. 2008. "민족 정체성: '우리'와 '그들' 가르기". 경희대학교 인류사회재건연구원 편. 『우리 사회의 경계, 어떻게 긋고 지울 것인가』. 아카넷. pp. 256-257. 그런데 유럽에서 근대 이전부터 민족 구성의 객관적 요소와 주관적 요소가 존재하였으며, 유럽의 특수론이 유럽과 다른 역사 환경에서도 보편 타당한가 문제가 제기된다. 정수일. 앞의 책. pp. 25-27.

영속주의는 민족의 원형이 씨족이나 종족에서 이루어졌기 때문에 민족은 결코 근대의 산물이 아니며, 오랜 역사 과정에서 형성되어 상당한 역사 기간 내에 존속한다는 이론이다. 그렇지만 민족은 초역사적인 보편적 실체이거나 영구불멸의 초역사적 상수는 아니고, 특정한 역사 시기에 출현해 존속하다가 사라지는 역사적 변수이다. 요컨대 특정한 역사적 시기에 발생하여 단절 없이 연속적으로 존재하다가 조락한다는 민족의 역사적 존망을 거시적으로 반영한 입장이 연속주의이다. 그리고 원초주의는 민족을 원초적인 사회결속으로 보고 자연의 질서와 같은 원초적 성격을 띠고 있다고 본다.

근원주의 또는 원초주의적 관점은 민족이란 개인들의 경험이나 선택에 우선하는 강제적 정서에 기초하며, 혈연관계나 공통의 언어·종교·역사와 같은 문화적 유산으로 표현된다고 하는 입장이다. 정서적 감정을 토대로 형성되는 민족이라는 집단의 중요한 특질은 같은 문화를 공유하는 것이다.[5] 그러나 원초적인 사회결속은 민족이 아니라 그 원형인 씨족이나 종족이며, 또한 민족이란 자연의 질서와 같은 원초적 성격을 띠고 있는 것이 아니라 일정한 사회발전 단계에서 형성된 사회적 결속이므로 원초주의를 민족발생론의 한 갈래로 분류하는 것은 재고되어야 한다.[6]

이에 덧붙여 구성주의적 관점이 있다. 이 입장은 특정 민족집단이 공유하고 있는 문화적 특질 자체에 주목하기보다 다른 집단과 자신들을 구별하기 위해 만들어내는 집단들 간의 경계에 주목한다. 문화 간 접촉상황에서 민족집단은 자신과 타자와의 경계를 유지하고 만들어내

5 한경구. 앞의 글. p. 256.
6 정수일. 앞의 글. pp. 28-30.

기 위해 상황에 따라 상이한 문화특질을 선택한다는 것이다. 이렇듯 민족성이 고정된 실체가 아니라 상대적인 것이며, 변할 수도 있고 또 만들어질 수 있다면 민족은 하나의 과정으로 이해하는 시각을 구성주의라고 한다.

민족의 발생이 근대주의와 영속주의 또는 연속주의로 나누어지듯이, 민족주의 또한 그 시원론에 있어서 근대주의와 원초주의로 나뉘어 설명된다. 한편 근대론에 입각하여 한국의 민족주의가 전개되어 온 과정을 몇 단계로 나누어 설명하기도 한다. 그 가운데 3단계론과 사다리 5단계론이 있다. 먼저, 3단계론은 일제 강점기의 저항적 민족주의 시기인 제1단계, 민족분단과 통일을 과제로 한 시기인 제2단계, 1980년대 말부터 현재까지의 제3단계로 나눈다. 다음, 사다리 5단계론은 ① 구한말~1905년, ② 1905~1910년, ③ 1910~1945년, ④ 1945~1990년, ⑤ 1990년부터 현재까지의 5단계가 그것이다. 이 입장에 의하면 마지막 단계인 통일이 이루어지지 않은 것으로, 통일이 되면 민족주의는 필요가 없는 것으로 이해한다.[7]

한민족의 역사적 공통성 및 정체성이 과연 단군조선으로부터 현재까지 영속적으로 존재하고 있는 것인가? 혹은 고구려, 백제, 신라와 같은 삼국시대의 역사적 유산을 단일민족의 기원으로 볼 수 있는가? 우리나라 275개 성씨 가운데 무려 136개 성씨가 외래의 귀화성이다. 그 중 40개는 신라시대에, 60개는 고려시대에, 30개는 조선시대에 귀화한 것이다. 그리고 고려 초기 100년 동안 17만 명이 귀화하였다. 당시 고려인구 230만 명 중 귀화인이 14%나 차지한 셈이다. 그럼에도 불구하고 단일민족론이 주장되는 것은 오랜 공동체 생활과정을 통해 생활문화나 의

7 위의 글. pp. 45-48.

식구조 면에서 동질성과 일체성이 확보됨으로써 민족 구성의 제반 요인들이 충족되어 하나의 단일민족이 형성되었다는 의미이다.[8]

역사적으로 살펴보아도 우리 역사에는 많은 외국인들이 들어왔다. 중국의 진과 한의 교체기에 위만 등의 중국인이 고조선으로 들어왔으며, 명과 청의 교체기에도 많은 중국인들이 조선으르 피난 왔다가 그대로 정착하였다. 고려 말의 몽고인들의 유입과 정착, 그리고 고려 시대 거란인들의 유입과 여진인들의 귀화는 우리 역사가 단일의 혈통에 의한 순혈주의를 받아들이기 곤란하게 만든다. 심지어 신라시대 때부터 무슬림의 교류와 도래가 시작되어, 조선조에도 회회인으로 표현된 무슬림 대표가 정부의 공식행사에 초대받아 참석할 정도였다. 이러한 이민족의 한반도 유입은 육식문화의 확산과 같은 문화의 변용에 의해서도 입증된다. 그리고 한반도 외부에서 유입된 이들 이방인과 이주민들은 한반도의 구성원이라는 인식, 정체성도 분명히 갖고 있었다.[9]

특히 최근 들어 우리 사회에 외국인의 유입이 급증하고 있는 즈음에 여전히 단일민족국가 담론에 계속 머물러야 하는지에 대해서도 논쟁이 뜨겁다. 외국인의 국내 유입이 급증하면서 차별과 배제의 문제, 다문화가 화두로 등장하면서 우리는 한 핏줄이라는 순혈주의적 단일민족주의에 대한 문제가 제기되고 있는 것이다. 요컨대 단일민족국가와 한국사회의 경계 긋기에 대한 논의는 비판과 그에 대한 반비판으로 정리할 수 있다.

그렇지만 단일민족신화 그 자체가 허구적이라는 지적에 대하여, 한경구는 다음과 같은 세 가지의 문제가 있다고 주장한다. 첫째, 우리의

---

8 위의 글. p. 36.

9 이희근. 2008. 『우리 안의 그들, 역사의 이방인들』. 너머북스.

민족주의가 단군의 자손임을 강조하기 때문에 순혈주의처럼 보이지만 그렇다고 현대 한국의 민족주의를 순혈주의적 또는 순혈주의적 가부장주의라고 하는 것은 부정확하다. 둘째, 순혈주의적 민족주의와 이에 기반한 관주도 다문화주의가 차별적 상황의 원인이라고 보는 것은, 문제의 본질이 문명론적 함의를 기저에 가지고 있는 국민문화론적 다문화주의라는 사실을 간과하게 만든다. 셋째, 혈통에 대한 강조가 전근대적·차별적인 것이며, 문화논의는 좋은 것이라는 전제를 가지고 있다. 이는 전통적인 문명주의적 민족주의나 문화개념에 입각한 문화민족주의를 무비판적으로 수용하고 확산시키는 위험을 초래할 우려가 있다. 문명주의적 민족주의는 오히려 더 큰 피해를 초래할 수 있다는 것이다.[10]

왜냐하면 우리의 순혈주의적 민족주의는 조선조까지 발견되지 않고, 일본의 단일민족주의, 즉 식민지시대 내선일체에 대항하여 성립된 것으로 보는 것이 타당하며, 한국의 단일민족론은 독일과 일본의 민족론을 의식하면서 발전한 것이다. 문화적 우월감의 기초를 이루고 있었던 화이관이나 보편적 가치를 뒷받침해 왔던 유교적 이념에 대한 확신은 근대 서구문명과 식민지화의 충격으로 타격을 받고, 그 결과 한국의 민족주의는 문명과 미개를 기준으로 하는 문화민족주의적 전통보다 혈통적 동질성을 강조하는 단일민족주의적 성격을 강하게 갖게 되었기 때문이다. 그리고 이는 해방 후 전쟁, 분단의 고착화, 국가동원체제의 지속, 냉전을 겪는 가운데 남북한의 민족주의 경쟁, 경제개발과 통일에 대한 염원, 집권세력과 운동권의 민족주의 경쟁을 통해 더욱 확산되었다. 그리하여 최근의 다문화사회에 대한 담론의 성행도 단일민족설에 대한

10 한경구. 앞의 글. pp. 262-263.

진지한 검토와 성찰에서 비롯된 것이라기보다 국민국가의 생존전략으로 등장한 것이라는 혐의가 있다고 본다.[11]

2) 한국문학과 한국작가회의

한국문단은 '민족'의 이름을 계속 사용할 것인지에 관하여 논쟁을 벌인 적이 있다. 국내의 대표적인 문인단체인 '민족문학작가회의'(이하 작가회의)는 2007년 단체의 이름을 '한국작가회의'로 변경하였다. 한국사회의 민주화와 분단극복을 위하여 부단히 노력해 온 문인들의 조직인 작가회의가 그 동안 명칭변경을 논의해 왔었는데, 명칭변경은 한국문단에서는 물론이려니와 세계문학과의 관계, 한국정치 등에 많은 것을 시사하였다.[12]

1974년 '자유실천문인협의회'로 출발한 한국작가회의는 김지하 시인의 필화사건에 대하여 기존의 문인단체가 구속이 마땅하다고 의견을 낸 데 대하여, 경악을 금치 못한 문인들이 김지하 시인을 보호하기 위한 운동의 현장이 조직으로 바뀐 것이다. 이때 '문인 101선언'이 단체화하여 '자유실천문인협의회'가 탄생한 것이다. 1987년 6월 항쟁 이후 '민족

---

11 한경구는 자신의 문화에 대한 성찰과 타문화에 대한 배려와 이해, 그리고 통문화적 능력(cross cultural competence; intercultral competence)의 함양이 민족 정체성과 문화의 경계를 넘을 수 있을 것으로 본다. 한경구, 앞의 글, pp. 274-275.

12 『조선일보』 2007/12/10. 김남일, "그로부터 20년, '작가회의'", p. 341. 작가회의는 ① 자유실천문인협의회의 전통을 이어받아 민주화와 민중운동에 배전의 노력을 기울이되, 특히 ② 분단을 극복하고 민족통일을 앞당기는 데 최선을 다하며, ③ 구성원들의 작품생산에서도 명실공히 한국문학의 중심이 되어야 하며, ④ 문화민족의 체통에 값하는 대표적인 문학단체로 자리 잡아 왔다.

문학작가회의'로 그 이름이 바뀐 후,[13] 다시 2004년부터 명칭변경에 관하여 공식적인 논의가 시작되었다.

권력지향적이고 기득권에 속해 있었던 '한국문인협회'와 다른 길을 걸어 온 작가회의가 그들 조직의 이름에 민족을 계속 달고 다닐 것인지 뗄 것인지에 대한 명칭변경의 배경은 다음과 같다. 명칭변경 찬성론자들은 단체의 이름이 국제적 소통 속에서 사용될 경우 오해의 소지가 있고, 문단의 주류이면서 비주류집단으로 격하되는 문제가 있고, 깃발을 앞세우는 이미지가 시대정서에 맞지 않고, 건강하고 의미 있는 문학을 포괄하는 범위가 협소하다는 점 등이다. 요컨대 1987년 6월 항쟁을 경험하고, 2000년 6 · 15 남북정상회담이 개최된 이후 변화된 한국의 상황이 '민족문학작가회의'의 이름을 바꾸게 한 것이다.

이에 반하여 명칭변경 반대자들은 단체명칭에 가치지향성이 담겨야 하고, 명칭변경이 퇴행으로 오해될 수 있으며, 역사적 맥락 속에서 단체의 명칭이 형성된 것이므로 불편해도 감수해야 한다는 점 등을 들어 반대하였다.[14] 특히 명칭변경 반대론자들은 명칭변경이 민족문학의 가치를 전면 부정하는 이데올로기적 효과를 낳으며, 문학적 주류에 집착하는 순간 주관적 진정성과는 관계없이 정체성이 무너진다고 주장하였다. 제도화와 체제에의 편입은 불가피하게 현실과의 타협을 낳고, 그것은 필연적으로 반체제적 급진성을 훼손한다는 것이다. 그리고 명칭변경론은 한국의 근대문학이 더 이상 반체제적 급진성을 대변할 수 없다는 위기의식을 반영한 것으로 본다.[15]

---

13 1987년 소위 4 · 13 호헌조치가 나오자 '한국문인협회'는 지지한 반면에, '자유실천문인협회'는 정반대의 목소리를 냈었다.

14 『오마이뉴스』 2007/01/30.

결국 우리 사회 내부에 타자에 대해 열리지 않으려는 배타적 습성이 존재하고, '민족문학'이라는 명칭이 국제사회에서 극우 민족주의로 오해받을 소지가 있고, 국내적으로 소수 정치편향 문인단체로 치부될 우려가 있었고, 젊은 세대 작가들을 영입하는 데에도 한계가 있다는 이유로 본격적인 논쟁을 거쳐 명칭변경이 이루어졌다.[16]

물론 명칭변경이 이루어지면서 자체 반성이 뒤따랐다. 명칭변경을 꾀하는 자들이 또 다른 기득권을 챙기려는 문학권력의 향유자들이 아닌가? 민주화와 민중문제에 관하여 산하의 '자유실천위원회'에 위임하고 뒷짐을 진 것 아닌가? 통일문제에 대해서도 '통일위원회'를 유지하는 것으로 만족하고 더 이상의 노력을 하지 않았는지 등의 문제를 반성하기도 하였다.

'코리안 디아스포라 문학'을 논하기 전에 우리는 '민족문학론'에 대하여 먼저 이해할 필요가 있다. 민족문학론에 대한 옹호와 반론에 있어서 논자마다 다양하지만, '민족문학＝근대문학＝리얼리즘' 정식을 전제로 이루어진 민족문학론의 일단은 백낙청에게서 읽을 수 있다. 그는 리얼리즘이야말로 민족문학의 세계문학적 차원을 해명하는 방식으로 강조하였다. 그런데 진정석에 의하여 촉발된 리얼리즘-모더니즘 논쟁은 민족문학의 외연을 확장하면서 그간의 리얼리즘에 대한 맹목적 편향을 흔들어 놓았다.

진정석은 백낙청의 '근대문학＝민족문학＝리얼리즘' 논리의 정합성에 이의를 제기하였으며, 기왕에 백낙청이 제출하고 있는 '근대성의

15 하정일. 2007. "한국근대문학의 위기에 대한 몇 가지 단상". 『오늘의 문예비평』 제65호. pp. 173-78; 이처럼 명칭반대론자들은 문학은 버릴 수 있어도 민족은 버릴 수 없다고 주장한다. 김준태. "'문학'을 버릴지언정 '민족'을 포기할 수 없다". 『레디앙』 2007/02/09.

16 『한겨레』 2007/02/03; 2007/02/07.

성취와 근대의 극복', '근대와 탈근대의 이중과제' 등에서 보여주는 '근대주의=근대성 담론'에 대한 불신과 적대가 근대성의 미적 범주를 놓치고 있다고 지적한 것이다. 요컨대 자율적 예술의 양면성 — 사회적 근대성에 대한 비판 임무와 동시에 그 비판과 교정이 근대성의 기존 틀을 온존시킨 상태에서 이루어진다는 한계 — 을 지닌 미적 근대성을 중심으로 새롭게 갱신될 수 있는 있는 민족문학론은 리얼리즘만을 위한 유일한 미학적 원리로 상정하는 배타적 태도에서 벗어나 모더니즘의 문제의식을 적극적으로 고려할 필요가 있다고 주장한다.[17]

여기서 '왜 근대문학을 리얼리즘이 독점해야 하는가'라는 질문은 백낙청의 '근대문학=리얼리즘'의 연결고리를 해체하면서 리얼리즘-모더니즘(포스트모더니즘)의 대립구도에서 공전하던 민족문학론의 이론적 담보상태를 해소하는 의도적 소산이었다. 이에 김명인도 이러한 양자 대립적인 구도를 해체하는 데 가세하였다. 그리하여 이런 논의는 궁극적으로 근대문학의 탄생과 함께 발흥한 근대문학의 이념, 문학의 본래의 위의(威儀)의 회복에 대한 강조는 결국 탈근대의 위협에 맞선 근대문학의 연대의 모색이라고 할 수 있다.[18]

그런데 리얼리즘 신화에 대한 논의가 문학 내부의 사건이라고 한다면, 민족주의 신화의 붕괴는 외부적 사건과 관련된 것으로, 1987년 6월 이후 개량적 민주화, 동구권의 붕괴로 인한 전 지구적 자본주의의 확산, 역사의 종언에 대한 불안, 탈근대 담론의 범람이라고 하는 객관적 정세의 급격한 변화에 따른 것이다. 탈민족주의적 시각에 의한 민족담론 비판 가운데 먼저 동일성, 이성, 총체성 등의 근대 계몽 이성 담론에

---

17 정은경. 2010. "민족문학, 세계문학, 디아스포라문학". 『우리어문연구』 제38집. p. 585.
18 위의 글. p. 586.

내장된 폭력성을 폭로하면서 유목적 주체로의 이행을 주장하는 입장이 있다. 다음으로 민족주의가 어떻게 지배권력과 이데올로기를 은폐하고 이들과 야합했는지 비판적으로 성찰한 입장이 있다.

이와 같은 탈근대적, 탈민족주의적 논의는 민족문학론 비판으로 이어졌는데, 민족문학론에 대한 비판적 논의들을 정리하면 다음과 같다. 먼저, 민족문학론은 민족주의에 기초한 문학이념으로 객관적 상황이 달라진 1990년대에는 그 유효성을 상실했다. 또한 반주변국으로 진입한 한국적 상황을 고려할 때 배타적이고 국수적인 태도는 제국주의로 이어질 수 있다. 특히 특수성에 갇힌 일국적 민족주의는 지구화의 시대에 걸맞은 보편성을 담보하지 못한다. 둘째, 민족은 실체가 아니라 상상적 표상이다. 셋째, 민족문학론이 민족의 주체적 생존의 위기와 그 극복을 전제로 할 때, 1990년대는 과연 민족위기의 시대인가? 넷째, 민족문학론은 민족이라는 집단적 주체성을 강조함으로써 차이와 여타의 모순을 간과하는 환원주의이다.[19]

이러한 비판에 대한 민족문학론의 반론은 민족주의와의 관련성을 부정하고 비민족주의적 민족의식, 민족단위 위에 새롭게 민족문학을 정립시킨다. 이는 민족문학론의 현재성을 세계체제의 극복과 관련하여 모색하는 것이다. 특히 백낙청은 분단체제를 강조하면서, 아직 민족문학론이 퇴출될 시기는 아니라고 주장한다. 그렇지만 자신의 민족문학 개념이 역사적 개념이기 때문에 상황이 변하면 그 개념 역시 변할 것을 상기시키면서 1990년대 이후의 우리 현실에 필요한 민족문학의 새 단계를 다음과 같이 제시한다.[20]

19 위의 글, p. 589.
20 위의 글, p. 591.

① 현실과 문학논의에서 민족을 제거한다고 해서 민족이 사라지지 않는다. 민족주의는 분단을 거부하면서도 분단체제 재생산의 동력으로 작용하기도 한다. ② 분단체제야말로 하나의 고정된 실체로서 '체제' 개념에 근본적인 의문을 던질 것을 요구한다. ③ 분단된 한쪽만의 문학을 거부하면서 민족 전체의 민족문학이기를 지향한다. ④ 한국문학에 국한된 담론으로서 민족문학론이 분단체제론의 전개에 따라 상대화된 반면, 한국문학만이 아닌 한민족 전체의 문학이라는 민족문학 개념의 지시적 차원이 중요하다. 남북문학을 아우르는 명칭의 필요성이 절실해지고, 디아스포라 문학에서는 언어를 기준으로 하는 속어주의가 절대성을 갖지 않는다. ⑤ 지구화가 민족문학의 위기를 초래할 것이며, 사유와 양식의 획일성을 향한 거센 흐름 속에서 민족문학은 버림받게 될 것이다.

과거 민족문학 운동이 반외세, 반봉건, 민주화 운동의 이념으로서 일국적 편향성을 보인 데 반하여, 이러한 내용은 전 지구적 자본주의라는 세계체제론에 맞선 민족문학이자 세계문학이라는 점에서 유의미하다. 그 의미는 백낙청의 민족문학 민족주의를 완전히 부정하지 않으면서 민족주의의 정당성을 분단체제에서 찾고 있으며, 분단체제의 극복이 세계체제의 극복과 연계됨을 강조하고, 현실적인 국민문학으로의 남한문학을 포용하면서 남북한을 포함한 한민족의 문학을 지시하기 위한 용어로서 민족문학의 현재성을 강조하고 있다는 데 있다. 요컨대 과거 민족문학론이 민족적 위기를 반외세, 반봉건, 반독재의 기초 위에서 노동자 지식인 민중의 대연합을 그 주체로서 호명했다면, 1990년대 민족문학론은 민족적 위기를 자본주의적 지구화에 대응시키고, 그 극복의 매개항으로서 분단체제를 설정하고 남북한과 한민족, 남한의 현실적 대중의 대연합을 그 주체로서 호명한 것이다.[21]

그런데 백낙청의 민족문학론이 자본주의 체제를 넘어서기 위한 국민문학 혹은 민족문학을 강조하고 있지만, 여전히 분단문제를 주요모순으로 상정하는 것은 계급모순을 간과하는 것이며, 또한 분단체제론에 내재된 민족주의 동력이 세계적 시야에서 과연 진보적인가에 대한 방향 제시가 없다는 점이 한계로 지적된다.[22]

1990년대 이후 생산된 작품들의 경우 '리얼리즘-모더니즘', '근대-탈근대', '민족-탈민족주의' 등의 개념을 둘러싸고 논쟁이 전개되었는데, 가족과 새로운 공동체에 대한 사유, 월경하는 자본과 노동의 흐름에 대한 포착, 국가 민족 분단에 대한 사유 등 '민족문학, 세계문학'의 대립 구도를 비껴가는 복잡한 현실지형을 내포하고 있다. 특히 가라타니 고진의 '근대문학의 종언'은 그가 예를 든 한국적 상황과 같이 더 이상 공감의 공동체, 민족이 기반이 될 수 없는 이미 그 역할을 마친 근대문학의 역사성에 대한 종식선언이라고 할 수 있다.

민족문학 비판론자들이 지적하고 있는 민족문학론의 한계는 민족문학론의 민족주체성이라는 집단 이데올로기의 폭력성, 그리고 담론적 헤게모니, 근대 국가권력과의 상동성이다. 민족의 허위성은 이러한 필요에 의하여 호출된 측면이 강하다. 민족문학론이 개인과 다원주의 그리고 문학작품의 실재를 간과한 데 대한 비판이 제기된 것이다. 따라서 '민족문학작가회의'가 '한국작가회의'로 명칭을 바꾸고, 민족문학론자들도 '민족문학 내지는 국민문학'이라고 병기하는 것 등의 변화는 집단 이데올로기에서 개인 이데올로기로의 전환을 의미한다.[23]

---

21 위의 글. p. 592.

22 신승엽. 1999. "세기 전환기, 민족문학론에 대한 단상". 『문학동네』 봄호; 신승엽. 2006. "흔들리는 민족문학: 민족문학론을 둘러싼 최근 논의에 대하여". 『창작과비평』 제35권 2호(여름호); 정은경. 2010. 앞의 글. p. 593.

더구나 지구화라는 미증유의 세계적 흐름은 문학에도 영향을 미치고, 작가들은 문학을 전 지구적 공동체의 지평에서 사유하게 되었다. 지구화와 더불어 민족과 세계의 위상을 사유하지 않을 수 없게 된 상황에서 한국문학은 민족성의 철저화를 통한 세계문학인가 아니면 민족성에서 벗어난 세계문학인가를 고민하게 되었다. 그런 가운데 백낙청은 여전히 세계문학의 보편성보다는 특수성과 민족성을 강조하면서 과거 외세와 권력, 봉건과 대항한 민중, 농민, 노동자, 시민 등의 연대에 기초한 민족문학을 전 지구적 자본에 대항하여 국민국가 연합이라는 대열로 저항의 범주와 성격을 확장시킨다.

이에 대하여 민족의 매개 없이 세계시민으로서 사유해야 할 필요를 강조하는 민족문학 비판적 입장이 있다. 또 백낙청의 세계문학 구상이 근대적 이념에 대한 향수와 복권이라고 비판하면서, 지구화라고 하는 새로운 현실에 대한 문학적 적응이나 쇄신이 아니라, 근대문학=민족문학=리얼리즘을 정식으로 한 민족문학론의 강화에 불과하다고 주장한다.[24]

민족문학작가회의를 통하여 민족문학론에 대한 전면적인 재검토를 꾀한 것은 과거의 민족문학 개념이 우리 시대를 이끌 문학이념으로서 더 이상 적절하지 않다는 것을 의미한다. 이는 민족문학에 숨겨진 본질적 한계가 노출된 것이라기보다는 민족문학이 설정한 목표가 성취됨으로써 벌어진 일이기도 하였다. 그렇지만 분단된 한쪽만의 국민문학이 아닌 민족 전체의 민족문학이기를 지향하는 자세를 고수하면서도,

---

23 정은경. 2010. 앞의 글. p. 596.

24 신승엽, 2005. "20세기 민족문학론의 패러다임에 대한 몇 가지 반성". 『크리티카』 창간호; 김미정. 2008. "호스트 네이션 공동체와 문학에 대한 단상: 최근 세계문학/민족문학 구도의 난경을 넘어서". 『작가와 비평』 제8호.

지금 이 곳의 남한사회에서 대중성을 확보하고 남한사회의 상대적 독자성에 부응한다는 의미에서의 남한의 국민문학도 겸하기 위한 좀 더 적극적인 노력을 벌일 단계가 왔다는 것을 의미한다.[25]

분단체제 극복에 기여하는 문학의 대명사로서의 민족문학이라는 명제는 민족이라는 관형어가 붙는 것이 장애가 될 수 있는 문화담론들의 다원화를 인정하면서 민족문학 개념이 한층 더 상대화되었다. 그렇다면 민족문학은 남북민족과 해외동포가 한국어로 창작한 문학을 지칭하는 기술적 용어 외에는 생산적인 논의를 이끌 개념으로서는 효용이 끝났다고 할 수 있을까? 민족문학을 본질적으로 민족주의의 한계에 갇힌 담론으로 단정하는 것과 지구화의 대세 앞에서 민족공동체나 국민국가가 긍정적 의미를 지니기 힘들다고 보는 것도 좀 지나친 비판이라고 본다. 국민국가의 지위 약화는 틀림없는 사실이지만, 국민국가는 엄연히 해당지역에 사는 사회구성원 대다수의 이해를 둘러싼 싸움이 벌어지는 하나의 장이며, 전 지구적 자본도 국민국가의 매개나 협조 없이는 자신을 실현할 수 없다.[26]

구호나 진영 개념으로서 민족문학의 쓸모가 없어질 만큼 우리 현실이 변화하였다면, 분단과 한쪽에 국한되는 국민문학을 거부한다는 뜻에서 민족문학의 개념을 유지하되 남한사회의 상대적 독자성에 충실한 국민문학적 차원을 못지않게 중시한다는 발상은 통일의 획기적 의의를 인정하지 않는 논리와 아예 접점이 없는 것은 아니다.

---

25 김명환. 2005. "87년 이후의 민족문학론". 『창작과비평』 제34권 4호(겨울호). pp. 85-96.
26 위의 글. p. 96.

2. 코리안 디아스포라 문학

1) 세계문학과 한국문학 그리고 코리안 디아스포라 문학

오늘날 상품의 교환과 유통으로 대변되는 네트워크의 확장은 20세기 후반에 더욱 가속화되어 생산과 산업의 전 지구적 확장이 이루어지게 되고, 이에 대응하여 문화와 상품의 전 지구적 유통이 이루어지고 있다. 그러나 하나가 된 세계를 전제로 하는 세계문학 공간의 구성이 통상적으로 문학적 지구화라고 부르는 획일화된 시장 중심적 문학의 유통과 일치하는 것은 아니다. 세계의 문학은 문학의 주제나 형식, 언어나 스토리의 유형 등이 전 지구를 통하여 점진적으로 획일화되고 규범화되는 것을 의미하는 문학적 지구화와 구분되어야 한다. 세계문학은 문학이 유통되는 글로벌 차원과 문학이 태어나고 만들어지는 로컬 차원이 서로 맞물리면서 생겨나는 어떤 것이다.[27]

최근 세계문학론의 중요한 특징은 문학의 단위로서 국가 또는 민족의 개념에 대한 강한 의문을 제기하면서 국가라는 틀을 넘어선 보다 새로운 패러다임을 추구하고 있다는 점이다. 국민문학(민족문학)으로부터 국가와 국가 사이의 비교문학을 거쳐 세계문학의 단계에 이르렀을 때, 국민문학의 틀을 어떤 방식으로 사유해야 하는가라는 질문이 제기된다.

27 박성창. 2010. "문학연구의 탈/경계; 민족문학, 비교문학, 세계문학". 『안과밖』(영미문학연구) 제28권. p. 145.

왜냐하면 개별 국민국가를 연구 분석의 기본단위로 전제하는 기존의 패러다임으로는 지구적 차원에서 일어나는 다양한 형태의 교류와 전이 속에 놓여 있는 우리의 삶을 제대로 설명해 주지 못한다는 공감대가 인문학과 사회과학 등 학계 전반에 걸쳐 형성되고 있기 때문에, 더 포괄적이고 유연한 새 패러다임에 대한 학문적 요구가 충족되어야 한다. 이렇듯 민족문화가 보증했던 총체성과 통일성이 약화되면서 국가 또는 민족이라는 이름으로 묶여 있던 각양각색의 문화들이 서로 어떠한 관계를 맺고 있는가라는 문제가 인종적 정체성 연구(소수민족), 젠더연구(페미니즘, 동성애), 탈식민주의 연구(하위주체)라는 이름으로 부각되었다.[28]

세계문학이란 지구상에서 산출되는 모든 문학들의 총합이라고 할 수 있다. 그런데 서구 중심의 세계문학에서 벗어나 다문화주의나 탈식민주의 그리고 문화적 상대성을 옹호하는 논리의 득세에 힘입어 그 범위가 급속도로 팽창한 세계의 문학은 포괄하면서도 하나로 된 세계의 동일성으로 환원되지 않는 차이들의 다양성을 보여줄 수 있는 세계문학론은 가능하다.[29]

바로 민족, 국가, 인종이라는 확고한 경계가 약화되면서 새삼 문제시되고 있는 다문화적 삶의 형태를 디아스포라고 한다면, 이러한 삶을 형상화한 문학작품은 '디아스포라 문학'이라고 통칭할 수 있다. 그리고 고국을 떠난 사람을 디아스포라라고 부를 수 있다면, 그들의 삶을 문학적 소재로 형상화한 문학은 디아스포라 문학이라고 할 수 있다는 것이다. 그렇다면 '코리안 디아스포라 문학'은 해외에서 살아가는 한인들을 대상으로 한민족 공동체라는 동질성을 바탕으로 한인의 한반도 바깥에

28 위의 글, p. 147.
29 위의 글, p. 157.

서 경험하는 타자화된 삶을 다룬 것으로 이해할 수 있다.[30] 이하에서 코리안 디아스포라 문학과 세계문학에 대하여 살펴본다.

재외한인들이 산출한 문학작품은 그 지역 이주한인들의 이주역사, 정착과정에서 겪었던 삶의 애환, 장래의 기대 등을 담아내고 있고, 이것은 그 지역 한인사회의 민족적 동질성을 유지하고 계승하는 데 중요한 역할을 담당해 왔다. 이런 점에서 재외한인문학은 우리 민족이 감내해야만 했던 역사적 질곡, 비극적인 이주 정착사에 다름 아니다. 이는 그 지역 2세대는 물론 3세대에도 계승된다. 한글로 창작 발표된 작품이 주류를 이루는 미주한인문학이나 중국조선족 문학은 물론, 현지의 언어로 창작 발표된 CIS지역 고려인 또는 재일한인 3세대의 작품들도 이주 정착에 따른 그 지역 한인들의 정서를 잘 보여주고 있다.[31]

따라서 재외한인문학은 비록 그 지역 한인 독자가 아니라 현지인 독자를 대상으로 한 작품이라고 할지라도 우리 문학의 외연을 넓혀 가는 데 매우 중요한 자산이다. 요컨대 중국, 일본, 러시아 등 동북아 지역의 한인문학은 물론 미주지역의 한인문학 또한 우리 문학에 다름 아니며, 따라서 이들 문학에 대한 연구는 한민족문학의 성격을 밝히는 한편 우리 문학의 자장을 넓히는 데 유의미한 논의라 할 수 있다.[32]

디아스포라 문학이란 자신의 기원인 민족국가의 영토를 벗어나 바깥에 거주하는 이산인의 문학을 일컫는다면, 코리안 디아스포라 문학이란 '해외동포문학', '미국계 한국인 문학', '재일조선인문학' 등과 같은 것

---

30 장미영. 2009. "제의적 정체성과 디아스포라 문학". 『한국언어문학』 제68집. p. 437.

31 정덕준. 2006a. "재외 한인문학과 한국문학: 연구방향과 과제를 중심으로". 『한국문학이론과 비평』 제32집. p. 16.

32 위의 글. p. 17.

이라고 볼 수 있다, 그런데 왜 그것이 '해외동포 문학', '재일조선인문학', '재외한인문학'이 아니라 '코리안 디아스포라 문학'인가?

코리안 디아스포라 문학은 중앙아시아 고려인, 재중과 재일의 조선족과 조선인, 재미한인들 등 세계 곳곳에 널리 퍼져 이산의 삶을 사는 한인들에 의해 다양한 언어로 쓰인 문학작품을 총칭하는 개념이다. 이를 이민문학이라고 하지 않고 디아스포라 문학이라고 굳이 이야기하는 이유는 20세기 한인들의 이민 이주가 디아스포라 개념에 내재된 정치적 · 문화적 · 역사적 소외의 경험과 밀접하게 연결되어 있기 때문에 이민문학이라는 용어보다는 디아스포라 혹은 이산문학이라고 하는 것이 더 적합하다는 것이다.[33]

---

33 정은귀. 2010. "미국의 한국계 시인들, 디아스포라, 귀환의 방식: 마종기, 캐시 송, 명미 김을 중심으로". 『비교한국학』 제18권 3호. p. 468. 조규익의 경우는 '해외 한인문학'이라고 부르자고 주장한다. 그는 논자에 따라 '해외 동포문학', 이민문학', '재외(해외) 한인문학' 등으로 쓰기도 하나, '동포문학'은 지나치게 자아를 강조하는 말이고, '이민문학'은 한인들의 출향이나 출국이 타율적인 일이었음에도 자율적인 면을 주로 부각시킨다는 점에서 그리 타당치 않다는 것이다. 뿐만 아니라 이민은 해외의 각 지역에 거주하는 한인이라는 뜻으로 구체화될 수도 있기 때문에, '해외 한인문학'으로 부르자고 주장한다. 조규익. 2009. "해외 한인문학의 존재와 당위: '한민족문학' 범주의 설정을 제안하며". 『국어국문학』 제152호. p. 121. 정은경은 재외한인과 교포의 용어에는 국토 바깥에서 이루어지고 있는 동포들이라는 단일한 민족성을 전제하고, 그들의 문학을 한국문학의 주변에 두고자 하는 의도가 강하게 내포되어 있기 때문에 그러한 용어의 사용을 지양하길 주장한다. 전 지구적 자본주의 흐름 속에서 일국적 민족국가의 완강한 경계선이 무너지고, 초국가적 이동과 이주가 일상화되어 가고 있는 즈음에 동일성에 기반을 둔 민족주의와 한국문학은 새로운 인식론적 패러다임으로 전환해야 할 시기를 맞고 있다는 것이다. 정은경. 2006. "추방된 자, 어떻게 자신의 운명의 주인이 되는가: 코리안 디아스포라 문학의 현재". 『실천문학』 제83호. pp. 421-422. 김종회는 이를 '한민족문화권문학'이라고 부르자고 주장한다. 우리 민족이 한반도의 남과 북에서 각기 다른 형식과 내용으로 축적한 남북한의 문학, 그리고 미국, 일본, 중국, 중앙아시아 등지에서 축적한 해외 동포문학 또는 재외한인문학을 통칭하여 '한민족 문화권의 문학'이라고 호명하고, 이 다양한 문학적 확산과 그 지역별 분포를 디아스포라 문학이라 지칭하는 것은 전혀 어색한 일이 아니다는 것이다. 김종회. 2008. "남북한 문학과 해외 동포문학의 디아스포라적 문화 통합". 『한국현대문학연구』 제25집. p. 490.

한국문학의 의미 개념과 그 영역을 보다 포괄적으로 확대하는 노력은 새로운 시대적 가치인 문화통합의 길을 예비하고 확장할 것이다. 한국문학을 협의의 개념으로 사용하거나 그 범주 안으로의 수용을 까다롭고 인색하게 점검하는 소아병적인 인식을 청산하는 문제, 이것이 심각하게 고려되어야 할 때이다. 재미한인, 재일본 조선인, 재중국 조선족, 재중앙아시아 고려인 등 재외한인들의 디아스포라 문학을 한민족문화권을 통하여 민족 언어의 터전을 넓히는 한편 지구촌 시대, 국제화 시대에 대응하는 한국문학의 역량을 강화할 수 있을 것이다.[34]

더불어 이러한 인식의 전환은 국경 바깥이 아니라, 우리 내부에 급격히 증가하고 있는 외국인 노동자들의 디아스포라 현상을 바로 우리의 현재적 문제로 직시할 것을 시사하고 있다. 코리안 디아스포라 문학의 현재를 살펴보는 것은 단지 우리 한민족의 현실만이 아니라, 전세계적으로 보편적인 약소자 집단으로 살아가고 있는 디아스포라의 현실과 맞닿아 있다는 점에서 보편적인 의미를 지닌다.[35]

다시 말해 해외한인문학을 우리 문학의 영역에 포함시킬 필요가 있는데, 그것은 그간 거주지에서 타자나 주변부로 살아 온 해외 한인들도 제대로 평가받을 시점에 도달하였기 때문이다. 이민자의 거주지 주류사회, 즉 중심부의 외곽에 자리 잡고 있던 해외 한인들의 문학이 민족적 정체성을 추구하는 것은 민족담론과 결부된 탈식민의 새로운 징후라고 할 수 있기 때문이다.[36]

---

34 김종회. 2009. “재외 한인 디아스포라 문학과 민족의식: 미주지역 문학작품을 중심으로”. 『비교한국학』 제17권 3호. p. 58.

35 정은경. 2006. 앞의 글. p. 423.

36 조규익. 2009. 앞의 글. p. 123.

그런데 우리가 논의해 온 디아스포라적 이산은 특권층이 누리는 이동의 자유에 따라 지구를 뿌리 없이 부유하는 노마드적 이산이나 코스모폴리탄적 이산과도 다르다. 디아스포라 주체들의 탈식민 탈중일시 경향은 식민성에서 벗어나려는 포스트 식민시대의 정치적 위치로부터 구축되며, 구체적인 지역과 연계되지 않는 노마드와 코스모폴리탄과는 달리 식민사를 내장한 의미를 은폐할 수 있는 개인적 추방을 넘어서며, 경제적 욕구 중심인 이민의 흐름에 속박되지 않도록 한다. 또한 돌아갈 고향에 연연하지 않음으로써 특정 지정학적 경계를 넘나드는 복수의 지역성을 상정한다.[37]

이는 민족적 삶의 현실에 대한 다양한 체험과 복합적 시선으로 자신들의 삶을 말하고, 민족 전체의 지향점을 암시하는 해외 한인문학이 시대의 변화에 부응하여 한국문학으로 하여금 객관적 자기인식을 바탕으로 변화해야 한다는 것이다.[38] 그리하여 이제 주변부 문학으로 소외되어 온 해외 한인문학의 성격을 살펴보고 이를 한국문학과 같은 범주에 소속시킬 때가 되었다는 것이다. 그 동안 세계 곳곳에 분산되어 자아정체성 확립을 위하여 노력해 온 해외 한인들의 문학유산을 우리 문학의 품으로 끌어들여 한민족문학으로 통합하고, 기존이 한국문학보다 더 큰 범주로 정위시키는 한다는 것이다.

그리고 한국문학이 민족주의의 강화와 더불어 민족정체성을 강화해 온 것이 사실이지만, 작금의 시대적 상황은 지구화나 탈식민의 징후를 강하게 보여주고 있기 때문에 민족정체성의 추구는 시대조류와 어긋

---

37 태혜숙. 2003. "아시아계 디아스포라 여성의 위치에서 '몸으로 글쓰기': 『여성전사』와 『딕테』를 중심으로". 『영미문학 페미니즘』. 제11권 1호. p. 237.

38 조규익. 2009. 앞의 글. p. 122.

난다고 할 수 있다. 그럼에도 불구하고 식민의 터널을 거쳐 온 우리 민족사의 특수성 때문에 탈식민의 시대에 오히려 민족의 색채가 강하게 인식되는 것은 해외 한인문학이 상당 부분 식민 상황하에서 이루어졌고, 시대가 바뀐 지금에도 식민의 담론이 지속되고 있기 때문이다.[39]

2) 코리안 디아스포라 문학 연구의 현황과 전망

지금까지 논의된 한국문학의 개념을 정리하면 다음과 같다. 첫째, 창작자는 한국인이어야 한다. 둘째, 한국어로 쓰여야 한다. 셋째, 창조적인 문학이어야 한다. 그러나 이제는 창작주체의 국적이나 창작언어의 제한을 넘어서는 것이 필요하다. 조규익은 구비문학과 한문문학도 한국문학에 수용하였듯이 해외의 한인문학 가운데 한글문학은 물론이려니와 구비문학과 현지어 문학도 함께 해외 한인문학에 포함하여 한민족문학으로 수용할 것을 주장한다. 요컨대 해외 한인문학 가운데 한글문학은 예외 없이 수용할 것이며, 현지어 문학들 가운데 민족적 정체성을 다룬 문학들은 빠짐없이 선별하여 한민족문학의 범주에 수용할 것을 제안한다.[40]

결국 재외한인문학의 범주는 국적이나 사용 언어에 관계없이 한민족에 혈연적 뿌리를 가지고 있으면서, 스스로 한민족이라는 의식과 민족적 자부심을 가지고 발표한 작품이라면 한민족문학으로 다루게 될 것이다. 그러면서 이주 정착의 단계에 따라 세대별로 나타나는 특징들을

39 위의 글, p. 139.
40 위의 글, pp. 142-144.

주제적 · 미학적 측면에서 고찰할 필요가 있다. 이에 따라 지금까지 수행된 재외한인문학에 관한 연구를 정리하면 다음과 같다. 이들 연구는 대부분 해당 지역에 흩어져 있던 재외한인문학작품을 수집 정리하는 토대 연구적 성격을 띠고 있으며, 작가론이나 작품론에 치중한 연구성과라는 점에서 한계가 있다.[41]

- 조규익 편. 1999. 『해방 전 재미한인 이민문학 1-6』. 월인.
- 이명재 편. 2002. 『소련지역의 한글문학: 국외 고려인 문단 조사 보고서』. 국학자료원.
- 김필영. 2004. 『소비에트 중앙아시아 고려인문학사』. 강남대출판부.
- 장사선 · 우정권. 2005. 『고려인 디아스포라 문학 연구』. 월인.
- 이동하 · 정효구. 2003. 『재미한인 문학연구』. 월인.
- 김종회 편. 2003. 『한민족문화권의 문학』. 국학자료원.
- 이명재. 2004. 『억압과 망각 그리고 디아스포라』. 한국문화사.

재외한인문학에 대한 연구의 방향은 크게 두 가지로 나눌 수 있다. 하나는 각 지역의 한인문학이 이루어 온 문학적 성과를 온전히 보여줄 수 있는 대표적인 작가들이 누구인지를 파악하고, 그들이 발표한 작품의 성격과 가치를 탐구해 내는 것이다. 이 부분에 대한 연구를 소개하면 다음과 같다. 이들 연구는 재외한인문학의 소개 정리라는 일차적 단계에서 나아가 개별 작가와 작품에 대한 관심을 직접적으로 표명하고 있다.

- 김현택 외. 2001. 『재외 한인작가 연구』. 고려대학교 한국학연구소.
- 유숙자. 2000. 『재일 한국인 문학연구』. 월인.
- 최효선. 2002. 『재일한인 문학연구』. 문예림.

---

41 정덕준. 2006a. 앞의 글. p. 21.

그런데 한인문학에 대한 연구는 개별 작품이나 작가만을 주목할 것이 아니라, 그 지역 한인문학의 성격과 문학적 성과를 밝히고 이를 바탕으로 문학사적 의의를 온당하게 평가하는 데 천착할 필요가 있다. 재외한인문학에 대한 기존의 연구에서 나타난 한계를 지적하면 다음과 같다. ① 무엇보다 최근에 이루어진 각 지역 한인문학 자료에 대한 토대연구의 성과를 충분히 반영하지 못한 채 이미 국내에 잘 알려진 작가와 작품만을 논의의 대상으로 삼고 있다. ② 현지에서의 평가를 충분히 고려하지 않고 주로 한글로 창작된 작품들만을 선별적으로 다루고 있다. ③ 재외한인문학의 미적 자질과 주체적 특성은 무엇인지, 세대별 특성은 무엇인지, 각각의 재외한인문학을 전체 한민족문학사에서 어떻게 다루어야 할 것인지, 이들의 문학 경험에서 무엇을 취할 수 있는지에 대해서는 별다른 언급을 하지 못하고 있다.[42]

재외한인문학 연구의 두 번째 방향은 형성단계부터 서로 다른 양상으로 전개된 것처럼 보이는 각각의 재외한인문학을 총체적으로 살펴보고서 공통적인 특질을 추출하고, 이를 바탕으로 새롭게 한민족문학의 형상을 구체화하는 것이다. 재외한인문학은 각기 다른 정치 사회적 상황, 그리고 지역적 특성과 한계로 인하여 이질적인 모습을 띠며 발전해 나간 것이 현실이지만, 그런 가운데서 각 재외한인문학에서 이주와 정착의 단계별로 특성화될 수 있는 부분을 찾아내고, 이를 토대로 새롭게 형성될 한민족문학의 범부와 성격을 구체화하는 작업이 필요하다. 그러나 이런 방향에서의 연구는 아직까지 별다른 성과물이 나오지 않고 있다.[43]

---

42 위의 글, p. 23.
43 위의 글, pp. 23-24.

그런데 재외한인문학은 한국문학이면서 외국문학(현지인 문학)이라는 이중성을 가지고 있다. 그리고 무엇보다 각 지역에 따라 이주시기가 서로 다르고, 그만큼 한인문학의 형성과 전개과정 또한 다르다. 이들 지역의 한인사회는 각기 다른 역사 문화적 상황 아래 형성되었기 때문에 처한 형편이 서로 다를 수밖에 없으며, 이를 반영한 문학 또한 다른 특성을 보여주는 것이다. 그리고 각 지역에 따라 우리말과 글에 대한 인식도 변모하고 있다. 특히 어느 지역이든 1세대와 2세대, 그리고 3세대는 그 의식이 사뭇 다르다. 각 지역 이주 1세대 작가들은 고국에 대한 그리움과 조국애를 작품에 드러내지만, 3세대 작가들은 민족정체성보다는 인간의 욕망 또는 인간 본연의 문제를 형상화하고 있다. 이주 초기 겪어야 했던 문화적 충격과 정체성의 혼란에도 불구하고 민족정체성을 고수하려고 노력했던 1세대와 그들 문학은 그 자체로 존중되어야 하며, 인류보편의 문제를 추구하며 고정된 국민문학 또는 민족문학의 틀을 넘어서고자 하는 3세대의 문학 또한 존중되어야 마땅하다. 보편성의 추구야말로 3세대 재외한인 작가들만이 담보하고 있는 긍정적인 가치이기 때문이며, 우리가 재외한인 3세대 문학에 특별한 관심을 두고 주목하는 까닭이 여기에 있다.[44]

그리고 재외한인문학이 드러내 보이는 공통적 주제는 이주 한인들이 겪어야 했던 경계인(marginal man) 의식과 정체성의 상실이다. 이주한인들은 이주라는 탈공간의 박탈적 경험은 물론 다른 나라에서 소수민족으로 정착하여 살아남기 위해 민족 차별, 문화적 충격, 이중 언어의 어려움, 세대 간의 갈등 같은 안팎의 시련과 정체성의 위기를 경험한다.

44 위의 글. p. 24.

그에 따라 한인작가의 작품 대부분은 냉혹한 현실에 직면한 이주한인의 다양한 삶의 양태와 전망, 그리고 정체성 회복을 향한 갈망 등을 담아내고 있다. 이주 1세대의 작품이 특히 그러하다. 이들 지역 한인문학에는 이산의 생생한 흔적과 함께, 현대 한국문학에서도 흔히 찾아볼 수 있는 혼종의 특성이 혼재되어 나타나 있다.[45]

따라서 재외한인문학 연구는 한국문학의 영역을 확장하거나 민족 동질성을 확인하는 차원에서 더 나아가야 한다. 재외한인문학은 모두 3세대, 즉 그곳에서 자라난 신세대 작가들로 빠르게 교체되고 있는데, 이들 대부분은 작품을 현지어로 창작 발표하고 있다. 1세대 작가들은 고국에 대한 그리움과 '일시체류자' 의식을 내보이는데 반하여, 상당수의 2, 3세대는 현지언어로 글을 쓸 뿐 아니라 한인문인단체에도 속하지 않고 오히려 현지 주류사회에 편입하기 위하여 노력하고 있다. 이들이 발표하는 작품 또한 민족의 정체성보다 인간의 욕망 또는 세계 본연의 문제를 형상화하고 있다. 그럼에도 불구하고 재외한인 작가들, 특히 2, 3세대 작가들은 여전히 경계인일 수밖에 없고, 이들의 문학 또한 한국문학과 현지인문학을 교차하는 지점에 있다.[46]

요컨대 이들의 문학에 대한 논의에서는 이렇게 서로 교차하는 것들에 각별히 유념, '국민문학'(민족문학)이 안고 있는 폐쇄적인 '국가성'(민족성)을 넘어서는 어떤 지점들을 포착해야 한다. 이러한 문제의식에서 볼 때, 재외한인문학 연구에서 무엇보다 중요한 것은 '언어'나 '독자'가 아니라, '누가' '무엇을' 쓰고 있느냐의 문제라고 할 수 있다. 혼종과 이산의 시대에 자국 언어와 독자만을 고집해서는 안 된다. 재외한인은 현

45 위의 글. p. 25.
46 위의 글. p. 25.

지사회에서의 위치가 중간적 상태로서 일정 부분 한계를 지니는 '경계인'일 수밖에 없다. 재외한인문학 또한 그러하다. 그렇기 때문에 우리는 재외한인문학에서 떠나 온 모국과 현지국가, 서로 다른 두 국가의 폐쇄적인 '국민문학'(민족문학)의 틀을 동시에 넘어서는 계기들을 확인해야 한다. 다시 말해 소수민족의 애환을 확인하는 차원에서 나아가 '국민문학'을 뛰어 넘어 궁극적으로 세계문학에 기여하는 보편적인 자질들과 또 그것들이 갖는 의미를 확인해야 하는 것이다.[47]

다시 말해 초민족적 자본주의 세계체제에 대응하는 전략으로서 민족 단위의 실천을 넘어서면서 동시에 분단상황 인식에 기초한 분단체제론은 트랜스내셔널리즘 시대에 남한사회 내부의 다인종·다문화 변화와 해외동포문학을 매개변수로 '민족문학'(한국문학)을 어떻게 재정의하고 그 범위를 설정할 것인가 하는 문제와 부딪힌다. 그것은 분단국가의 반국문학이 되기를 거부하면서도 아미 반세기 이상 지속된 분단으로 인하여 형성된 남한문학의 독자적 성격, 특히 남한사회 내부의 다인종·다문화의 변화를 인식하는 일, 그리고 재일, 조선족문학 등의 해외동포문학과 디아스포라 문학의 복잡성을 동시에 고려하는 작업을 의미한다.[48]

---

47 위의 글. p. 26.

48 윤성호. 2009. "누가 민족문학을 두려워하랴?: 트랜스내셔널리즘 시대의 민족문학". 『한국학논총』 제45집. p. 456.

NOMADISM

제4장

재미동포문학

KOREAN DIASPORA LITERATURE

1. 재미동포문학 개관

1) 재미동포문학 연구 소사

탈식민의 시대, 탈경계의 시대를 맞이하여 일찍이 해외로 이주 유목하였던 우리 해외한인들의 처절한 삶이 깃들여 있는 코리안 디아스포라 문학의 의미에 대하여 거듭 강조하여도 전혀 지나치지 않다. 특히 지구화의 시기에 민족문학에 뜻깊은 암시와 북돋음을 줄 수 있는 동포의 문학적 자산들을 한국 근대문학의 범주로 자리매기는 비평작업이 절실하다고 판단한 데는, 이렇게 되살린 역사의 진실이 분단체제 극복에 중요한 자산이 되기 때문이다. 민족모순에 근대주의의 질곡다저 겹친 분단체제의 정치적 현실에서 이민은 사실상 망명과 구분되기 힘들었으나, 국가 또는 민족공동체의 구성요건에서 국적의 비중이 약화될 것이 분명한 지구화 시대일수록 정체성과 탈식민성에 대한 새로운 성찰이 필요함을 재미동포작가들의 작품을 읽는 과정에서 거듭 확인하게 된다.[1]

재미동포의 문학에 대한 연구는 아시아계 미국문학의 연구와 더불어 시작되었다. 한국에서 맨 처음 아시아계 미국문학 작품에 대한 논평은 1967년 유병천의 "미국의 한인작가들"이다. 이후 본격적으로 한국계 미국문학의 학문적인 소개가 이루어지는 1990년대 중반까지 한국계 미

1 유희석. 2002. "한국계 미국작가들의 현주소: 민족문학의 현단계 과제와 관련하여". 『창작과비평』 제30권 2호. p. 271.

국문학은 한국의 영미문학 연구자들에게 관심을 불러일으키지 못하였다. 더구나 한국의 미국문학 연구자들이 미국의 인종문학에 대한 관심이 없었으며, 한국학자들은 한국계 미국문학을 해외에 거주하고 있는 이주한인들에 의해 쓰인 한국문학의 한 분파로 간주하고 있 었다.[2]

그리하여 1990년 이기한의 박사학위논문 "한국계 미국문학에서의 '자아의식'에 대한 연구: 사회역사적 조망"으로부터 한국계 미국문학 연구가 본격화된다. 특히 2002년에 논문 발표 건수가 집중되는데, 2002년은 1992년 LA폭동이 일어난 지 10년이 되는 해였으며, 한인 미주 이민 100주년을 1년 앞둔 시점이었다. 미국 이민 100주년을 맞이한 이 시점에서 한국계 미국작가들을 진지하게 읽는 행위는 민족문학의 유산 계승과 연관될 수밖에 없다. 모국의 민족적 비애를 보듬으면서 미국작가로서의 자기의식을 작품으로 지켜내려는 이들의 노력은 근대의 적응과 극복이라는 이중과제의 실천이기도 하다. 그리고 한반도의 과거 아픔을 이겨내면서 미국의 현실에 힘겹게 뿌리 내린 미국 이민 백년사와 백만을 헤아리는 교포사회에서 성장한 한국계 미국작가들을 우리 역사 및 민족문학의 일부로 당당하게 받아들이면서, 다른 한편으로 이들이 참다운 미국작가가 되어주기를 희망하는 것도 그러한 이중과제가 현단계 우리 문학의 숙제이기 때문이다.[3]

한국계 미국작가의 작품세계를 특징짓는 가장 큰 공통점은 식민체험 및 개발시대의 어두움이다. 일본, 러시아, 중국 등에 집중된 동포작가들이 주로 그러하듯 조국에 대하여 이중적 자아를 내면화한 한국계 미국작가들 역시 근본적으로 20세기 세계체제의 혼란이 낳은 문화적

---

2 이수미. 2005. "한국의 아시아계 미국문학 연구". 『영어영문학』 제51권 4호. p. 890.

3 유희석. 앞의 글. p. 291.

산물이다. 세계체제가 주변부 국가들에 강요한 비극적 디아스포라로부터 세계적으로 출중한 작가들이 탄생하였듯이 근대 서구문화가 대부분 망명객 이민자 난민들의 산물이다. 우리 교포문학에 열려 있는 세계적 보편성의 반증을 서구문화에서 확인하듯이 다중의 언어로 이루어진 겨레의 이산문학이 우리 및 근대문학과 맺는 역사적 고리를 시사한다.[4]

한국의 아시아계 미국문학 연구는 1994년 본격적인 연구가 시작된 이래 학술지 논문과 단행본 등 200여 편의 업적이 쌓였다. 1990년대 초반부터 아시아계 미국문학(Asian American Literary Studies)에 대한 관심이 생겨나고, 이 연구결과가 전문 학술지에 처음 등장한 것이 1994년이었다. 이후 한국계 미국문학(Korean American Literature)을 중심으로 아시아계 미국문학에 관한 논의와 성과가 축적되었다(류선모, 이가한, 김의락). 이에 이수미는 1994년부터 2005년까지 한국의 아시아계 미국문학 연구 12년에 대한 연구결과를 정리 · 분석하였다.[5]

이렇듯 1990년대 들어서면서 한국사회가 탈냉전과 민주화, 지구화를 경험하면서 재외한인문학에 대한 관심을 갖게 되었다.[6] 그리하여 조

---

4 위의 글. p. 267.

5 이수미. 앞의 글. p. 887. 한국에서 가장 연구가 많이 된 아시아계 미국인 작가들은 맥신 홍 킹스턴(16), 이창래(15), 차학경(11), 노라 옥자 켈러(8), 데이비드 헨리 황(7), 에이미 탠(5), 김란영(3), 강용흘(2), 김명미(2), 조이 코가와(2) 순서이다. 개별작품은 『여전사』(7), 『종군위안부』(7), 『네이티브 스피커』(6), 『엠. 나비』(6), 『조이럭 클럽』(4), 『제스처 인생』(2), 『깃발 아래서』(2) 순이다. 요컨대 전체 연구의 73%가 한국계와 중국계 미국문학에 집중되어 있고, 60%가 여성작가의 작품을 다루고 있었다. 이수미. 앞의 글. p. 895.

6 박연옥. 2006. "재미 한인문학 연구의 현단계". 김종회 편. 『한민족 문화권의 문학 2』. 국학자료원. p. 24; 임헌영, 1991. "해외동포 문학의 의의". 『한국문학』(7월호) 윤명구. 1992. "재미 한인의 문학활동에 대한 연구". 『인하대인문과학연구소문집』 제19호; 김용직. 1993. "문학을 통해 본 재외동포들의 의식성향 고찰". 『서울대인문논총』 제29호; 홍기삼. 1995. "재외 한국인 문학 개관". 유종호 · 김윤식 · 백낙청 외. 『한국 현대문학 50년』. 민음사; 이건종. 2000. "재미교포 문학연구 이루어져야" 『문학예술』 246; 임영천,

규익의 『해방 전 재미한인 이민문학』(1999), 유선모의 『미국 소수민족 문학의 이해』(2001), 이동하 · 정효구의 『재미한인문학 연구』(2003), 임진희의 『한국계 미국 여성문학』(2005) 등의 재미동포문학에 관한 연구서가 나왔다.[7] 먼저 조규익의 『해방 전 재미한인 이민문학』은 해방 전에 발표된 국문 재미 한인문학을 정리하고 있는데, 한 권의 연구서와 다섯 권의 자료집으로 구성되어 있다. 이동하는 『재미한인문학연구』에서 소설 문학에 관한 조규익의 평가가 지나치게 후하다는 비판하면서 해방 전 재미한인소설은 소박한 아마추어리즘에 지나지 않는다고 주장한다.[8]

임진희는 『한국계 미국 여성문학』에서 차학경과 김난영 그리고 노라 옥자 켈러를 중점적으로 고찰하면서도 에이미 텐, 모니카 소네, 맥신 홍 킹스턴 등 중국과 일본의 아시아계 여성작가들도 함께 다루고 있다. 그는 탈식민주의의 관점에서 한국계 미국 여성문학은 서구인들이 창조

1995. "신의 죽음의 문학과 우상파괴 정신". 『열린문학』; 임진희. 1999. "아시아계 미국 문화에 나타난 언어의 재정의를 통한 탈식민적 정체성 추구". 『영어영문학』 제45권 3호; 민은경. 1999. "차학경의 Dictee, Dictation, 받아쓰기". 『비교문학』; 구운숙. 2001. "여성의 몸, 국가 권력과 식민주의/민족주의". 『영어영문학』 제47권 2호; 장경렬. 2002. "정체성의 위기, 언어의 안과 밖에서: 아창래의 소설 『네이티브 스피커』 읽기". 『영어영문학』 제48권 3호; 고부웅. 2002. "이창래의 『원어민』: 비어 있는 기표의 정체성". 『영어영문학』 제48권 3호; 최혜실. 2002. "식민자/피식민자, 남성/여성, 부자/빈자-노라 옥자 켈러의 『종군위안부』를 중심으로". 『여성문학연구』 제7권; 윤양산. 1995. "재미교포 시인들의 시에 나타난 지역정서". 『현대시학』(12월호); 표언복. 1997. "미주유이민문학 연구". 『목원어문학』 제15호; 조규익. 1999. "재미한인 이민문학에 반영된 자아의 두 모습". 『숭실대 논문집』; 최혜실. 1999. "하버드에서의 한국(문)학 연구 및 교육현황". 『비평문학』; 유희석. 2002. "한국계 미국작가들의 현주소". 『창작과비평』(여름호); 김종회. 2003. "미주 한국문학의 어제 오늘 내일". 『한국문학평론』(가을 겨울호); 홍경표. 2004. "미주이민문학의 현황과 전망". 『국제한인문학연구』.

7 박연옥. 앞의 글. pp. 24-25; 조규익. 1999. 『해방 전 재미한인 이민문학』. 월인; 유선모. 2001. 『미국 소수민족 문학의 이해: 한국계 편』. 신아사; 이동하 · 정효구. 2003. 『재미한인문학연구』. 월인; 임진희. 2005. 『한국계 미국 여성문학』. 태학사.

8 박연옥. 앞의 글. p. 26.

한 타자로서의 동양인에 대해 획일적으로 고착화된 전형을 해체하려고 노력해 왔다고 본다. 그리하여 한국계 미국 여성문학 속에서 인종·성·국가라는 쟁점이 한국 고유의 특징과 어떻게 어우러지는가를 살펴봄으로써 궁극적으로 한국과 한국인 그리고 한국성에 대한 이해를 확장하려는 연구목적을 천명하고 있다.

유선모의 『미국 소수민족 문학의 이해』는 한국계 미국작가의 작품을 대상으로 자료를 수집 정리하고 있는데, 시대에 따라 대상작품을 간단하게 요약·정리하고 작가들의 인터뷰 내용을 수록하고 있다. 그는 한국계 미국작가들을 세대별로 주제를 구분하여 정리하였다. 제1세대 작가는 조국의 향수와 애국심에서 나온 집단적 자아에 관한 이야기를, 1.5세대 작가는 자신의 체험을 통하여 자신의 이야기와 세계속의 자아에 관한 이야기를, 2세대 작가는 이민의 경험을 통해 얻은 소외된 인간의 자아를 이야기하고, 3세대 작가는 이민 1세대인 조부모의 이야기를 하고 있다고 분석하고 있다.

유선모는 2004년에 위의 책 『미국 소수민족 문학의 이해』의 개정증보판에 해당하는 『한국계 미국작가론』을 펴냈는데, 입양작가(Link S. White, Thomas Park Clement, Katy Robinson), 혼혈작가(Elizabeth Kim), 1세대 이산의 작가(Donald K. Jung, Ty Pai, Sook Nyul Choi), 3세대 작가(Gary Yong Ki Pak, Don Lee, Willyce Kim), 아동작가(Min Paek, Lina sue Park)를 추가하여 정리하고 있다.[9]

김종회 편 『한민족 문화권의 문학』은 한민족 문화권의 문학을 미국, 일본, 중국, 러시아 등 네 지역의 권역으로 구분하고, 이에 대한 개

9 위의 글. p. 31.

관과 주요 작가와 작품에 대한 각론을 수록하고 있다. 재미 한인문학의 경우 해방 이전과 이후로 나누어 현지 한인 문학단체의 현황에 대한 자료수집과 정리를 하였다.[10] 그리고 재외동포문학사업추진회는 2005년 『해외동포문학 재미한인 소설 Ⅰ, Ⅱ, Ⅲ』과 『해외동포문학 재미한인 시 Ⅰ, Ⅱ, Ⅲ』 여섯 권을 발간하였다. 이 총서는 현재 미국에서 활동하고 있는 작가들의 작품과 그 해설을 싣고 있다.[11]

한편 미국에서 본격적인 아시아계 작가들에 대한 문학비평은 1982년 일레인 킴(Elain H. Kim)의 1982년 『아시아계 미국문학』에서 시작한다. 그는 이민 초창기부터 1970년대까지 방대한 작가들과 그들의 작품을 개괄하면서 연대기적으로 분석한다. 그런데 1990년대에 이르러 정체성 연구와 관련하여 새로운 비평방식을 취한다. 그는 이주와 망명에서 오는 갈등과 아픔이 종국에는 해결되고 치유되는 성장서사로 아시아계 미국문학을 읽었음을 인정하고 이산적 초국적 관점으로의 인식의 변화를 보인다.[12]

이러한 인식변화는 리사 로우(Lisa Lowe)의 『이질성, 잡종성, 복수성』(1991)으로부터 비롯한다. 그는 이민개혁과 전 지구적 변화로 인하여 민족적 정체성을 고수하기 어렵게 된 상황에서 이질성, 잡종성, 복수성을 아시아계 미국인들의 새로운 환경을 읽어내는 코드로 제시한다. 즉 한 세대에서 다음 세대로 전수해 내려오며 동질화된 기존의 종적인 아시아

---

10 이소연. 2003. "재미 한인문학 개관 II". 김종회 편. 『한민족 문화권의 문학』. 국학자료원. pp. 43-46.

11 재외동포문학사업추진회 편. 2005. 『해외동포문학 재미한인 소설 Ⅰ, Ⅱ, Ⅲ』. 해토; 재외동포문학사업추진회 편. 2005.『해외동포문학 재미한인 시 Ⅰ, Ⅱ, Ⅲ』. 해토.

12 육성희. 2010. "이분법을 넘어서: 아시아계 미국문학 국외 연구동향". 『안과밖』(영미문학연구) 제28권. p. 338.

계 미국문화와 정체성 연구를 출신국, 성, 젠더, 계층, 세대, 이산 등의 차이와 다양성을 살펴 횡적으로 접근할 것을 강조한다.[13]

2) 재미동포문학 소사[14]

아시아계 가운데 한국계 미국문학이 문단과 평단의 주목을 받기 시작한 것은 문학 내부의 자발적인 추동력보다는 문학 외부의 흐름에 힘입은 바가 크다. 미국이 다민족 다문화사회이긴 하였지만, 용광로(melting pot)론에 입각하여 단일성을 강조한 것이 현실이었다. 그런데 1980~90년대 다문화의 가치를 본격적으로 수용하면서 아시아계 문학을 소개하고 이산과 탈식민주의 담론, 전위, 환치, 탈지역, 초국가 등 여러 혼종의 개념들이 비평의 전면에 등장하면서 한국계 미국문학은 활발한 비평적 조명을 받게 되었던 것이다.

한국계 미국문학 작품들은 영어로 쓰였으면서도 주류 미국문학의 범주에서는 소수민족 문학으로 분류되어 비평의 경계 밖에 머물러 있었다. 또 한국의 독자들에게는 영어로 쓰였다는 바로 그 언어의 이질감 때문에 외국문학으로 간주되어 먼 거리를 사이에 두고 존재해 왔기 때문에 그간 이중으로 소외되고 흩어진 공간에 머물러 있었다.

재미한인 제1세대 한국계 미국인들의 목소리는 주로 자전적 이민의 경험을 토대로 자서전적 형식 혹은 한국의 과거사를 기억하는 행위

13 위의 글. p. 340.

14 이하 정은귀의 글 요약 인용. 정은귀. 2009. "탈경계 시대의 한국계 미국문학: 이산(Diaspora)의 안과 밖". 『플랫폼』 제16호.

속에서 보존되어 왔다. 1세대 작가라고 할 수 있는 강용흘의 『초가지붕』, 김난영의 『토담』 등은 제목에서부터 한국적 향토색이 물씬 풍기고 작가의 자전적 경험이 소설의 토대가 되었으며, 노라옥자 켈러의 『종군위안부』는 한국의 불행하였던 과거사가 민족과 성문제를 둘러싸고 반추된다.

1990년대 들어 이른바 한국계 미국문학의 르네상스라 불릴 만한 다채로운 문학의 장이 가능했던 것은 영어를 더 자유롭게 구사하는 1.5세대, 2세대 한국계 미국인들이 글쓰기의 장에 본격적으로 뛰어들었기 때문이다. 더구나 이들 2세대들은 본격문학 교육과 자유로운 글쓰기 교육을 통해 미국 이민사회의 안과 밖을 세심하게 관찰할 수 있는 위치에 있었기 때문이다.

특히 한국의 평단에 한국계 미국문학이 본격적으로 소개된 것은 이창래의 『네이티브 스피커』(*Native Speaker*) 이후이다. 미국에서 살아가는 한국인 정체성의 탐색을 그 사회 안의 여러 문제와 함께 본격적으로 다룬 작품으로 미국뿐만 아니라 한국의 독자들에게도 큰 비평적 관심을 받았다. 물론 그 배경에는 앞서 언급한 미국사회의 변화와 맞물려 있다. 20세기 후반 들어 미국이라는 국가적 이념이 그간 일방적으로 구축해 온 백인 중심의 가치, 하나 됨에 대한 반성이 주류/비주류 사이의 경계 허물기로 나아갔고, 문학의 영역에서도 정전논쟁을 불러오면서 한국계 미국문학 또한 백인 남성작가들의 전유물이었던 본격 비평의 장으로 초대된 것이다. 이것은 1970년대 이후 발랄한 포스트모던 문화양식의 세례를 입은 2세대 작가들이 기존의 회고담이나 자서전적 글쓰기에서 한 걸음 더 나아가 다양한 기법적 실험과 사실주의적 서사양식을 잘 버무린 작품을 속속 내놓았기에 가능한 것이었다.

이 무렵 이산의 자아, 추방된 운명을 사는 자가 타자와 맺는 관계들에 대한 질문이 그들 2세대 작가들에게 와서 한층 더 복합적이고 고민스럽게 주어졌다. 즉 자기가 태어난 땅이 아닌 곳에 사는 이방인의 운명, 이산의 운명을 짊어진 개인 주체들이 미국이라는 다민족사회에서 어떤 방식으로 자기를 찾고 자리매김할 수 있는가라는 화두가 그들에게 더 복잡해진 것이다. 그것은 영어로 글을 쓴다는 것 외에 작가들의 성장환경이 더 이상은 제한된 지리적 경계, 미국 안에 머물러 있지 않다는 데 있다. 이들의 정체성에 우리의 정체성을 빗대어 상상하는 것과는 전혀 상관없이 한국계 미국문학으로 묶을 수 있는 이들 작가들은 온몸으로 탈경계를 살면서 성과 국가, 민족 등 여러 가지 다른 층위에서 이산의 안과 밖을 경험하고 그 경험이 체화된 글로 우리를 초대하고 있다.

그런데 미주 해외동포문학의 범주문제는 논쟁거리였다. 그것은 먼저 이들 문학작품이 한국문학의 영역에 포함될 수 있는가, 둘째 한글로 쓰인 작품과 영어로 쓰인 작품을 어떻게 구분할 것인가, 셋째 한글 및 영어로 쓰인 작품 상호 간의 공통점과 차이점을 어떻게 따질 것인가 등이 문제였다.[15]

홍기삼은 작가들이 한국인이며 동포라는 사실에 중점을 두고, 한국문학을 넘어서 영어작품에 이르기까지 모국어가 아니더라도 한국문학의 일반적인 주제와 정서 및 분위기를 반영하고 있다면 한민족문화권의 포괄적 개념 아래 그들의 문학적 성과를 수용해야 한다고 주장하였다.[16] 최원식의 경우도 한국문학이 해외동포문학을 바라보면서 민족주

---

15 김종회. 2009. "재외 한인 디아스포라 문학과 민족의식: 미주지역 문학작품을 중심으로". 『비교한국학』 제17권 3호. p. 47.

16 홍기삼. 1995. "재외한국인 문학개관". 유종화 외 『한국현대문학 50년』. 민음사.

의적 함몰을 경계해야 한다고 주장하면서 그 상호 간의 경계를 넘어서는 새로운 이해의 지점을 모색하였다.[17] 오창은도 재외 한인문학이 지속적으로 변화하는 정체성을 재현하고 있다고 보면서, 이를 민족적 개념의 고정적 정체성으로 수렴하는 것에 대하여 비판적 의견을 제시하였다.[18]

이러한 논의 저변에는 놓여 있는 것은 이들 작품이 안고 있는 한인으로서 정체성, 한민족으로서 민족의식이다. 그 작품이 어느 국적을 가진 작가의 것이든, 어떤 언어로 쓰였든, 그리고 어느 나라에서 출판되었든 간에 그러한 민족의식이 바탕에 깔려 있지 않고서는 그것의 범주에 대한 논의가 별반 의미가 없기 때문이다. 동시에 이 민족의식의 문제는 미주 동포문학 내에서 한글로 쓰인 작품의 공통점 및 차이점을 따지는데 있어서도 그 구분 및 분류의 근간이 되는 개념이다. 또 한글로 작품을 쓰는 세대와 영어로 작품을 쓰는 세대 사이에 하나의 분기점을 형성하는 지점이 민족의식에 대한 작가의 태도이기에 그러하다.[19]

아시아계 미국작가들이 보여준 지배문화에서의 글쓰기가 저항행위와 정치적 행위로 오해받았다. 그러나 주류사회가 간과하고 있는 것은 이들의 글쓰기가 우리의 고유성은 물론 정체성과 직결될 뿐만 아니라, 주변에만 머물던 그들이 주류문화에 적극 동참하여 자신들의 목소리를 적극적으로 전달했다는 사실이다. 특히 한국계 교포문학의 경우 국제적으로 상당한 조명을 받고 있음에도 불구하고 모국어가 아닌 영어로 쓰인 탓에 국내에 늦게 소개되었다. 한국계 미국문학은 100년의 역

---

17 최원식. 2003. "민족문학과 디아스포라: 해외동포들의 작품을 읽고". 『창작과비평』(봄호).

18 오창은. 2004. "이주문학에 나타난 정체성 변화에 대한 고찰". 『국제한인문학연구』. p. 370.

19 김종회. 2009. 앞의 글. pp. 48-49.

사를 가지고 있다. 그리고 에스닉 문제와 연결되지 않은 채 개별 작품 연구에만 몰두되어 왔다. 이제 한국계 미국문학은 한국문학과 분리된 것이 아니며, 태평양을 사이에 두고 상호작용을 통해 소재와 기법, 정체성과 이데올로기 그리고 비전을 공유하게 될 것을 기대한다.[20]

이들 교포들에게 유령처럼 따라다니는 이중적 자아와 정체성으로 고통당하는 모습을 방관할 것이 아니다. 아시아와 서양문화의 접경지대에 놓여 있는 경계선의 상황 속에서 모국어가 없는 소수계 이민자들의 존재론적 소외현상은 극복되어야 할 과제이다. 특히 한국계 미국교포들은 자신이 누구인가라는 끝없는 질문을 할 때마다 항상 미국 주류사회로부터 자신의 정체성과 이중적인 뿌리를 놓고 고민하고 갈등해야 했다. 미국사회의 소수인종에 대한 반복되는 편견과 왜곡된 시선은 그들의 소수인종 문화에 대한 무지에서 비롯된 것이다. 따라서 억울하게 타자와 이방인으로 전형화된 교포들의 부당한 낙인을 떨쳐 버리기 위해서 큰 목소리를 내야 한다.[21]

소수인종에 대한 왜곡된 편견을 불식시키고 새로운 정체성을 확립하기 위해서는 우리 자신이 누구인지를 알리며, 우리의 문화를 알리고, 우리의 생각을 말해야 한다. 다양한 인종들과 복합적인 문화가 거미줄처럼 얽힌 미국사회에서 한 민족의 성공적인 정착이나 주류사회에 대한 동화를 가장 잘 보여주는 것은 소수인종이 백인 중심 문화 가운데서 어느 정도로 많은 문화적인 기여를 했는가 하는 문제이다. 중국과 일본이라는 모국에 의해서 지지되는 중국계와 일본계 미국문학이 미국 주류사회에서 차지하는 지위와 역할을 고려할 때, 한국계 미국작가들에 대한

20 김의락. 2003. 『경계를 넘는 새로운 글쓰기』. 신아사. p. 13.

21 위의 책. pp. 15-16.

모국에서의 관심과 후원이 필요하다고 본다. 요컨대 한국문화와 문학 그리고 한국교포문학의 저변확대와 홍보를 위하여 부단한 학술적인 교류를 통해 모국문학과 해외한인문학의 벽을 허물고, 적극적으로 상호 교류하는 전향적인 자세가 필요하다.[22]

22 위의 책, p. 17.

2. 재미동포문학 내용

1) 정체성의 문제

해외의 한민족문학을 가늠하는 기준은 크게 언어와 민족 정체성의 문제로 나뉜다. 국민문학을 규정하는 척도가 대개 언어 정체성에 의지해 왔다면, 한민족 디아스포라 문학을 이야기할 때는 민족 정체성이 우선적인 척도가 되겠다. 흥미로운 점은 다른 언어로 나온 작품들은 한국문학으로 접근할 때 민족의식의 유무가 중요한 잣대가 되는 반면, 한국어로 글을 쓰는 작가들에게는 민족성이나 민족의식에 대한 천착이 큰 문제가 되지 않는다.

정은귀는 작가들이 해외로 나가 영어로 작품 활동을 하면서 국제적 감수성을 그려내는 데 몰두하는 상황을 고려한다면, 한인으로서의 정체성과 한민족으로서의 민족의식을 해외동포문학을 가늠하는, 즉 한민족문학의 범주에 넣는 척도로서 계속 작동할 수 있을 것인지에 대하여 문제를 제기한다.[23]

마찬가지로 재미동포문학에 관한 논의 가운데 가장 먼저 부각되는 주제는 정체성의 문제이다. 이 문제는 곧 한국문학의 범주 내지 코리안 디아스포라 문학의 범주와 내용에 관한 문제와 직결되는 것으로 여타

23 정은귀. 2010. "미국의 한국계 시인들, 디아스포라, 귀환의 방식: 마종기, 캐시 송, 명미김을 중심으로". 『비교한국학』 제18권 3호. p. 474.

지역의 동포문학에서도 마찬가지로 논쟁거리이다. 바로 정체성의 문제는 디아스포라의 문학에서 가장 중요하게 논의되는 핵심적 사항이다. 인간이 삶을 영위하기 위하여 가장 기초가 되는 이 자기정체성의 균형이야말로 이산인들이 겪는 가장 큰 고통이며 그들이 차별받는 원인이기 때문이다.[24]

동시대 재외한인 작가들이 보여주는 정체성의 혼란과 문화적 혼종성, 보편과 특수에 대한 다양한 입장 차이는 이들이 단일한 지배체제에 종속되어 있는 것이 아니라, 여러 집단에 걸쳐 있는 존재임을 말해준다. 이중 삼중에 걸친 이들의 정체성은 보편을 지향한다는 점에서 진정한 세계시민으로 거듭날 수 있는 자양분이 될 수 있다.

그러나 다양한 역사적 배경과 사회적 조건에도 불구하고, 그들은 기본적으로 '약소자'이며, 안팎으로 '추방된 자'이다. 우연한 생에 의해 운명적으로 난민의 삶을 살아야만 하는 이들 '약소자'들이 그들의 차별적 현실에 대해 책임을 물어야 하는 곳은 어딘가? 이주와 이산의 역사적 기원으로부터도 멀리 벗어난 이들이 자신의 운명의 책임을 물을 수 있는 곳은 없을지도 모른다. 어떻게 해서 각자는 자기운명의 주인공이 될 것인가? 자기 소외를 의식하는 것이야말로 전진을 가능하게 한다. 그것은 정주국과 조국 모두에게서 식민지배와 인종차별의 부조리가 일어나서는 안 되는 것을 의미한다.[25]

김기중은 영어권 한국계 미국인 작가의 작품에 대하여 한국어로 쓰이지도 않았고, 한국에서 쓰인 것도 아니며, 한국에서의 삶과는 관련

---

24 정은경. 2006. "추방된 자, 어떻게 자신의 운명의 주인이 되는가: 코리안 디아스포라 문학의 현재". 『실천문학』 제83호. p. 424.

25 위의 글. p. 440.

이 없는 주제를 다루는 문학작품을 어떠한 근거에서 '한국적'이라고 규정할 수 있는지 묻는다. 나아가 이산된 한민족의 자손들은 어느 단계에서 이산적 정체를 벗어나 그들이 새로 정착한 나라의 시민이라고 말할 수 있는가, 한민족의 이산문학은 언제 그들이 새로 정착한 나라의 문학이 되고 더 이상 한민족의 문학이 되지 않는가라고 묻는다.[26]

문학작품의 국적을 따지는 데 가장 많이 거론되는 것은 작품에 사용된 언어이다. 그리고 작품의 주제이다. 그렇지만 언어적 분류가 갖는 한계와 더불어, 한국계 미국작가의 작품에 한국과 관련이 전혀 없는 경우는 거의 없다. 이창래의 『제스처 인생』(*A Gesture Life*, 1999)과 노라 옥자 켈러의 『종군위안부』(*Comfort Woman*, 1997)의 경우가 그렇다. 그리고 한국적인 주제와 한국을 배경으로 쓰인 작품이 아니라고 하더라도 미국에 사는 한국계 미국인의 이야기를 담은 작품에서도 국적 정의가 쉽지 않다. 김난영의 『토담』(*Clay Walls*, 1987)과 미라 스타우트의 『천 그루의 밤나무』(*One Thousand Chestnut Trees*, 1999)는 이를 잘 말해준다.[27]

한국계 미국작가의 작품에 대한 국적논의는 그 국적을 확정할 수 없다는 바로 그 현실, 아니 국적의 논의를 불러일으킨다는 그 자체로 의미를 갖는다. 이는 우리의 닫힐 수도 있는 민족주의 개념에 제동을 걸고 있기 때문이다. 한국계 미국작가의 작품을 한민족의 문학으로 인정할 수 있는가 하는 논의 자체는 번번이 민족에 대한 자성찰을 요구하며, 민족개념의 이산성을 확인시키기 때문이다. 한국계 미국작가 나아가 다

26 박진영. 2006. "이산적 정체성과 한국계 미국작가의 문학 읽기". 김종회 편. 『한민족 문화권의 문학 2』. 국학자료원. p. 54; Kichung Kim. 2002. "Afflication and Opportunity: Korean Literature in Diaspora, a Brief Overview". ***Korean Studies***. vol.25, no.2. pp. 272-273.

27 박진영. 앞의 글. pp. 55-56.

양한 양상의 한민족의 이산문학 읽기 작업은 그들의 작품이 한국문학인가 아니면 이산되어 있는 거주지역 국가의 문학인가라는 이분법적인 분류와 닫힌 사고를 넘어서 이산문학이라는 현상 자체가 말해 주는 우리의 정체성, 그리고 이산된 정체성으로서의 민족개념을 환기해줄 수 있는 장이 되어야 한다.[28]

한 작가 혹은 한 문학작품의 정체성이란 문자 그대로 그 작가와 문학작품의 참모습을 말한다. '같음'이라는 의미의 아이덴티티(identity)는 '한 개인을 타인들과 구분 짓는 특성'이며, 한 개인을 타인과 구분 짓는 '다름'이 그 개인의 참모습이라고 생각하는 그것과 '같음'이라는 의미일 것이다.[29]

지금까지 진행된 재미 한인문학의 정체성에 대한 견해들을 보면 다음과 같다.[30] 이동하는 강용흘의 작품에 대하여, 민족주의 보다 보편적인 차원에서 근대성에 대한 관심을 더 보이면서 서구 백인 중심의 정체성에 동화되는 양상을 지적하고 있다. 송창섭은 김은국의 향토성을 국제성의 이항대립적 개념으로 파악함으로써 향토성을 비판하고, 서구 중심적 보편주의로 자신의 작품 세계를 구현하고 있다고 논하고 있다. 김승희는 차학경의 『딕테』가 이민자의 소외감과 영원히 타자인 여성으로서 남성 중심적 언어체계 안에서 말해야 하는 이중의 소외감을 겪는 이중의 타자인 아시아계 이민자 여성을 재현하고 있다고 보고 있다. 권택영은 노라 옥자 켈러의 『종군위안부』와 이창래의 『제스처 라이프』에 나타난 고향의식을 비교하면서, 켈러가 한국인 어머니의 문화를 수용하

28 위의 글, pp. 62-63.
29 위의 글, p. 43.
30 이하 박연옥의 앞의 글 요약 정리.

고 있는데 반하여, 이창래는 보편적 자아 찾기의 하나로 한국성을 재현하고 있다고 보았다. 김학면은 이창래의 작품에서 민족주의 담론이 지닌 협소한 현실고발에서 벗어나 보편적인 인간 존재방식을 확인하는 작업의 일환으로 평가한다. 일레인 킴은 한국적 정체성과 미국적 정체성의 관계에서 재미한인의 정체성을 조명해 온 기존 논의들과 달리 백인과 흑인(아프리카계 미국인) 사이 혹은 아시아계 미국인과 아프리카계 미국인의 관계 속에서 재미한인의 정체성을 탐구한다. 그는 미국 사회의 인종차별, 특히 아프리카계 미국인에 대한 차별이 갖는 복합적인 의미를 이해해야 유색인종 이민자의 정체성을 파악할 수 있다는 전제 아래 강용흘의 『동양인 서양에 가다』와 하인즈 인수 펭클의 『나의 유령 형님의 기억』과 패티 킴의 『릴라이어블이라는 이름의 택시』를 분석한다. 일레인 킴은 백인 중심의 정체성 속에서 자신을 이해하려고 했던 강용흘과 달리 하인즈 인수 펭클과 패티 킴은 합리적 진보에 대한 계몽주의적 신념에 반대하고 서구적 백인을 가치판단의 기준으로 삼는 것에 반항함으로써 미국 신화의 허구성을 드러낸 것으로 보고 있다. 박진영은 한국계 미국작가 나아가 다양한 양상의 한민족 이산문학 읽기 작업은 그들이 한국문학이냐 아니면 이산되어 있는 지역 국가의 문학이냐는 이분법적인 분류와 닫힌 사고를 넘어서 이산문학 자체가 말해 주는 우리의 정체성 그리고 이산된 정체성으로서의 민족개념을 환기하는 장이 되어야 한다고 주장한다. 이는 최근에 거론되고 있는 디아스포라와 탈식민주의 논의 연장선상에서 모국과 거주국의 관점에서가 아니라, 이산적 정체성 그 실체에 집중하여 재미 한인문학의 정체성을 탐색해야 한다는 문제의 제기이다. 홍기삼은 재외한국인 문학개관에서 재외한인문학을 작가가 한국인이며 동포라는 사실을 강조하고, 한민족 문화권이라는 포괄적인 개념 아래 재외 한인문학의 성과를 적극적으로 수용해 갈 것을 주장한다. 김종회도 모국어가 아니더라도 한국문학의 일반적인 주제와 정서 및 분위기 등을 끌어안고 있는 작품을 한국문학에 포함시킬 것을 제안한다.[31]

그렇지만 오창은은 만족 정체성이 구심력으로 작용하는 단일한 시선으로 재외한인문학에 접근하는 입장에 대하여 반론을 제기하고, 탈식민주의의 혼종성을 들어 재외한인문학에서 나타나는 이질성과 차이는 지속적으로 변해가는 '변화하는 정체성'을 재현하고 있다고 주장하면서, 변화하는 정체성을 민족이라는 고정된 정체성으로 재단하는 것은 모순이라고 지적한다. 최원식 또한 한국문학은 해외동포문학을 거울로 민족주의적 함몰로부터 벗어나야 한다고 제안하면서, 차이에 저항하지 않으면서 그럼에도 차이에 투항하지 않는 토박이와 이방인의 경계가 사라지는 상호 이해의 지점을 탐색한다.[32]

요컨대 한국적 정체성/미국적 정체성이라는 이분법적 사고에서 벗어나 미국적 정체성이 갖는 복잡한 관계망에 대한 이해가 필요하며, 한

---

31 박연옥. 앞의 글. pp. 33-37; 이동하. 2003. "강용흘의 동양선비 서양에 가시다와 민족적 정체성". 이동하 · 정효구. 『재미한인문학연구』. 월인; 송창섭. 2001. "민족정체성과 실존적 개인". 김현택 외. 『재외한인작가연구』. 고려대학교 한국학연구소; 김승희. 2000. "차학경의 텍스트 『딕테』 읽기". 『서강인문논총』 제13집; 고부홍 유충현. 2002. "차학경의 텍스트 『딕테』 읽기: 자기 정체성 해체". 『인문학연구』 제34집; 권택영. 2004. "종군위안부: 노라 옥자 켈러와 이창래의 고향의식". 『국제한인문학연구』; 김학면. 2004. "이창래 소설에 나타난 '고통'의 의미". 『국제한인문학연구』; 하인즈 인수 펭클. 1995. "아시아계 미국문학과 한국문학: 세계문학의 시각에서 본 공동의 문제점과 도전". 『외국문학』(가을호); 일레인 킴. 2001. "한국계 미국문학 속의 흑인(성)과 미국인의 정체성". 김우창 외. 『경계를 넘어 글쓰기』. 민음사; 박진영. 2004. "이산적 정체성과 한국계 미국작가의 문학읽기". 『창작과비평』(봄호).

32 오창은. 2004. "이주문학에 나타난 정체성 변화에 대한 고찰". 『국제한인문학연구』; 최원식. 2003. "민족문학과 디아스포라: 해외동포들의 작품을 읽고". 『창작과비평』(봄호).

국적 정체성 또한 서구적 시선의 배치 속에서 전유되고 자본의 전지구화 전략과 공모관계를 맺고 있는 것은 아닌지 검증할 필요가 있다. 그리하여 상호 이해를 전제로 한 다문화주의의 관점에서 이산적 정체성에 대한 폽진한 논의가 지속적으로 개진되어야 할 것이다. 곧 한국계-미국인(재미한인)의 정체성을 기호화하고 있는 '연자부호'(하이픈)에 관심을 집중하는 것을 말한다.[33]

동일성이 바로 진리의 모습이며 한 개인의 참모습이라면, 정체성에 연자부호를 가지고 있는 한국계 미국인(Korean-American) 그리고 한국계 미국인의 문학이란, 그리고 그 문학의 정체성이란 바로 정체성에 대한 반란이다. 동일성을 참 진리로 따지는 논리에서 진리란 연자부호로 연결될 수 없기 때문이다. 요컨대 한국계 미국인이라는 정체성은 분열된 자아의 시초이며, 정체성의 불가능성, 분열된 자아의 정체성은 곧 그들이 갖는 사회에서의 위치, 즉 주변인이라는 모습으로 현실화된다.[34]

인천항을 떠나 한국계 미국인이 된 한인들은 한국사회의 주류에 있던 사람들이 아니었다. 기근을 피해 먹을 것을 찾아 한국을 떠난 사람들이며, 유교사회의 가부장제를 거부하고 한국을 떠난 여성들이다. 그런데 그들이 이 땅에서 '한국인'으로서의 한계를 안고 떠났지만, 쉽게 '미국인'도 되지 못했다. '한국인'도 아니고 '미국인'이 되지도 못한 이들은 결국 '아무도 아닌 자'가 된다. 바로 정체성의 무정체성화 현상은 한국계 미국작가의 문학현상과 그 문학 읽기의 전제조건이다. 그러나 정체성의 무정체성화는 한국계 미국인 자신들의 사회적 경제적 지위에 의해서만 형성되는 것이 아니라, 무정체성의 과정은 기존가치의 내재화와

33 박연옥. 앞의 글. p. 37.
34 위의 글. p. 44

내재화된 가치의 잔재 혹은 흔적을 자양분으로 성장한다. 그러므로 정체성의 문제는 한국계 미국작가들의 주요 주제일 뿐만 아니라 정체성에 연자부호를 가진 작가들의 공통된 현상이다.[35]

이처럼 한국계 미국작가들의 호칭에 운명처럼 따라다니는 연자부호, 그리고 그 부호가 상징하는 이중적 정체성은 한국과 미국을 연결하는 단선이 아니다. 독자와 비평자에 따라 이들 문학 읽기의 해석학적 지평은 복잡해지고, 그에 따라 이 문학 읽기의 외연은 확대된다. 결국 한국계 미국문학 읽기는 ① 한국계 미국작가의 한국과 미국 사이에서 선 이중적 정체성, ② 한국독자가 읽는 한국계-'미국작가'와 미국독자가 읽는 '한국계'-미국작가, ③ 한국계 미국인 독자가 읽는 '한국계 미국작가'라는 복합적 구조를 가지고 있다.[36]

우리는 사회와 공동체의 연대를 거부하는 이방인과 이산자를 민족적 연대의 적으로 볼 수도 있다. 그러나 사회와 민족적 연대가 요구하는 것이 누구의 기준에 의하여 만들어졌는가를 생각해 보면, 그리고 그 요구의 부조리성에도 불구하고 생존이라는 현실 때문에 그것과 더불어 삶을 살아가는, 그리하여 스스로의 사회에서 이방인이면서 이방인임을 인정할 수 없는 다수의 '우리'를 생각하면 이방인은 오히려 '우리' 자신이 된다. 따라서 한민족의 이산문학 읽기는, 이산이라는 현상의 지정학적, 역사-사회학적 의미와 더불어 한국사회 안에서의 이산적 정체성과 연결될 때 새로운 민족문학의 가능성을 제시하는 하나의 디딤돌로 떠오를 수 있을 것이다.[37]

---

35 위의 글. pp. 44-45.
36 위의 글. p. 47.
37 위의 글. p. 64.

2) 작가별 연구

(1) 이창래: 『네이티브 스피커』

① 『네이티브 스피커』의 줄거리

이창래의 『네이티브 스피커』(*Native Speaker*)는 이러한 정체성 문제와 이산적 삶의 새로운 가능성을 탐색하고 있는 작품으로 디아스포라 문학의 전형을 이룬다고 평가된다. 『네이티브 스피커』는 두 개의 큰 서사축으로 이루어져 있는데, 하나는 주인공 헨리 박이 직업상 겪게 되는 일련의 사건들이고, 다른 하나는 아내 릴리아의 갈등이다. 이 둘은 사실 헨리 박이 갖는 정체성의 혼란에서 기인하고 있다는 점에서 동일한 문제이다. 헨리 박은 한국의 이민 1.5세대로서 이민자라는 정체성은 그의 성격 형성과 직업 선택에 큰 영향을 끼친다. 그것은 주인공의 특성을 지우는 방식, 즉 무성격자로 만드는 방식을 통해 작동된다. 헨리의 이러한 무성격에 가까운 특성은 정체성을 위장해야 하는 첩자라는 직업 세계에서 승인을 받는다. 그러나 그의 성격은 첩자라는 직업의 세계에서가 아니라 부모로부터 물려받은 인종적 문화적 이방인이라는 태생적 한계에서 배태된 것이다.[38]

주인공 헨리는 자신의 이중 정체성을 통해 자신과 가장 흡사한 존재라고 할 수 있는 외부인들을 위협하는 반역자가 된 것이다. 부재하는 정체성, 가공의 정체성으로 살아가는 헨리는 존 강이라는 새로운 작전 대상을 만나면서 차츰 변한다. 헨리는 존 강이라는 인물을 접할수록 점차 혼란에 빠진다. 그 이유는 존 강이 이제가지 접해 보지 못한 유형의

---

38 정은경. 2006. 앞의 글. pp. 425-426.

한인이기 때문이다. 존 강은 헨리의 아버지, 가족과 돈을 신봉하는 수세적인 이민자의 전형과는 달리, 가족을 소중히 여기지만 단지 혈연적 관계에만 머물지 않고 더 확장된 공동체의 연대로 나아간다. 이 작품에서 긍정적인 이민자의 전형인 존 강은 결국 비극적인 파국을 맞게 되지만, 이것이 이산적 삶의 새로운 비전을 제시하는 것에서의 실패를 의미하는 것은 아니다. 헨리는 군중의 아유와 폭력으로부터 존 강을 보호하기 위해 몸을 던지는데 이러한 헨리의 변화된 행동은 긍정적 비전을 향해 나아가는 작품의 결말을 암시하고 있기 때문이다. 헨리는 이제까지의 이민자들을 착취하고 배반했던 첩자로서의 은밀한 삶을 청산하고 자신의 안전 바깥의 공적 영역으로 나아가고자 한다. 그럴 경우 작품의 원제인 '네이티브 스피커'란 원어민 토착민이란 의미보다, 아무리 혼종적이고 외래적일지라도 자신의 문화적 특성에 바탕한 자신의 고유한 언어를 말하는 사람을 뜻한다. 따라서 이민자들이 그토록 열망하는 동화란 자신을 사라지게 하는 것이 아니라 자신의 타자성을 드러냄으로써 온전해질 수 있음을 보여주고 있는 것이다.[39]

이처럼 이창래의 『네이티브 스피커』는 한국계 이민자의 삶을 통해 소수민족이 식민지적 상황에서 겪는 정체성의 부재와 이중언어로 인한 갈등을 표현하고 있다. 한국계 이민자의 공통된 체험을 그리기보다 오늘날 소수민족으로서, 남성으로서, 무엇보다도 한 개인으로서 미국사회에서 어떻게 살아남느냐에 작품의 초점을 맞추고 있다. 단순히 아시아계 이민자의 정체성 상실만을 강조한 것이 아니라, 그들 자신의 정체성 모색을 말하고 있다.[40]

---

39 위의 글. pp. 427-428.

40 이우현. 2003. "이민자의 정체성 위기와 그 극복". 김종회 편. 『한민족 문화권의 문학』.

그 내용을 요약하면 먼저 1.5세대 작가로서의 주제에 접근하고 있는 점이다. 1.5세대는 오직 한국인 정체성만을 추구하는 것이 아니라, 그와 동시에 주류문화 사회로의 동화를 모색한다. 단순히 이민자의 상실감을 다룬 것이 아니라, 미국 사회에서 언제까지 이민자로 살아갈 수밖에 없는 현실을 냉정하게 직시하고 미국인으로서의 정체성을 찾을 것을 이야기 한다.[41]

다음으로 다문화 사회 안에서의 정체성 추구이다. 이민 1세대가 이룩한 경제적 풍요 속에 자란 이민 1.5 내지 2세대는 문화적 혼성으로서 자신의 선택과는 상관없이 미국에서 나고 자란 미국시민이면서 동시에 이민자라는 복합적인 상황에 놓여 있다. 그들 자신을 미국인이라고 느끼면서 미국 백인사회의 문화적 가치를 공유하고 동화하고자 하지만, 동화의 과정에서 인종차별과 사회적 불공평을 겪고 주류사회에 환영받지 못하는 이방인이다. 이 존재론적 딜레마를 해결하기 위한 방식 두 가지가 있다. 하나는 소수민족의 문화적 토양을 무시하고 백인문화를 전적으로 수용하는 것이며, 다른 하나는 미국문화를 배척하고 타자의 전통으로 회귀하는 방법이다. 그러나 이창래는 『네이티브 스피커』에서 두 가지 방법 모두를 택하지 않는다. 아시아계 미국인은 외적으로는 백인 지배문화로부터 분리되어 있고, 내적으로는 그들의 사회 가족 개인의 정체성이 분열되어 있는 이중의 자아를 형성하고 있는 것이다.[42]

셋째, 언어소외와 의사소통의 문제이다. 『네이티브 스피커』에서 발견되는 언어소외의 문제는 작가의 가장 관심 있는 분야이다. 즉 언어

국학자료원. p. 143.

41 위의 글. pp. 144-145.

42 위의 글. pp. 146-149.

에 대한 자의식과 그에 따른 정체성에 대한 고민이 강하게 드러난다. 원어민을 지칭하는 '네이티브 스피커'라는 제목부터가 원어민이 아닌 자의 설움, 언어의 박탈감을 역설적으로 강조하고 있다. 단순히 영어를 모국어로 사용하는 차원이 아니라, 최선의 노력을 통해 언어를 구사하고 의사소통할 수 있는 '네이티브 스피커'가 될 수 있는가 하는 문제는 이민자에게 포기할 수도, 유보할 수도 없는 절실한 문제이다. 또한 언어가 정체성과 불가분의 관계에 있기에 미국사회에서 '네이티브 스피커'가 되는 것은 곧 한국계 미국인이 진정한 미국인으로 인정받을 수 있는 가능성을 암시하는 것이기도 하다. 그리고 이는 단순히 한국계 미국인의 자화상만이 아니라, 현대 사회에서 사람 사이의 의사소통의 문제임을 강조한다.[43]

② 『네이티브 스피커』의 소재와 언어 문제

이창래 작품의 주인공들은 이주민들이다. 그리고 이창래 소설의 물적 토대인 미국사회는 국적을 선택해 온 자들로 구성된 연방체로서 태생적으로 이주민 사회이다. 이주민은 자의든 타의든 본향으로부터 이탈된 자들이고, 이주민 사회는 혼성적 사회이다. 혼성화란 개념은 잡종화라고 할 수 있는데, 요시미 슌야가 글로벌화의 이름을 쓴 신우파적 내셔널리즘에 대한 대항개념으로 사용한 용어이다.[44]

이렇듯 이창래의 작품은 이민자들의 삶을 소재로 하여 작가의 해석을 형상화하고 있다. 이 작품이 단순한 소설이 아닌 것은 소재와 해석 모

43 위의 글. pp. 153-161.
44 김미영. 2006. "혼성적 사회에의 서사적 대응: 이창래 소설의 특성 연구". 『국어국문학』 제143호. p. 385.

두 어느 지역의 이민들이나 공감할 수 있는 보편성을 지니고 있기 때문이다. 해외 한인문학이 중심부 언어권 바깥의 주변적 존재일 수밖에 없다면, 즉 『네이티브 스피커』에 그려진 바와 같이 언어 차별주의가 내재하는 한 언어 제국주의는 없어지지 않을 것이고, 한국어로 쓰였거나 제대로 된 영어로 쓰이지 못한 작품들이 중심부의 문학으로 대접받지 못할 것은 자명하다. 언제까지나 소수자를 면할 수 없는 점도 인정한 조건 위에서 이민자들이 소수민족으로서 미국인이 된 자신들의 정체성을 깨닫게 된다. 한국인도 아니고 미국인도 아닌 경계자적 자아에서 소수자로나마 미국인임을 인정받게 되는데, 이것을 충돌하는 두 문화 사이의 융화로 볼 수 있지만, 그렇다고 지배와 피지배의 구조로부터 자유로워지는 것은 아니고 완벽하게 탈식민의 경지로 나아가는 것도 아니다.[45]

미국 주류사회에 동화되고자 하던 그의 꿈을 실현하지 못하였음을 확인하였으나, 그것은 또 다른 무엇으로 바뀔 수 없는 존재의 절대성을 의미하는 것이었다. 그것이 바로 그의 정체성이었다. 한국인의 범주를 벗어날 수 없는 한국인으로서의 운명을 깨닫게 된 것이다. 한인 이주자들이 '진정 나는 누구인가'를 깨닫고 싶었지만, 미국인이 아니라 한국인으로서 미국인 흉내를 내왔다는 말이 된다. 이렇듯 재미한인들이 현지에서 겪는 자아 정체성의 혼란이야말로 이민자들의 모국어와 신세계 주류사회의 말 사이의 충돌에 관한 경험담의 본질적 문제 가운데 하나이다.

이창래의 『네이티브 스피커』에서 작품 주제의 중심축은 주류사회와 언어의 문제였고, 영어를 모국어로 구사하는 계층만이 주류사회의 일원으로 행세하는 미국에서 한인들은 여타 세계의 이민자들과 함께 주

45 조규익. 2009. "해외 한인문학의 존재와 당위: '한민족문학' 범주의 설정을 제안하며". 『국어국문학』 제152호. p. 132.

변인일 따름이라는 것이다. 한국어는 해외 한인들이나 한인문학의 정체성을 보여주는 결정적 실체이다. 주류사회의 언어와 구분되는 한국어로 주류사회에 진입하기는 어려웠을 것이며, 그러한 언어적 차이는 한인사회에 대한 주류사회의 편견을 고착시키는 데 일조하였을 것이다. 피부색과 영어로 인하여 이민자들이 당한 소외는 정체성의 혼란을 심화시킨 본질적인 문제라고 할 수 있다. 그러한 언어적 한계는 문학 표현상의 한계와 직접적으로 연결된다. 해외 한인들이 겪어 온 정체성의 위기나 그들 문학의 탈식민적 성격은 결정적으로 언어의 문제에서 찾을 수 있다. 따라서 거주국 주류문학에 진입하기 위해서는, 중심부의 문학으로 인정받으려면 완벽한 중심의 언어로 작품을 써야 한다. 해외 한인작가들이 시달려 온 문제가 바로 정체성의 징표인 언어구사의 완벽성에 있었고, 미국의 경우 『네이티브 스피커』의 이창래는 그 점을 제대로 포착하여 작품화시키는 데 성공하였다고 볼 수 있다.[46]

김미영 역시 이창래의 문학은 한국어문학은 아니지만, 한국문학의 범주에 들어갈 수 있다고 본다. 그 이유는 다음과 같다. 첫째, 한국문학의 범주를 언어의 귀속만을 중시하는 속문주의적 입장에서 논의한다면 이는 국수주의적 편협한 태도라는 비판을 면키 어렵다. 둘째, 한국문학에 대한 언어 중심적 범주제한은 한국문학이라는 개념이 갖는 민족적 정체성의 인식, 즉 민족에 대한 문학의 주체적 자기 인식부분이 무시된다. 이제 한국문학의 범주를 표현언어에 집착하지 말고, 다양한 지역에 산포된 한민족의 현실을 고민하고, 그것에 대해 주체적으로 대응한 문학인지의 여부에 따라 그 외연을 넓혀가야 할 때이다. 셋째, 한국문학,

46 위의 글. p. 128.

일본문학, 미국문학이 각각 독립적 영역으로 떨어지지 않고 겹치고 포개지는 문학들이 생겨나기 시작하였다. 넷째, 한국어문학은 아니지만 한국인의 이야기를 담은 작품들을 이미 많은 연구자들이 한국문학을 논의해 왔다.[47]

요컨대 이창래 문학은 미국에 정착한 한국계 이주민의 삶을 형상화하고 있기 때문에 재외한인문학의 범주에서 논의할 수 있다고 본다. 국가의 경계를 넘는 문화의 혼성화 과정에서 개인은 본향의 문화를 출발점으로 자민족을 증명하는 것이 아니라, 자기 삶의 현장인 정착지에서 기존의 문화에 대한 저항과 동화의 변증법적 과정 속에서 자신의 문화적 정체성을 찾고 표현한다. 다문화와 다양성을 핵으로 하는 혼성적 사회의 내러티브가 부르주아 시대의 서사시인 전통적 소설의 그것과 어떻게 다른가, 영상과 결합된 내러티브의 변종들이 번성하는 현실에서 내러티브의 대표격인 소설은 어떻게 포스트모던의 징후를 받아들이면서 스스로를 변모시켜 나가는가 등 새로운 시대의 본격소설의 향방을 성찰하는 데 적절한 텍스트가 될 것이기 때문이다.[48]

③ 『네이티브 스피커』의 정체성

이창래의 『네이티브 스피커』는 정체성 탐구라는 다소 낯익은 주제를 훨씬 포괄적이고 교포사회를 포함한 소수민족의 실상에 근접하여 다룬다. 『네이티브 스피커』는 헨리 박(박병호)을 중심으로 세 층위의 각기 다른 세계가 반복적으로 교차 삼투되면서 전개된다. 먼저 그의 아내로 표상되는 백인세계의 질서인데, 그 질서로의 편입과정에서 백인중심의

47 김미영. 앞의 글. p. 380.
48 위의 글. p. 383.

가치관과 충돌하고 화해하는 헨리의 의식이 표면화된다. 다음으로 헨리를 키워낸 뿌리의 세계이다. 부모와 한국에서 온 가정부, 특히 아버지와의 미묘한 정서적 반감 및 유대가 재현된다. 그리고 그 어중간한 지점에 화자의 암약 반경인 뉴욕 이민사회의 풍경이 펼쳐진다.[49]

아내가 홀로 여행을 떠나기 전에 건네준 내가 누구인가를 적은 목록, 은밀한 사람에서 시작하여 이방인 추종자 배신자 스파이로 끝나는 목록은 헨리의 정체를 규정하고 있다. 문화의 스파이로서 주인공인 헨리의 활동이 미국의 국익과 직간접으로 연관 맺고 있음은 우리로서도 염두에 둘 필요가 있는데, 거기서 부각되는 것은 동화의지와 뿌리의식 사이에서 흔들리는 그의 정체성을 둘러싼 갈등이다. 아내와의 정신적 갈등 및 아버지와의 불화는 두 개의 세계를 모두 배반했거나 그로부터 버림받았다는 정체성의 상실, 이것이야말로 한국인의 정체성이 아닌가 하는 자기의문의 실례이다.[50]

특히 김미영은 이창래 문학의 문제의식이 이주민의 정체성 문제에 국한되지 않는다고 보고, 기득권을 둘러싼 다양한 계층 간의 갈등과 인간 삶의 향방을 결정하는 것이 의지나 노력인가, 아니면 운명이나 생래적으로 타고난 조건에 의한 것인가를 추적한다는 점에 주목한다.[51] 이창래 소설에 등장하는 이주민들은 다인종, 다문화, 다언어적 특성을 갖는 혼성화된 사회의 주민들이다. 이들은 표상된 기득권층인 네이티브 스피커에 습합되기를 열망한다. 이러한 갈등과 분열, 낯선 문화에의 적응은 이주민의 존재조건이 된다. 따라서 이주민들에게 동화와 적응은

49 유희석. 앞의 글. p. 274.
50 위의 글. p. 275.
51 김미영. 앞의 글. p. 383.

선택이 아닌 생존의 문제이다. 이주민 사회의 특징은 한마디로 개인의 생존원리가 민족과 국가에 앞선다는 사실에 있다.[52]

④ 『네이티브 스피커』의 탈중심적 글쓰기

이창래 소설의 독특한 서사문법은 혼성적 사회에의 소설적 대응전략으로 이해된다. 외래문화의 현지화 혹은 토착화를 의미하기도 하는 혼성화는 외래문화가 전부 수용되는 것이 아니라, 일부는 배제되고 또 일부는 현지 상황에 따라 그 내용이 생략되거나 변형되어 수용되는 것을 의미한다.[53] 특히 김미영은 이창래 문학에 대한 논의들에서 다음과 같은 두 가지 특징을 지적한다. 첫째, 이창래 문학연구는 주로 내용이나 주제 분석에 치중하고 있다. 둘째, 뚜렷한 서사론적 분석이 없었음에도 불구하고 모든 연구자들이 이창래 문학의 높은 문학성에 대하여 동의하고 있다. 이창래의 소설에 대한 기왕의 연구 가운데 영문학자들은 소수민족의 이주사를 본향과 정착지 사이의 언어적 · 문화적 · 정치적 · 경제적 차이에서 오는 갈등과 대립을 보여주고 있음에 착목하여 주로 디아스포라의 관점에서 개별 작품을 분석한다. 최원식도 이창래 문학이 지닌 디아스포라적 의미를 짚어내면서, 복합서사를 일종의 서사체로 규정한다. 복합서사란 민족의 경계를 사는 이산자들의 삶의 통일성이 무너진, 해체의 감각에서 근원한다.[54]

『네이티브 스피커』에는 중심 뼈대를 이루는 서사가 플롯이 없고,

52 위의 글. p. 386.

53 강상중 · 요시미 슌야, 임성모 역. 2000. "혼성화 사회를 찾아서: 내셔널리즘의 저편으로". 『당대비평』 제10호(봄호). p. 215; 김미영. 앞의 글. p. 386.

54 김미영. 앞의 글. pp. 383-384.

고구마 줄기처럼 중심이 따로 없는 다수의 사건들이 실타래처럼 얽혀, 희미한 그림을 이루면서 마치 다인종, 다문화의 혼성적 현실의 은유인 듯, 복잡하고도 불분명하게 제시되어 있다. 이렇게 이창래의 작품들은 전통적 서사의 통일성이 무너진 사회, 즉 혼성적 사회의 불안을 서사의 불연속성을 통해, 플롯의 희미함을 통해 불안인 채로 드러낸다.[55] 중심 서사가 뚜렷하지 않은 이창래의 작품은 인물구성에 있어서도 탈중심적이다. 이창래 문학의 탈중심적 서사구성은 삶이 단일한 플롯처럼 선명한 길을 보여주는 것이 아니라는 것, 그리고 그의 탈중심적이면서도 개성적인 인물형상화는 결국 인간은 개별적 주체일 수밖에 없다는 작가의 인식을 말해 준다. 바로 이창래의 문학은 탈민족주의 시대, 혼성적 사회의 인간을 탈중심적 서사구성을 통해 보여주고 있다.[56]

(2) 차학경: 『딕테』

① 『딕테』의 문학적 형식

차학경의 예술세계는 일제 식민치하 시절 만주로 이주한 조부모와 그곳에서 태어나 성장기를 보낸 어머니, 그리고 한국전쟁 시기에 피난지 부산에서 어린 시절을 보내다 열한 살의 나이에 미국으로 이주한 작가 자신의 삶의 내력과 불가분의 관계에 있다. 요컨대 조부모와 부모와 작가 자신까지 3대에 걸쳐 지속된 디아스포라의 경험은 잃어버린 시간과 공간으로의 회귀에 관한 상상이라는 일관된 예술적 주제를 만들었다. 이러한 주제는 시간, 장소, 기억, 역사, 언어라는 다양한 은유로 변

55 위의 글, p. 392.
56 위의 글, p. 397.

주되다가 후기 대표작인 비디오 설치작품 『망명자』(*Exile*, 1980)와 세상을 떠나기 며칠 전에 발간된 『딕테』(*Dictee*, 1982)에서 심화되었다. 『딕테』는 차학경의 예술작품 중 유일하게 책의 형식으로 남겨진 작품이다.

서른 한 살의 짧은 생애 동안 장르와 매체 사이의 경계를 뛰어 넘어 다양한 예술작품을 생산한 종합예술가 차학경(Theresa Hak Kyung Cha)은 "이제까지의 나의 작품은 상상 속에서 잃어버린 시간과 공간으로 돌아가려는 회귀에 대한 일련의 은유였다. 내 작품의 내용은 떠남의 경험으로부터 새겨진 흔적과 각인의 실현이었다"고 고백하고 있다.[57] 떠남의 경험이란 고향과 고국을 떠난 디아스포라의 삶의 현실을 말한다.

『딕테』는 소설이 아니다. 소설도 아니고, 시도 아니고, 수필도 아니다. 『딕테』는 탈장르의 문학이다. 그렇다고 문학으로서의 의미를 상실한 것도 아니다. 그것은 엄연히 문자 언어로 쓰인 문학작품으로서 다장르적이라고 할 수 있다.[58] 『딕테』는 파편적인 구조에 여러 장르와 언어를 혼합하여 사용하고, 역사적 문서를 인용하거나 설명 없는 사진과 그림을 삽입하는 등 아시아계 미국작가들의 작품에 대한 독자들의 기대에 크게 어긋나기 때문에 접근하기 어렵다.[59]

---

57 황은덕. 2010. "디아스포라 여성 예술가: 차학경의 『딕테』". 『현대영미소설』 제17권 3호. p. 110.

58 조영희. 2003. "형식파괴를 통한 저항적 글쓰기". 김종회 편. 『한민족 문화권의 문학』. 국학자료원. pp. 84-85. 『딕테』는 다양한 예술형식과 문학 장르가 혼합되고 뒤섞인 탈장르, 탈계보학의 텍스트이다. 『딕테』에는 시, 산문, 자서전 등의 각 장르가 뒤섞여 있을 뿐만 아니라 사진 인체 조감도, 지도, 붓글씨, 탄원서, 창작노트 등이 주석이나 설명 없이 이미지만으로 제시된다. 영어, 불어, 한자, 한국어, 고대 그리스어, 라틴어 등의 6개 국어가 번역 없이 등장하고, 한 단어가 두 음절로 분리되며, 작가가 의도적으로 만들어 낸 합성어가 텍스트 곳곳에 배치된다. 출간 이후 『딕테』는 자서전, 소설, 시 등 각각 다른 장르로 분류되어 왔다. 황은덕. 2010. 앞의 글. p. 111.

59 이귀우. 2000. "『딕테』에 나타난 탈식민적 언어와 파편적 구조". 『영미문학 페미니즘』 제8권 1호. 차학경의 『딕테』는 사진, 도표, 서예 등의 시각적 배열, 여러 텍스트에서 차

그런데 일레인 김(Elaine H. Kim)과 리사 로우(Lisa Lowe) 등 네 명의 아시아계 여성학자들이 『딕테』에 헌정한 비평집 『자아쓰기/국가쓰기』가 출간되면서 『딕테』에 대한 재평가 작업이 활발해졌다. 『자아쓰기/국가쓰기』는 일레인 김이 서론에서 밝힌 대로 한국계 미국인의 정체성 확립이 시급하다는 위기의식에서 집필되었다. 즉 1992년 LA폭동 이후 폭력적으로 박탈되고 와해된 한인 공동체의 힘을 결집시키기 위해 민족주의가 요구된다는 판단하에 출판된 것이다.[60]

특히 『딕테』에서 사용되는 피진어는 『딕테』의 문학적 형식에 의문을 던진다. '갈라진 혀, 깨진 혀, 피진어'는 상처받고 위협받은 디아스포라의 자아를 은유하는 것이기도 하지만, 동시에 국경선 안쪽의 언어질서를 교란하고 뒤섞어 새로운 언어를 창조한 예술가의 탄생을 의미하는 것이기도 하다. 국가/민족의 경계선을 넘는 일은 고향과 세계가 재배치되는 혼란과 고통을 의미하지만, 경계선은 어떤 것이 자신의 현존을 시작하는 장소이며 다리처럼 점차 확장되는 넘어섬의 공간이다. 그러므로 디아스포라는 자아에 돌이킬 수 없는 상처를 입은 손상된 인간이지만 그러한 손상은 역설적으로 예술가의 창조적 에너지의 원천이 되기도 한다.[61]

이렇듯 차학경의 피진어는 발화과정의 고통과 어려움에도 불구하

용한 인용문들, 기존 영어 문법에서 벗어나는 문장 형태들, 무질서 한 듯한 텍스트들의 배열과 곳곳에 나타나는 공백, 영어, 한글, 프랑스어, 라틴어, 한자 등 여러 언어의 사용에 이르기까지 어떤 것으로도 규명할 수 없게 하는 듯한 전통적인 텍스트를 깨는 텍스트이다. 『딕테』는 분리된 여러 목소리들을 통해 말을 하고 있고, 역사적 자료, 일기, 영화원고, 편지, 자서전에 이르기까지 차용된 인용문과 텍스트 곳곳에 나오는 제목과 설명이 붙지 않은 사진들을 통해 이야기한다. 정은숙. 2007. "상호텍스트성의 관점으로 차학경의 『딕테』 읽기". 『비교문학』 제42집. pp. 119-120.

60 황은덕. 2010. 앞의 글. p. 111.

61 위의 글. p. 125.

고 지배언어의 체계적 질서에서 벗어나 상징 질서에 창조적인 균열을 가한다. 서로 다른 언어와 문화가 부딪히고 접속하는 공간에서 사용되는 피진영어가 지배언어와 현지 토착어가 뒤섞여 만들어진 혼합어이듯이, 차학경이 창조한 피진어 역시 특정 국가나 민족에 귀속되지 않는 디아스포라 예술가의 창조적 언어인 것이다.[62]

② 『딕테』의 정체성

『딕테』에는 모순되고 서로 상충된 복수적 주체성이 나타난다. 텍스트에는 단일한 정체성이나 국적에 귀속되지 않는 영원한 망명 상태의 디아스포라 화자가 등장하고, 비정체성의 수많은 화자들이 등장한다. 따라서 복수적이고 비정체성을 지닌 『딕테』의 주인공 화자를 한국계 미국인 여성이라는 단 하나의 정체성이나 주체로 호명하는 것은 텍스트의 다중적 의미를 축소하고 간과하는 것이다.[63]

지금까지 『딕테』에 관한 연구는 상대적으로 호명이 용이한 텍스트 전반부에 집중되어 왔는데, 텍스트의 후반부에 이르러 탈식민주의 비평가에 의하여 저항과 해방의 주체로 각광받은 『딕테』의 화자는 정체성을 뚜렷하게 드러내지 않은 채 더듬거리고 머뭇거리는 불안정한 주체로 남아 있다. 거기서는 공허와 부재만이 반복적으로 나타날 뿐인데, 황은덕은 『딕테』의 화자를 역사 속에서 지워지고 잊힌 수많은 사람들의 말을 발굴하고 전달하는 언어 예술가, 즉 디아스포라 여성 예술가로 상정한다. 그리고 말하는 여자의 말하기는 '갈라진 혀, 깨진 혀', 즉 단어의 분리와 재조합을 거쳐 탄생한 '피진어'의 형태로 나타 난다.[64]

---

62 위의 글, p. 126.
63 위의 글, p. 112.

『딕테』의 화자는 타인들의 이야기를 자신의 몸/영혼으로 불러들이는 여성 예술가 주체이다. 타인들의 삶을 이야기하고 전달하기 위하여 타인들을 허용하고, 타인들로 하여금 가득 채우도록 하는 일은 예술가의 텅 비어진 몸/영혼 속으로 타인을 불러들이는 과정이다. 몸/영혼을 비워낸 후 그 빈 구멍에 타인의 삶이라는 새 살을 채우는 말하는 여자의 행위는 샤먼의 엑소시즘 행위와 흡사하다.[65]

한편 단어의 분리와 해체, 재조합, 합성어의 창조, 여러 언어의 동시 사용 등 차학경의 작품에서 나타나는 예술적 특징은 다수 언어와 복수적 정체성을 지닌 채 국가/민족의 경계선과 문지방을 넘나드는 이동 중인 자아, 즉 디아스포라의 정체성을 나타내는 것이라고 할 수 있다.[66]

차학경의 작품에서 자아와 언어는 서로 분리될 수 없는 불가분의 관계를 갖는데, 그것은 주체의 정립이 언어를 통해서 그리고 언어 안에서 이루어지기 때문일 것이다. 언어를 습득한다는 것은 주체가 그 언어에 내재된 이데올로기를 내면화한다는 것을 의미한다. 따라서 식민주의는 피식민지의 언어를 파괴하고 없애려 하기 때문에 잃어버린 모국어는 법으로 사용이 금지된 어둠과 비밀의 언어였다. 따라서 모국어는 고향이며 모국은 망각의 고향이지만, 고국으로의 귀환을 통하여 확인한 것은 화자의 목적지가 고국이 아니라 영원한 찾기의 몸짓일 뿐이라는 것이다. 그렇다고 미국이 새로운 고향일 수 없다. 시민권을 통해 자아를 국가에 귀속시키려는 미국의 국가주의 또한 비판받는다.[67]

---

64 위의 글. p. 114. 황은덕은『딕테』의 원문 "Cracked tongue. Broken tongue. Pidgeon" 가운데 'pidgin'을 의도적으로 'pidgeon'으로 쓴 것으로 이해한다. 위의 글. p. 118.

65 위의 글. p. 116.

66 위의 글. p. 121.

67 위의 글. pp. 122-124.

그리고 『딕테』에서 그리는 중간자 주체의 말하기와 글쓰기 문제는 여러 제국주의 국가들에 의한 식민화 경험에다 민족주의, 종교, 가부장제, 신식민주의의 억압으로 인한 육체적 생리적 장애들과 복잡한 협상을 벌이는 과정으로 나타난다. 이렇게 『딕테』의 작가는 특정한 역사를 갖는 복수의 지역들을 넘나들며 그 속에서 아프고 병든 여성주체의 말하기와 글쓰기를 재생의 문제와 연결시킨다. 이 작품은 신식민사에 대한 비판과 동시에 그런 역사로 인한 상처의 치유와 초월에 대한 강한 염원을 담고 있다. 이 염원은 중간자로서 말하기에 수반되는 심리적 물리적 장애뿐만 아니라 식민주의 제국주의 가부장제의 금지들과 복잡한 협상을 벌이는 과정에, 또 역사적인 것과 신화적인 것을 지극히 개인적인 말하기와 글쓰기와 연결시키는 과정에 배여 있다.[68] 『딕테』는 이런 과정을 통해 이민자의 새로운 언어영역을 아시아계 디아스포라 여성의 성, 인종, 민족적 위치에서 창조적인 글쓰기로 보여준 것이다.

『딕테』는 제도화된 소설과 공식 역사 내러티브의 재현체계들이 붕괴되는 경계로부터 씀으로써 그 재현체계들을 치환할 수 있는 틈새를 보여준다. 이런 글쓰기의 공간은 이질적인 주체성들을 통합하고 동일시를 유도하는 지배적 서사들에 동화하기를 거부하고 전복할 수 있는 자원을 갖는다. 그리하여 아시아계 디아스포라 여성의 글쓰기는 탈식민화, 탈장소, 탈동일시의 조건들을 함축하며 거기서부터 출현할 새로운 형태의 주체화를 예시한다. 바로 이 주체화는 자유주의적 동화 발전 담론, 즉 미국의 인종화 젠더화 계급화된 시민권과 이민정치에 저항하는 가운데 미국적 나도 아니고 그렇다고 자기를 아예 지워버리는 것도

---

68 태혜숙. 2003a. "아시아계 디아스포라 여성의 위치에서 '몸으로 글쓰기': 『여성전사』와 『딕테』를 중심으로". 『영미문학 페미니즘』 제11권 1호. p. 250.

아닌 복합적이거나 집단적인 자전적 형태로 나타난다. 『딕테』에서 형상화하는 아시아계 디아스포라 여성은 타자를 지배하거나 동화하지 않고 서로의 차이를 통해 정체성을 추구한다. 이 새로운 여성은 아직은 미국문화와 아시아문화의 이중성 사이에서 지역의 정치를 좀 더 구체화하지는 못하지만, 이것도 저것도 아닌 상태를 벗어나 우리 어머니의 정원을 적극 탐색하려는 열정과 염원을 그려준다. 이것은 『딕테』에서 "나의 처음 소리"로서 어머니를 향해 치유와 초월의 힘을 희구하는 딸의 기도에서 감동적으로 나타난다.[69]

특별히 『딕테』는 아시아계 미국 페미니스트 이론가들에 의해 관심을 받으면서 아시아계 미국 여성문학 진영의 핵심을 이룬 것으로 평가받는다. 아시아 출신 미국 여성작가들의 글쓰기에는 "인종성은 어떤 의미에서는 이미 언제나 젠더화되어 있고 젠더도 언제나 이미 인종화되어 있다", "노동은 젠더화되어 있고 섹슈얼리티는 인종화되어 있으며 인종은 계급과 연루된다", "아시아계 미국 역사와 문학에서 인종과 젠더는 처음부터 얽혀 있었다"는 명제들이 관철된다.[70]

여기서 아시아계 미국여성의 정체성은 아시아계 미국여성 정체성과 아시아계 디아스포라 여성 정체성을 전략적으로 구분할 필요가 있다. 아시아계 이민자들이 인종적 차별을 제거한 표시로 미국 시민권을 요구하여 미국적 정체성을 주장해 왔지만, 이는 1990년대 중반 이후 미

---

69 위의 글. p. 251.

70 Wong, Shelly Sunn. "Unnaming the Same: Theresa Hak Kyung Cha's Dictee". ***Writing Self, Writing Nation***. p. 126; Lowe, Lisa. 1996. ***Immigrant Acts: On Asian American Cultral Politics***. Duke University Press. p. 164; Cheung, King-Kok ed. 1997. ***An Interethnic Companion to Asian American Literature***. Cambridge University Press. p. 10. 태혜숙. 2003a. 앞의 글. p. 238.

국으로부터 탈국가적 정체성을 추구하는 초국적 디아스포라 정체성에 대한 주장과 충돌하기 때문이다.[71] 특히 아시아계 디아스포라 여성 정체성은 인적 자원을 포함한 자원의 전 지구적 재배치를 인식하고 있다는 점에서 초국적 차원을 간과하지 않으면서도 그것이 지나치게 일반화되는 위험에 빠지지 않도록 특정 지역성을 시사한다. 디아스포라 맥락은 양자택일적 선택의 문제가 아니라, 아시아의 경험에 이미 들어가 있으며 아시아계 미국인의 경험은 그 일부인 것이다. 이러한 경험을 바탕으로 아시아계 디아스포라 여성문학은 비가시화되기 쉬운 디아스포라 여성 주체의 자기재현 과정을 드러낼 수 있고, 성 · 계급 · 인종과 같은 차이의 축들이 중첩되는 다중적인 여성 몸의 공간을 생생하게 보여줄 수 있다.[72]

③『딕테』의 페미니즘 읽기

고국으로부터 추방되어 세계 각지로 흩어진 코리안 디아스포라를 상징하는 차학경의 어머니 허형순의 인물사진이 실려 있는『딕테』의 표지에 이어서 텍스트에서 유일하게 소개되는 한글글귀가 속표지에 실려 있다. 그것은 한국인 희생자 디아스포라의 삶을 상징하는 기표가 된다. 그것은 일제 강점기에 강제 징용으로 일본에 끌려간 한국인 노무자가 돌에 새겨 놓은 것으로 알려진 다음과 같은 글귀이다.[73]

---

71 태혜숙. 2003a. 앞의 글. p. 238.

72 위의 글. p. 238.

73 이 글귀는 1930, 40년대 일본 제국주의에 의해 징용으로 끌려간 한인들이 탄광의 벽에 새긴 내용이다. 일제에 의하여 강제징용 72만 명, 군인과 군속 100만 명, 여성 자원봉사대 20만 명, 종군위안부 8만 명 등이 희생당하였다. 윤인진. 2004.『코리아 디아스포라: 재외한인의 이주, 적응, 정체성』. 고려대학교 출판부. p. 157

어머니 보고 싶어
배가 고파요
고향에 가고 싶다.

내쫓겨 흩어져 잘못 놓인 디아스포라의 삶, 외할머니-어머니-디아스포라 예술가 화자로 이어지는 삶, 바로 어떤 국적을 가졌지만 고향과 고국을 떠나 먼 곳에서 온 까닭에 이제는 제3의 것, 이것도 저것도 아닌 디아스포라의 역사적이고 개인적인 경험을 상징한다. 바로 그 어느 곳에도 소속되지 않고 허공에 떠 있는 디아스포라 여성 주체의 위치를 나타낸다.[74]

『딕테』는 서양의 이성중심주의적 근대를 명백히 거부하고 억압된 자의 시각과 목소리로 소수민족의 역사를 아방가르드적 언어로 기술하고 있다는 점에서 포스트모더니즘과 궤를 같이한다. 또한 피식민자의 고통으로 타오르는 혀로 식민주의자들의 욕망을 검색하고 드러낸다는 점에서, 탈식민주의적 시각을 보여주며 남성중심주의적 역사기술을 거부하면서 여성-민중의 목소리로 Her-story를 씀으로써 가부장 이데올로기를 받아치고 있다는 점에서 페미니즘적 시각을 보여준다.[75]

이 텍스트에서 파편화된 통합성과 유기성을 상실한 분산된 반리얼리즘적 플롯 속에서도 자신의 정체성을 탐색하기 위하여 어떤 기억을 재현하려고 노력하고 있는 한 이방인, 이민자의 모습을 보여준다. 『딕테』는 식민지의 기억을 가진 한 소수민족 이민자의 자아를 찾기 위한 탐색의 반리얼리즘적 성격과 적절한 접속사를 생략함으로써 논리적 인

74 황은덕. 2010. 앞의 글. p. 128.

75 김승희. 2000. "차학경의 텍스트 『딕테』 읽기: 탈식민주의적, 페미니즘적 독해". 『서강인문논총』 제13집. p. 52.

과관계를 해체하는 통사론 파괴가 보여주는 자아의 파편화, 끝내 미국 사회가 호명하는 시민적 주체에 부합하기를 망설이게 하는 민족적 기억의 모호한 기능을 보여준다.[76]

이 작품에서 작가가 사용하는 영어는 1.5세대 한국 이주여성이 구사하는 것으로 비문법적이며 불완전한 이상한 영어이다. 차이들과 저항적 발언들을 지우고 침묵시키는 강요된 유창함에 매달리는 식민화된 태도를 지양하고, 외국인이기 때문에 겪는 자연스런 장애를 의도적으로 드러내려는 이러한 작가의 태도는 이중언어 사용자들이 원래 소속된 역사적 · 사회문화적 정체성들과의 유대를 억압하지 않으려는 주체의 탈식민화 의도가 배어 있다. 바로 이런 영어를 통해서 작가 차학경이 그리고자 한 것은 한국계 미국 여성의 정체성이다.[77]

이 작품은 아무 설명 없이 번역도 되지 않아 서구 독자들은 읽을 수 없는 고향과 어머니에 대한 그리움을 담은 한글("어머니 보고 싶어, 배가 고파요, 고향에 가고 싶다")로 시작한다. 번역될 수 없는 이 한글은 식민화된 존재의 지움/침묵을 가리키는 동시에 영어의 이질성/외래성을 부각하는 효과를 거둔다. 그리고 이 작품의 화자는 미국에 이민 온 지 15년 만에 미국 국적을 갖게 되는데, 이런 자신을 2인칭으로 칭하면서 미국 시민권을 통해 부여되는 국가적 형식의 정체성과 거리감을 나타냄으로써 동화를 비판하고 있다. 이민자 주체가 노력하였지만 미국인과 동화하는 데 실패하는 것이 아니라 동화 자체를 문제시하고 거부하는 것이다. 이러한 전복적 태도는 스스로를 디아스포라로 정체화하는 여성의 시각에서 나오는 것으로 볼 수 있다.[78]

---

76 위의 글. p. 73.

77 태혜숙. 2003a. 앞의 글. p. 246.

작가는 이주지인 미국에서도 아시아계 여성 디아스포라로서 정체성을 확인하지만, 18년 만에 다시 돌아간 그의 모국 한국에서도 한국인으로서의 정체성을 확인하지 못하고 외국인으로서 정체성을 재확인한다. 요컨대 『딕테』는 한국인도 미국인도 아닌 중간자의 고통을 무엇보다 말하기와 글쓰기의 문제로 천착한다. 모국어도 영어도 그의 정체성을 확인하는 것으로서 문제가 된다는 것을 작품에서 그대로 보여준다. 먼저 태어나면서 하나의 언어에 길들여져 있는데다가 이차적인 언어습득을 시도한다는 것을 발화기관들에 거부반응을 초래한다. 갈라지고 부서진 언어야말로 차학경과 같은 한국계 미국인처럼 여러 겹의 문화적 식민화로 인하여 구사하게 되는 외래어들이 모국에 익숙한 구강조직에 일으키는 충돌의 증거물이다. 특히 이차적인 언어, 즉 외국어로 글쓰기의 어려움은 『딕테』에서 '받아쓰기'라는 적절하고도 창조적인 비유를 통해 그려진다.[79]

받아쓰기 연습을 통해 습득하는 외국어란 그 외국어의 규범을 모방/반복함으로써 그 규범에 지배되는 글쓰기 모델을 따르는 것이다. 이때 이민자는 외부자로서 뒤늦게 만나게 된 새 언어 안에서 계속해서 어린애처럼 존재하게 되는 모습을 발견하게 된다. 여성은 여러 겹의 억압기제에 의해 침묵을 강요받아 왔기 때문에 자기 목소리를 내기에 앞서 입을 여는 것 자체가 힘겹다.[80]

『딕테』는 미국에 이민 온 1.5세대 아시아계 여성의 목소리를 내는 가운데, 미국 내의 특정지역, 코리아타운의 문화정치를 보여주리라는

---

78 위의 글. p. 247.
79 위의 글. p. 248.
80 위의 글. p. 249.

기대를 갖게 한다. 그런데 이런 기대를 뛰어 넘는 훨씬 더 새로운 개념의 지역에서 성, 계급, 인종적 차이들이 상호 교차되는 여성 몸들의 공간을 보여 준다. 다시 말해 아시아계 디아스포라 여성의 위치에서 구축되는 몸으로 글쓰기는 물적 조건들이 교차 각인되는 복잡성을 생생하게 재현한다는 점에서 여러 차이들 중 젠더만 강조하는 백인여성 중심의 몸으로 글쓰기와 분명 다른 면모를 보여 준다.[81]

차학경의 『딕테』는 어머니와 자신의 이주경험에 관한 자전적 제재를 끌어들이고 있지만 자전적 고착화를 거부한다. 이 작품은 동서양의 문화적 결합을 시도하는 것과 더불어 장르의 경계들을 해체하는 실험을 보여준다. 사포(Sappo)의 인용, 리지에의 성테레사의 자서전과 영혼의 이야기의 인용, 하와이 한국인들의 루스벨트 대통령에게 보내는 청원서, 불어 받아쓰기 연습, 유관순의 삶 이야기, 사진, 지도, 도표, 그 의 시각적 매체, 영화대본과 같은 이질적인 제재들을 끌어들이고 있다. 그리고 아시아계 디아스포라 여성의 정체성을 만들어가는 과정을 온갖 다양한 제재들과 언어들(한국어, 영어, 불어, 한문)의 합주 속에서 장르를 해체한다. 이를 통하여 작가는 여성 자아가 위치한 구체적인 시공간에서 출발하여 아시아계 여성들 가운데 한국계 디아스포라 여성의 차이를 말한다. 요컨대 이 작품은 차이, 혼종성, 사이와 같은 개념들을 구체적인 물질적 역사 조건과 연결시킴으로써 그 개념들을 근거 없이 유토피아적으로 찬양하는 태도를 불식한다.[82]

---

81 위의 글, p. 239.

82 위의 글, p. 246.

④ 『딕테』의 문학적 의미

『딕테』는 영문학의 범주에 포함되면서도 재외한국인문학의 범주에 들기도 한다. 조영희는 차학경의 문학가적 정신이나 그의 삶, 그의 작품에서 드러나는 한국적 정서를 고려하여 국문학의 한 작품으로 간주한다. 조영희가 보는 『딕테』는 다음과 같은 의미를 갖는다.[83] 첫째 형식파괴를 통한 저항의지이다. 국가 사이의 지배–피지배 관계, 남성과 여성 사이의 지배–피지배 관계, 백인문화 중심주의와 소수민족 사이의 지배–피지배 관계 등을 사건의 나열을 통해서가 아니라, 언어의 기술을 통하여 보여주고 있다. 특히 남성 중심적, 식민적, 권위적 언어에 저항하기 위하여 깨진 언어, 피진(pidgin) 언어를 사용하여 그러한 관계의 모순을 드러낸다.[84]

둘째, 정체성의 해체와 그 모색을 형상화한다. 차학경은 『딕테』에서 정체성을 민족적 · 사회적 범주에서 정의하지 않는다. 오히려 민족적 정체성을 해체하고, 언어에 의해 형성되는 정체성을 모색한다. 이민자로서 정체성을 찾는 데 불리한 위치에 있는 차학경은 받아쓰기에 복종하는 것이 아니라 저항함으로써 자신의 정체성을 모색한다. 특히 이민자 여성으로서 저항적 글쓰기를 사용하여 자기 정체성을 찾고 있다.[85]

셋째, 주체의 분열–다중적 주체이다. 『딕테』에 등장하는 주체는 다중적이고 복수적이고 분열적이다. 텍스트에서 차학경의 목소리는 이야기꾼(storyteller), 필경사(scriber), 전달자(transmitter), 여행자, 역사 개정자, 번역가, 고해자, 시인, 받아쓰기 학생, 어머니, 바리공주, 유관순, 테레

83 조영희. 2003. “형식파괴를 통한 저항적 글쓰기”. 김종회 편. 『한민족 문화권의 문학』. 국학자료원. pp. 85-86.

84 위의 글. p. 87.

85 위의 글. pp. 94-97.

사 수녀 등으로 끊임없이 변화한다. 『딕테』의 주체 각각의 목소리는 각기의 역할을 수행하는데, 다양한 주체를 제시하여 '역할 바꾸기'를 시도하면서 저항적 욕망을 표출하고 있다.[86]

요컨대 차학경의 『딕테』에서 드러나는 주제는 받아쓰기에 대한 저항의식이다. 이민자이자 여성으로서 겪어야 했던 고통과 사회적 차별 사이에서 주체를 상실하게 되고, 그 주체를 되찾고자 했을 때 작품은 그 저항적 욕망의 발현수단이 되고, 그 저항적 욕망의 표출로 다중적이고 복수적이며 분열적인 주체가 나타난 것이다.[87]

『딕테』는 우리가 일반 개념으로 받아들여 내면화한 인종, 민족, 정체성, 역사 등의 독사(doxa)들을 파라독사(paradoxa)를 통해 해체한다. 경계를 넘나들기, 접촉 지점은 바로 『딕테』에서 독자들의 읽기 관행을 재고찰하게 하는 지점이다. 『딕테』를 읽을 때 독자는 역사자료, 사진, 뉴스 등 여러 인용문들 사이의 상호텍스트성 속에서 본래 원본들의 흔적을 쫓고, 교정하고, 사실을 점검하고, 자연화하고, 문맥화하서 식민지의 혹은 여성 하위주체들의 역사를 복원하려는 욕망에 사로잡히지만, 본문의 사진들과 많은 파편적 내러티브는 일관성 있는 총체적인 텍스트를 재구성하는 것은 불가능할 뿐만 아니라 사적 역사적 혹은 문학적 증인으로서의 독자의 불안정한 위치를 깨닫게 한다. 또한 사진과 글쓰기의 병치, 시각적인 형식과 문자 텍스트 형식의 혼합은 침묵당한 주체들의 정체성 혹은 역사를 재현하는 데 있어 가시적인 것들이 얼마나 비가시적인가를 드러나게 한다.[88]

---

86 위의 글. pp. 100-101.

87 위의 글. p. 104.

88 정은숙. 2007. 앞의 글. p. 134.

NOMADISM

제5장

재일동포문학

KOREAN DIASPORA LITERATURE

1. 재일동포문학 개관

1) 재일동포사회와 재일동포문학

일본에 거주하고 있는 우리 동포들의 국적은 '한국', '조선', '일본' 세 가지이다. 흔히 재일동포라고 부르기도 하지만, 일본에 거주하는 동포들 스스로는 그 국적을 불문하고 '재일조선인'이라고 총칭하고 있다. 따라서 재일조선인에 의해 쓰인 문학을 '재일조선인문학'이라고 할 수 있다고 한다.[1] 그런데 조선이 친북한을 의미하는 것으로 이념적 오해를 낳을 수 있기 때문에 '재일동포문학', '재일교포문학', '재일한국인문학', '재일한국인 조선인문학', '재일코리안 문학'과 같은 용어로 사용되기도 하였다.[2] 최근에는 조선이나 한인이라는 이름을 생략한 채 '재일문학'이

---

1 윤송아. 2003. "재일조선인문학 개관". 김종회 편. 『한민족 문화권의 문학』. 국학자료원. pp. 169-171; 이한창. 1996. "재일교포문학의 작품성향 연구: 정치의식 변화를 중심으로". 중앙대학교 박사학위논문; 유숙자. 2000. 『재일한국인 문학연구』. 월인; 홍기삼. 1996. "재외한국인 문학개관". 『문학사와 문학비평』. 해냄. 여기서 이한창은 '재일교포문학'이라고 부르며, 유숙자와 홍기삼은 '재일한국인문학'이라는 명칭을 사용한다.

2 김환기는 '재일코리안 문학'이라고 부른다. 김환기 편. 2006. 『재일 디아스포라 문학』. 새미. '재일동포'라는 호칭이 국적에 관계없이 일본에 거주하는 조선인을 통칭하려는 민족적 입장을 강조하는 것이라면, '교포'라는 말은 한국국적을 기준으로 한국적 조선인을 배제하거나 흡수통합하의 대상으로 간주하는 호칭이다. 요컨대 재일교포라는 호칭이 냉전적 시각에 바탕을 둔 일종의 배제의 뜻을 담고 있다면 재일동포라는 호칭은 흡수 및 동화의 뜻을 담고 있다. 권혁태. 2007. "'재일조선인'과 한국사회: 한국사회는 재일조선인을 어떻게 표상해 왔는가". 『역사비평』 제78호. p. 243. 여기서 필자는 재일동포와 재일조선인을 혼용한다. 일반적으로 재일동포라고 부르겠지만, 재일조선인을 고집할 경우에는 그러한 상황을 인정한다는 취지이다.

라고 부르는 경향이 나타나기도 한다. 이는 아이덴티티가 매우 불분명해진 조선인(한국인) 출신들의 문학을 말하는 것으로, 제3의 문학세대가 출현하였음을 의미한다.[3]

재일조선인은 일제의 착취와 억압에 더해 민족적 차별에 대항하면서 자신의 고유한 역사를 만들어 왔다. 재일조선인은 분명히 일본 안에 살고 있었지만 일본인 바깥에, 일본의 역사 바깥에 존재하는 곤혹스런 외부였을 것이다. 그들은 일본의 차별과 착취의 피해자였지만, 단지 피해자에 그친 것이 않는, 저항과 투쟁을 통해 다수자 일본인과의 거리를 확보한 적극적 의미에서의 소수자였다. 이렇듯 저항이나 투쟁을 통해 만들어지는 이 거리가 '재일(자이니치)'과 '조선인' 사이의 근친성을 만들어 냈을 것이다. 그러나 그것은 단지 일본이라는 땅에 산다는 어의적인 의미만으로 사용될 수 있는 그런 일반성은 아니었다. 오키나와인이 '재일'이라는 말에 가까워졌다가 멀어지는 과정은 이를 잘 보여 준다. 따라서 '재일'이라는 말이 일본인과의 거리를, 일본인에 대한 저항을 표시하는 단어임을 명확하게 보여 준다.[4]

그리하여 그들은 조선인도 아니고 한국인도 아닌 '자이니치'임을 선언하다. 두 개의 국적에서 자유로운 자이니치의 특권에서 한국인이자 한국인이 아닌 한국인 될 존재성을 발견한다. 조국 없는 존재, 그렇기에 의식과 발상, 언어에서 혼성적인 감각을 갖고 사는 존재로서의 이

---

3 김학동. 2009. 『재일조선인문학과 민족』. 국학자료원. pp. 18-19. 김학동은 일본의 동포에 의한 문학이 '재일동포문학'이나 '재일교포문학' 또는 '재일한국인문학'이라 불리는 것은 본국 중심주의 또는 분단 구도적 사고에서 비롯된 주관적인 것으로 보고, 일본문단에서 통용되는 '재일조선인문학'이라는 용어를 사용하고 있다.

4 이진경. 2010. 『역사의 공간: 소수성, 타자성, 외부성의 사건적 사유』. 휴머니스트. pp. 90-92.

자이니치에겐 민족차별조차 절망이나 모욕이 아니라 다수자인 일본인 자신의 서글픈 치부로 보인다.[5]

그러나 조선인의 저항과 투쟁이 없었다면, 그리고 그 저항과 결부된 억압과 폭력이 없었다면 '재일'이라는 말은 그런 의미를 가질 수 없을 것이다. 그렇지만 그 경우 '재일조선인'에 새겨진 그 역사성은 너무도 쉽게 민족의 역사의 일부로 혹은 민족사의 한 형태로 귀착되고 만다. 민족으로서 조선인을 척도로 삼게 되었을 때, 스스로가 '재일조선인'이라는 사실을 약점으로 느끼게 된다는 사태가, 고통을 감내하며 그토록 저항했지만 그래도 조선말보다는 일본어가 익숙하고, 조선의 습속브다는 일본의 습속에 더 익숙한 자신을, 그래서 스스로 '조국'과 분리된 '재일'이라는 조건을 약점으로 느끼는 사태가, 이런 식으로 '조선' 내지 '조선인'을 기준으로 '재일'의 실존을 측량하려고 할 때, 이러한 발상으로부터는 '재일'을 주동적으로 살아가는 사상이 생겨날 리 없다.[6]

해방 후 한국사회에서 만들어진 재일조선인에 대한 이미지는 반공 군사독재 정권하에서 배양된 것으로, '반쪽발이', '빨갱이', '부자(졸부)'로 대표된다. 이는 각기 '민족', '반공', '재발주의'라는 세 가지 필터가 작동되어 재일조선인에 대한 이미지를 증폭/왜곡시킨 결과이다.[7]

그러나 최근 세 가지 필터에는 현저한 변화가 나타나고 있다. 먼저, 남북 사이의 긴장완화로 인하여 반공필터가 약화되고 있다. 다음, 잃어버린 한쪽에 대한 복권과 민족 필터의 정상화의 차원에서 논의될 수 있는 재일조선인론이다. 셋째, '한교네트워크 구상'에서 발생하는 재일조

5 위의 책. p. 94.
6 위의 책. p. 96.
7 권혁태. 앞의 글. p. 234.

선인론이다. 다만 이는 자본 중심의 성공한 재일조선인만 포괄할 가능성이 많다. 넷째, 민족필터의 완전한 제거이다. 재일조선인은 일본에서 태어나고 자랐으니 일본국적을 취득하는 것은 당연하다는 것이다.[8]

이렇듯 다양한 모습과 얼굴을 가진 재일동포에 의한 코리안 디아스포라 문학은 그러한 성격을 반영하고 있다. 다시 말해 코리안 디아스포라 문학으로서 재일동포문학은 해외 정착드라마로서 투쟁과 저항, 민족정신, 유민의식, 생명력, 망향 등을 문학적으로 형상화했다고 할 수 있다. 특히 제국주의와 국가주의, 냉전체제가 팽배했던 지구촌의 변방에서 이들 코리안 디아스포라 문학은 주류와 중심사회를 향해 거침없이 안티이길 자청했다. 그 가운데 일제강점기의 굴욕적 삶을 체험했던 재일사회의 문학적 형상화는 제국주의와 국가주의에 내재된 폐쇄성과 배타성, 자기중심적인 논리가 과거에 어떻게 기능했고, 현재와 미래사회에 어떻게 작용할 것인지를 제시한다는 점에서 의의가 크다.

나아가 재일문학은 국가, 민족, 이념, 역사를 의식하면서도 끊임없이 인간 실존과 보편적 가치에 근거한 열린 시좌를 견지해 왔다. 작가적 시선과 문학적 경향이 어느 특정한 국가와 이념으로 치우치지 않고 경계를 넘나들며 전 지구촌을 대상으로 하고 있고, 철저하게 열린 시좌와 보편성을 기조로 하고 있다는 점에서 그러하다. 그리고 탈국가 탈민족의 세계관과 다민족 다문화주의의 공동체 의식으로 대변되는 재일문학의 혼종성은 바로 그러한 세계문학으로서의 성격을 규정하는 데 유효하게 작용하고 있다.[9]

---

8 위의 글. p. 261.

9 김환기. 2009. "재일 디아스포라 문학의 '혼종성'과 세계문학으로서의 가치". 『일본학보』 제78집. pp. 126-127. 재일문학의 민족적 글쓰기에서 보여준 저항의식을 비롯하여 혼혈/혼혈아, 공생논리, 코리안 재패니즈에 이르는 일련의 주제들은 기본적으로 열린

재일동포문학은 일찍부터 탈국가 탈민족의 세계관과 다민족·다문화사회의 공동체의식이라는 혼종적 지점을 천착하였다. 따라서 재일문학에 내재된 혼종성의 내적 논리와 보편적 가치가 지구화 시대를 주시하고 있는 한국사회에 던지는 메시지는 분명하다. 왜 지구화 시대에 포스트콜로니얼이고, 코리안 디아스포라이고, 혼종성인지 이들 문학은 일찍부터 화두로 던지며 그 해답을 찾아왔었기 때문이다. 그러한 의미에서 점차 다민족 다문화사회로 이동하는 한국사회에서 재일문학을 비롯한 코리안 디아스포라 문학은 중요한 텍스트일 수밖에 없고, 그들 문학을 통한 세계문학으로서의 가치를 논해야 하는 이유도 여기에 있다.[10]

한편 재일동포문학 가운데 우리말과 글로써 창작된 작품을 '재일조선인 조선어문학'이라고 할 수 있는데, 특히 현재 존망의 기로에 선 재일조선인 조선어문학의 처지는 근대적 민족주의라는 확고한 토대 없이 존재하는 문학이 맞을 수밖에 없는 필연적인 운명에 처해 있다.[11] 귀화를 선택하는 동포수의 증가와 일본문화에 더 친숙한 재일동포 세대의 등장으로 말미암아 재일조선인 조선어문학은 허약한 존립 기반 자체마저 완전히 붕괴되는 상황과 마주하게 되었다. 물론 이는 일본의 제도권 문단에서 나름의 입지를 확보한 재일한인 일본어문학이 직면한 현실이기도 하다. 현재 재일한인 일본어문학은 '재일조선인문학'에서 '재일문

세계관에서 출발한다. 경계인의 위치에서 이방인의식, 유민의식, 소외의식을 피력하면서 동시에 반쪽발이, 박쥐로 불리는 삶을 통해 주류와 비주류, 중심과 주변을 조율한다. 디아스포라의 시선으로 경계인의 생명력을 이어갔고, 혼종성에 내재된 절대적 가치를 보편성으로 승화시켜 갔던 것이다.

10 김환기. 2009. 앞의 글. p. 126.

11 조선어문학을 하는 작가들 대부분은 '총련'계 산하의 '문예동' 소속 작가들이다. 즉 사회주의 리얼리즘에 기초한 친북성향의 작가들이라고 할 수 있다. 그렇지만 이들이 일본의 주류적 문단에 흡수되지 않은 채, 소수자 문학을 유지하고 있다는 것만으로 전망이 불투명하지만 나름대로 의미가 있다는 것이 연구자들의 일반적인 평가이다.

학'으로 변화를 겪고 있는 중이다. 즉 이전에 보여주던 한민족 문학적 색채를 상당 부분 탈각하고 점차 일본문학의 한 지류로서의 성격이 강화되고 있는 것이다.[12]

더 이상 재일조선인 조선어문학이 순혈성과 문화적 동질성에 근거한 폐쇄적 민족주의를 고집해서는 안 된다. 이제 재일조선인문학에서 민족은 민족성을 독점적으로 공유하는 집단이 아니라, 식민지배와 분단모순으로 인한 고통과 상처를 공유하고 그 고통에서 해방되기를 지향함으로써 서로 연대하는 집단을 가리키는 개념이 되어야 한다. 재일조선인문학이 한국문학의 일부로서 존재의의를 가질 수 있는 것은 민족과 국가가 일치하는 사회 속에서 몸담고 있는 사람들이 미처 감지하지 못하는 고통과 모순을 예민하게 포착하여 그들이 쓸 수 없는 것을 쓴다는 데 있다. 특히 재일조선인문학을 대함에 있어 경계인으로서 겪을 수밖에 없는 디아스포라적 체험에 유의해야 하는 이유가 바로 여기에 있다.[13]

그러나 재일조선인문학은 한국문학의 일부로 존재하는 동시에 한국문학의 표준적 정체성으로 환원되지 않는 독자성을 고수할 수밖에 없게 된다. 이는 재일한인이 창작한 일어문학이 일본문학의 일부이자 일본 국민문학의 자명한 울타리를 해체하는 '소수집단의 문학'으로 존재하듯이, 재일조선인문학이 한국문학 내재적이면서 한국문학의 고정된 통일문학의 생성에 기여할 있음을 의미한다.[14]

---

12 이정석. 2009.『재일조선인문학의 존재양상』. 인터북스. p. 32.

13 위의 책. p. 34; p. 181.

14 위의 책. p. 181.

2) 재일동포문학의 역사적 의미

일제 강점기와 분단이라는 한민족의 특수한 사회 역사적 배경은 일본에 거주하게 된 재일조선인의 삶과 정체성을 결정짓는 중요한 키워드이다. 민족적 차별과 억압 속에서 자신의 민족 정체성을 부단히 탐구하는 가운데 형성되어 온 재일조선인문학에 대한 연구와 관심은 재외동포문학 가운데 더욱 특별하다. 왜냐하면 조선인으로서 민족적 정체성을 어떻게 지켜갈 것인가 문제가 중요하였기 때문이다. 이에 따라 흔히 재일동포문학은 세대별로 구분하여 소개하는 경우가 허다하다.

그렇지만 1990년대 이후 재일조선인문학은 내면에 실재하는 욕망의 문제, 진솔한 삶의 문제에 접근함으로써 '재일'이라는 특수한 상황을 보편적인 인간의 정서와 대면하게 된다. 이제 재일문학은 민족정체성과 실존적 자아확립이라는 문제에서 벗어나 인간 내면의 심연을 통찰하고 현대사회가 안고 있는 혼돈과 병리적 현상에 주목하기 시작하였다.[15]

재일동포문학의 범주 설정의 문제에 관해서는 언어의 문제, 그 형성과정 및 시기 설정의 문제 등이 제기된다. 먼저 언어의 문제를 보면, '누가'라는 작가론의 측면에서 '재일 조선인', '재일동포'가 쓴 문학이라고 할 수 있다. 그 가운데 일본어로 쓰인 작품을 재일조선인문학의 범주에 넣을 수 있는가에 대해서 논쟁이 된다. 이한창은 한글로 씌어진 재일조선인문학은 한국문학의 범주에 넣고, 일본어로 쓰인 작품은 재일조선인문학의 범주에 넣는다. 이에 반하여 홍기삼은 일본에 거주하고 있는 조선인의 문학이면 작품의 언어를 불문하고 총괄해서 조선인문학이라

15 김종회. 2004. "재외동포문학의 어제 오늘 내일: 재미국 재일본 재중국 동포문학의 범주와 실상을 중심으로". 『어문연구』 제32권 4호(겨울). p. 274.

고 하자는 것이다. 요컨대 작품에 쓰인 언어에 상관없이 재일 조선인이 그들의 삶을 다룬 작품이면 재일조선인문학의 영역에 포함시키는 것이 타당하다고 본다.[16]

다음으로 재일조선인문학의 형성과정 및 시기설정에 관해서는 이한창과 홍기삼, 그리고 유숙자 등의 설명이 있다.[17] 이한창은 해방 이전의 초창기(1881~1920)와 저항과 전향 문학기(1920~1945)로, 해방 이후에는 민족현실 문학기(1945~1960년대 중반), 사회고발 문학기(1960년대 후반~1970년대 말), 주체성 탐색 문학기(1980년대~현재) 다섯 시기로 나누어 설명하고 있다. 홍기삼은 1922년 이후 매 10년 단위로 그 시대를 대표하는 작가들을 중심으로 고찰하고 있다.

제1세대 작가는 식민지 시기에 일본에 정주한 조선인 작가를 말한다. 이들은 식민지 체험을 담아 낸 민족의식 혹은 정체성 문제를 작품에 재현하는데, 김사량, 김석범, 허남기, 강순, 김시종, 이회성 등이 대표적인 작가이다.

제2세대 작가는 민족성의 확립에 따른 갈등과 일본사회에 대한 치열한 비판의식을 갖고 있다. 이들은 민족과 국가에 관계하면서도 그것과 거리를 두는 존재이면서 동시에 스스로 살아가는 방법에 의해서만이 그 존재 가치를 보일 수 있는 경계인의 특성을 보여 준다. 양석일, 김학영, 이양지, 김학렬 등이 그러한 경계인의 특성을 나타낸다.

제3세대 작가들은 일본사회에 동화하면서 새로운 시도를 보이고 있다. 카네시로 가즈키(金城一紀), 유미리, 양석일, 현월 등은 더 이상 정체성 문제로 고민하지 않으며, 마이너리티 문제를 외면하고, 내면적인

16 윤송아. 앞의 글. pp. 172-173.

17 위의 글. pp. 173-174.

인간의 욕망에 주목하거나 통쾌하게 전복시킨다. 타자에 대해 경계인의 입장에서 독특하게 접근하는 이들의 활동은 일본문단의 주목을 받고 있다.[18]

18 김응교. 2010. "이방인, 자이니치 디아스포라 문학". 『한국근대문학연구』 제21호(상반기). pp. 133-135.

2. 재일동포문학 내용

1) 정체성의 문제

유숙자는 1945년 이후 재일한인문학의 흐름을 세대별로 나누어 그들 소설에 나타난 민족정체성을 중심으로 살펴보고 있다. 재일문학은 재일한인이 처한 시대적 실존적 상황과 환경에서 생겨난 문학이다. 일본과 한국이라는 두 개의 국가와 두 개의 언어 사이의 경계선상에 서 있는 재일한인에 의한 문학은 그 출발에서 민족, 역사, 정치, 사상 등의 문제와 무관할 수 없었다.[19]

재일 1세대의 문학은 일제시대의 체험이나 광복 후의 조국과 재일의 상황을 소재로 하여 지배자의 언어인 일본어와의 긴장관계에서 생겨난 문체를 지니며, 민족의 냄새를 작품에 표출시키는 문학이다. 그 대표작가로서는 김달수, 김석범을 언급한다. 재일 2세대는 1960년대 후반 이후 자신들의 실존과 생활, 사고방식에 대하여 제 목소리를 내기 시작한 시기에 등장한 작가들로서 이회성, 김학영, 고사명, 양석일 등을 들 수 있다. 재일 3세대는 언어면에서 모국어를 상실하고 있는 점에서 재일 2세대와 유사하지만, 재일이라는 특수한 실존적 상황에서 맞닥뜨리는 개인적 문제를, 언어와 인간존재의 의미, 현대인의 고독 등 보편적인

---

19 유숙자. 2000.『재일한국인문학연구』. 월인. p. 152.

문제의식을 제기하는 작가들로서 이양지와 이기승, 유미리 등을 들 수 있다.[20]

이렇듯 민족적 정체성은 재일문학에 내재하는 독자적인 문제의식으로 재일문학의 본질적 영역에 속하는 중요성을 띠고 있다. 재일문학이 식민지 시대 이래 재일조선인이 겪은 차별이나 위기에 대한 저항의식에서 출발하고 있음을 고려하여, 저항민족주의라는 의미를 내포하고 있다. 특히 제1세대 문학은 조국이 처한 시대적 정치적 상황을 작품의 배경이나 문학적 모티브로 형상화하고 있는 특징을 보인다. 그런데 일본사회의 고도 경제성장이 본격화된 1960년대 후반에 등장한 재일 2세대 문학에는 조국(민족)과 재일이라는 자신의 위치 사이에서 갈등하고 고뇌하는 본격적 재일세대의 모습이 그려진다.[21]

한편 재일 3세대는 한국과 일본 어디에도 자신의 정체성을 발견하기 어렵다는 인식을 갖는다. 그리하여 이러한 실존적 상황에서 대면하게 되는 문제의식을 작품화하고 있다. 제3세대 문학은 선행세대의 문학과 비교할 때 민족적 정체성이 뚜렷이 부각되는 것은 아니다. 이들 문학은 재일이라는 조건을 언어와 인간존재의 의미 혹은 가족의 붕괴에 따른 개인의 고독이라는 보편적인 문제로 확대하여 제시하고 있다. 그렇지만 이들 작가의 현실에 대한 존재감각은 고유의 민족적 정서인 한(恨)으로 내면화되어 표출되고 있다.[22]

민족 정체성이 강조된 재일코리안 1, 2세대를 이어서 이제 신세대 작가들에 이르면 작품의 주제가 민족에서 탈민족으로 변화되고 다양화

20 윤송아. 앞의 글. pp. 175-176.
21 유숙자. 앞의 책. pp. 154-155.
22 위의 책. p. 157.

된다. 특히 재일코리안 신세대문학은 현실 중심의 다양한 일상에 착목하는 특징을 갖는다. 조국과 민족, 전 세대와 현 세대의 갈등, 개인과 조국, 이념적 대립관계와 같은 어두운 주제보다 '코리안 재패니스'의 일상을 주제로 가볍고 밝은 형태의 '재일성'을 다루고 있다. 과거와 일정한 거리를 유지한 '개아'와 현실 중심의 실존적 글쓰기는 기존이 재일문학과는 확연히 다른 독창적인 면모로 주목받기에 충분하다. 질곡의 역사에 내재화된 어둠의 흔적들을 현실 속 일상으로 끌어들이고 일상의 만남 속에서 어두움을 밝음의 세계로 되받아치는 수법은 그 자체가 과거와 현실의 조율이며 또 다른 일상의 창출이다.[23]

그것은 재일문학의 새로운 패러다임을 제시하는 것으로, 개인과 집단, 지배계층과 소외계층, 주류사회와 비주류사회의 길항 속에서 배태되는 재일 신세대문학의 특징에 해당한다. 이러한 재일 신세대문학의 과거 녹이기기와 새로운 패러다임 창출은 그 자체가 문학적 보편성과 맞닿아 있다. 유미리, 현월, 가네시로 가즈키, 정윤희, 김중명, 김창생, 원수일 등이 바로 그들이다.

그런데 최근 재일코리안 문학에는 '재일성' 자체가 해체된 개념으로 형상화되는 경향이 뚜렷하다. 아이덴티티의 위기의식 자체가 없거나 있어도 개의치 않는 개인, 이미 해체된 상태의 계층, 가족, 사회, 민족 개념이 문학적으로 형상화된다. 고뇌의 양상이 어떤 의식이나 개념에 대한 상대적인 것이 아닌 열린 일상에서 이루어지고, 과거사는 의식이나 주의가 개입되지 않은 관찰자의 입장의 기억만으로만 존재할 뿐이다. 해체시킬 것도 해체될 것도 없는 상태, 그러한 시간적 · 공간적 개념

---

23 김환기 편. 2006. 앞의 책. pp. 37-45.

을 토대로 새로운 문학적 패러다임이 전개되고 있다. 사기사와 메구무(鷺澤萠), 이오 겐시(飯尾憲士), 이주인 시즈카(伊集院靜), 미야모토 도쿠조, 마쓰모토 도미오(松本富夫) 등의 문학이 이 범주에 든다.[24]

따라서 고봉준은 재일조선인의 문학을 민족(nation)으로 환원해서는 안 된다고 주장한다. 고봉준은 재일조선인 2세대 문학의 '기억'과 3세대 문학의 '망각'을 비교하여 이를 논증한다. 재일조선인문학은 '기억의 장소'와 '기억의 비장소'가 만나는 지점에 놓여 있다. '기억의 장소'가 국민국가의 내셔널한 기억에서 특권적인 토포스(topos)를 점하는 사건이나 장소를 가리킨다면, '기억의 비장소'는 특정한 사건이나 일을 은폐/망각하려는 가해자의 의도 때문에 개인 또는 집단의 기억이 '장소 없는 기억'이 되는 것을 의미한다.[25]

재일조선인 2세대 문학은 1세대가 겪었던 차별과 억압을 증언하는 방식으로 재구성하는 공통점을 갖는다. 이들에게는 민족 정체성의 문제가 주요한 논점이며, 때문에 대부분의 서설은 일본사회에서 재일조선인들이 겪어야 했던 수난과 고통을 재현하는 데 집중되어 있다. 그 대표적인 작가가 이회성이다. 민족주의에 근거해서 자신의 정체성과 뿌리찾기에 몰두하는 것, 1세대의 삶이 시작되는 역사적 시간 속으로 거슬러 올라가 그들의 비극적 삶과 정치적인 불행을 증언의 방식으로 풀어내는 것이 이회성 문학의 핵심이다.[26]

2세대의 목소리에서 '기억'의 문제는 특별한 의미를 갖는다. 2세대

24 위의 책. p. 41.

25 고봉준. 2008. "재일조선인문학에서 기억과 망각의 문제: 재일 2세대와 3세대 문학을 중심으로". 『우리어문연구』 제30집. pp. 11-12.

26 위의 글. p. 15.

는 기억의 상속자로서 1세대의 삶에 관한 증언과 기억을 전면화하려고 하지만, 그들은 일본에서 태어났기에 '고향'과 '조국'이 일치하지 않으며, 모어와 모국어가 다른 존재들이다. 그들에게 '일본'이라는 현실은 감옥이고, 모어인 '일본어'는 타자의 언어이다. 〈국가-국민-국어〉라는 민족의 삼위일체가 그들에게는 적용되지 않는다.[27]

그런데 제3세대의 문학은 이전 세대의 삶을 증언하기 보다는 기억이 환기하는 고통을 지우고, 국민국가 시스템의 바깥에서 생활을 모색한다. 망각은 이러한 생활의 치유를 의미하는 개념이다. 재일 3세인 이양지의 문학은 재일 3세대의 내면적 방황과 분열을 형상화하고 있으나, 코리안 디아스포라라는 민족의 관점에서 이해해서는 안 된다. 탈민족적인 관점이란, 민족체제에 근거한 근대문학이 볼 수없는 맹목인 지점을 성찰하고, 한국과 일본 '사이'에 위치한 재일조선인들의 목소리를 민족적인 이해방식으로 환원시키지 않는 것을 의미한다.[28]

요컨대 고봉준은 재일 2세대에게 문학은 모어와 모국어의 분리를 민족의 아이덴티티의 결핍으로 이해하고 '일본'이라는 현실을 뛰어넘음으로써 자신의 민족적 아이덴티티를 확인하는 방식을 취했다. 그러나 재일 3세대에게 일본은 부정할 수 없는 삶의 터전이며, 모어와 모국어의 분리는 결핍이 아니라 존재의 현실성의 한 측면에 불과하다.[29]

---

27 위의 글, p. 13.

28 위의 글, p. 29.

29 위의 글, p. 26.

2) 재일동포문학의 역사적 전개과정[30]

재일코리안 문학은 기존의 재일조선인문학에서 중시해 왔던 관념적 이념적 주제로부터 탈피해 비주류 문학, 이방인 문학, 경계인 문학으로서의 시각과도 차별화되는 초국가적 시좌와 '혼종성'을 토대로 세계문학으로서의 위치를 열어가고 있다. 이른바 동족 간의 경계 허물기, 해체 개념의 재일성 천착, 엔터테인먼트 소설의 등장, 뉴커머의 문학활동, 역사소설, 아동소설 등에 이르기까지 재일코리안 문학의 끊임없는 변용은 보편적 가치를 한층 공고하게 담아낸다.[31]

구체적으로 김환기의 글을 인용하여 재일동포문학의 역사적 전개과정을 정리한다. 재일코리안 문학의 출발을 해방 이후로 볼 수 있는데, 그것은 그들의 정주의식과 실질적인 창작활동이 해방 이후부터 본격화되기 때문이다. 물론 식민지 시대 장혁주와 김사량의 문학을 언급하는 것은 문학사의 의미, 본격적인 일본어 글쓰기, 실질적인 문단활동, 이후의 문학에 끼친 영향 등을 고려해 보면 당연하다. 그 가운데 장혁주는 노골적인 국책 영합적 소설로 인하여 국내의 문단으로부터 외면당했다. 반대로 김사량은 식민지 시기의 비협력적 작가로서 조국-일본-만주-북한으로 이어지는 일련의 행보와 병행되는 다양한 형태의 협력/비협력적 글쓰기는 이후의 재일코리안 문학에 정신적 토대로 작용하고 문학적 방향을 제시하였다. 그 외에 정연규, 김희명, 백철, 김용제 등이 있다. 이들은 식민/피식민, 협력/비협력, 지배/피지배의 논리가 만들어 내

30 이하 김환기의 글 요약 정리. 김환기. 2008. "재일 디아스포라 문학의 형성과 분화". 『일본학보』 제74집 1권.

31 위의 글. p. 156.

는 반목적인 모순과 부조화의 세계를 천착하며 경계인으로서의 문학적 시좌를 놓치지 않았다. 식민지 시기 재일코리안 문학은 조국-개인-일본이라는 구도에서 망국적 한과 이산에 따른 개인적 고뇌를 형상화했으며, 어둠의 질곡에서 벗어나고자 몸부림치며 협력/비협력 구도에 편승해야 했던 민족 상흔을 담고 있다.[32]

(1) 본격화된 재일코리안 문학

① 과거 식민지 시대의 청산

해방 직후 재일코리안의 첫 번째 과제는 일제 식민지 시대의 암울했던 기억으로부터 어떻게 벗어날 것인가, 과거의 부채로부터 자유로워지는 것이라고 할 수 있다. 이러한 과정은 치열하면서도 리얼하게 진행되었다. 식민지 시대 협력적인 입장을 취했던 자들은 변명의 글을 통해 자신들의 위치를 확인하면서 해방 이후를 맞고자 하였으며, 비협력적인 입장을 취했던 자들은 한층 날카로운 시선으로 지배/피지배 구도의 부조리를 고발함으로써 자신들의 위치를 확인하고자 하였다.[33]

② 민족적 글쓰기

해방 이후 재일코리안 문학은 식민지기에 대한 역사적 청산의 의미와 함께 한반도의 격심한 정치 이념과 병행해 출발하였다. 특히 한반도의 미소점령에 따른 남북한 분단과 곧 이어 벌어진 한국전쟁은 재일코리안 사회에 그대로 전이되었다. 요컨대 재일코리안 사회는 북한-총

---

32 위의 글. pp. 158-159.

33 위의 글. pp. 160-161.

련, 남한-민단으로 갈라져 대립하면서 조국의 정치이념적 대립의 축소판이었다. 다시 말해 식민지기의 협력/비협력 구도, 해방 조국의 정치 혼란, 돌아가지 못한 자들의 망향, 민족적 정체성 찾기, 총련과 민단의 갈등 등 다양한 형태의 주제들을 통하여 민족적 글쓰기가 전개되었다. 제1세대 작가인 김달수, 김석범, 정승박, 김시종, 김태성, 허남기, 강순 등은 그러한 민족적 글쓰기의 대표적인 작가들이다.[34]

김석범은 제주도 4.3을 배경으로 이념적 갈등과 그 틈새에서 부침하는 인간군상을 천착하여 형상화하였는데, 일본문학계는 물론 한국문단에서도 주목을 받았다. 특히 그의 대표작 『화산도』는 1945년부터 1947년까지 당시 제주도를 중심으로 한 격동의 역사를 서사적으로 그리고 있다. 해방 정국의 격심한 이념적 대립을 배경으로 한 소설은 김달수의 『박달의 재판』과 『태백산맥』 등을 통해서도 확인할 수 있다. 재일의 사상적 생존적 근거를 탐구하는 시인 김시종과 해방 직후 재일조선인의 생각을 치열하고 높은 시적 레벨로 표현한 시인 허남기 등이 있다.[35]

(2) 중간세대의 재일코리안 문학

① 경계인적 사고의 외향적 승화

초창기 재일코리안 문학이 조국(고향)으로 돌아가지 못한 자들의 망향과 저항, 정착과정에서의 고단함과 울분 중심의 민족적 글쓰기를 하였다면, 그들 후세대인 2, 3세대는 경계인 의식에 기초한 정착하지 못한 자들의 고뇌와 방황이 화두였다. 한국(한국인)과 일본(일본인), 모어와 모

34 위의 글. pp. 161-162.
35 위의 글. p. 162.

국어, 민족과 탈민족 사이에서 어느 한쪽을 택할 수 없는 중간자적 위치, 그 경계지점에서 고뇌해야 했던 민족의식, 자기 정체성, 현실적인 벽 등의 문제에 집중했다. 특히 민족의식은 총련과 민단 사이의 이념적 갈등, 조국의 통일문제, 북송선 승선 등을 중심으로 전개되었으며, 자기 정체성 문제는 한국과 일본 사이에서 반쪽발이 의식을 털어내지 못한 데서 오는 정신적 고뇌가 근간이다. 그리고 현실적인 벽은 국적과 관련된 귀화, 취직, 결혼 등을 둘러싼 현실 속에서 벌어지는 차별과 소외의식이 중심이었다.[36]

이들 문학에서 주목해야 할 사실은 중간세대의 경계인 의식을 외향적인 형태의 적극적인 사고로 승화시키고 치열하게 접근한다는 점이다. 『다듬이질을 하는 여인』으로 아쿠타가와상을 한국인으로서 처음 수상한 이회성, 『피와 뼈』의 양석일, 종추월, 김재남, 고사명, 이양지 등의 문학에서 형상화되는 조국과 민족에 대한 주체적인 의식이 그러하다.[37]

② 경계인적 사고의 내향적 승화

재일 중간세대의 문학에서는 경계인적 사고를 강한 민족의식과 질긴 생명력으로 녹아내며 주체적 삶을 피력하기도 하지만, 자기 정체성에 회의를 느끼며 끊임없이 방황하고 고뇌하는 경향도 있다. 일종의 반쪽발이 사고에서 탈피하지 못한 채 내향적인 형태의 자기고뇌와 소외의식으로 일관하면서, 배타적인 태도와 자기중심적인 논리, 탈출구 없는 재기채찍만을 강조하는 형태의 문학이다. 『얼어붙은 입』, 『흙의 슬픔』, 『알콜 램프』, 『유리층』, 『겨울의 빛』 등의 소설을 통해 반쪽발이 경계

36 위의 글. p. 163.
37 위의 글. p. 164.

인 이방인 의식을 내향적인 고뇌로 승화시킨 김학영과 『유희』, 『각』 등을 창작한 이양지 등에게서 그런 면을 엿볼 수 있다.[38]

(3) 최근 재일코리안 문학의 다양성과 보편성

① 신세대 작가의 탈민족의 글쓰기

신세대 재일코리안 문학은 일상 중심의 현실주의적 측면을 강조하고, 세대간 국가 간의 이념적 대립이나 관념적인 주제로부터 탈피해 재일의 현재적 삶을 형상화하는 데 무게를 둔다. 이는 민족에 대한 격절감과 정주화 의식이 키워낸 또 하나의 자기 찾기이기도 하다. 일종의 재일코리안 사회의 시대적 변화가 만들어 낸 독특한 형태의 '재일성'이 전 지구화 시대의 보편적 가치로 승화되고 있음을 의미한다. 그리고 이러한 '재일성', 즉 탈민족적 글쓰기, 엔터테이너 소설, 뉴커머의 문학 등은 열린 시좌의 보편적 가치로 회자됨과 동시에 재일성의 해체 내지 변용의 개념으로 읽히는 근간으로 작용하고 있다.[39]

『가족 시네마』로 1997년 아쿠다가와상을 수상한 유미리와 2000년 『그늘의 집』으로 아쿠타가와상을 수상한 현월 등은 재일적 지점을 구체적으로 그들의 문학에 담지 않고, 인간의 보편적 가치와 실존적 의미를 강조하는 탈민족적 글쓰기의 변용된 '재일성'을 형상화하고 있다.

② 해체 개념의 '재일성'

재일성의 해체 양상은 정치 이념 민족 중심 논리에서 탈피하면서

---

38 위의 글, p. 165.
39 위의 글, pp. 166-167.

자연스럽게 형성되고 있다. 보편적 가치가 중시되고 전 지구화 시대의 세계관이 확장되면서 관념적 이념적인 경향에서 벗어나 자아와 인간의 실존성이 중시되는 과정에서 나타나는 현상이라고 할 수 있다. 이러한 해체 개념의 재일성을 문학적으로 형상화한 작가는 사기사와 메구무, 이주인 시즈카, 이오 겐시, 마츠모토 도미오 등이 있다.[40]

③ 엔터테인먼트 소설

많은 사람들을 즐겁게 하는 것을 바탕으로 하는 대중적 문학활동으로, 오락적인 의미가 강조된다. 돈, 마약, 폭력, 섹스 등을 소재로 재일코리안 사회의 비루한 밑바닥 삶을 리얼하게 그린 양석일 『피와 뼈』과 탈민족, 탈이념, 탈중심적 사고를 토대로 재일의 현재적 지점을 거침없이 그려낸 가네시로 가즈키의 『GO』 등이 대표적이다.[41]

④ 뉴커머의 문학활동

뉴커머 작가들의 경우 재일적 지점이 타의에 의해 강제적으로 형성되지 않았다는 점과 국제결혼과 직업상의 선택 또는 유학생활의 연장선상에서 이루어지는 자발적인 외국생활을 선택하였다는 점에서 과거 식민지 시기의 역사적 부채로부터 탈피해 자유롭게 사고하는 경향을 보인다. 소설가 김길호와 시인 이승순이 대표적이다.[42]

40 위의 글. pp. 168-169.
41 위의 글. p. 170.
42 위의 글. p. 171.

3) 탈민족적 글쓰기

위의 재일동포문학의 역사적 전개과정에서 살펴본 바와 같이, 최근 들어서 재일동포 작가들의 탈민족적 글쓰기는 일본문단 주류로부터 주목을 받고 있다. 그리고 다시 국내에 소개되어 호평을 받는다. 특히 재일 작가 가운데 신세대들의 탈민족 글쓰기는 다양성과 열린 시각을 확보한다는 점에서 주목받고 있는데, 다양성과 혼종성을 기조로 하고 있다.[43] 이는 작가를 포함한 재일동포들의 탈정체성을 의미하고 반영하는 것으로 최근의 재일동포 작가들의 창작경향은 혼종성을 특징으로 한다고 볼 수 있다.

이제 재일코리안 문학은 기존의 재일조선인문학에서 중시해 왔던 관념적 이념적 주제로부터 탈피해 비주류 문학, 이방인 문학, 경계인 문학으로서의 시각과도 차별화되는 초국가적 시좌와 혼종성을 토대로 세계문학으로서의 위치를 열어가고 있다. 이른바 동족 간의 경계 허물기, 해체 개념의 재일성 천착, 엔터테인먼트 소설의 등장, 뉴커머의 문학활동, 역사소설, 아동소설 등에 이르기까지 재일코리안 문학의 끊임없는 변용은 보편적 가치를 한층 공고하게 담아낸다.[44]

이러한 재일문학에서 나타나는 탈국가, 탈중심적인 세계관은 해당

---

43 최근 들어서 민족의식과 분단 이데올로기를 축으로 하는 기존 재일조선인문학의 틀을 거부하고, 자신만의 개성을 주장하는 신인작가들이 등장하고 있다. 특히 민족적 정체성과 저항의 주제로부터 탈피를 시도하고 있는 이들은 오사카 이카이노 출신이라는 공통점을 지닌 양석일, 원수일, 종추월, 김창생, 현월 등이 대표적이다. 이들은 재일 작가로서 자신들의 내면에 실재하는 욕망의 문제, 진솔한 삶의 문제에 접근함으로써 재일이라는 특수한 상황을 보편적인 인간의 정서와 대면시키는 점이 특징이다. 윤송아. 2003. 앞의 글. pp. 188.

44 김환기. 2008. 앞의 글. p. 156.

주체 간의 대립과 갈등이 심화되고 양극화되는 과정을 거치면서 조국과 일본, 이상과 현실, 세대 간, 가족 간에 소통이 이루어지고 나름의 위치를 찾아간다는 의미이다. 철저한 유민의식과 이방인의식을 경험하면서 문화적 정체성과 사회적 동화를 병행하는 가운데 국가 간, 세대 간, 가족 간의 간극이 조율되는 형식을 취하고 있다. 탈국가 탈중심적 사고를 토대로 한 재일문학의 혼종적 지점은 어느 한쪽으로 편향되거나 절대적인 위치를 차지하지 않는다. 경계선상에서 냉철한 사고와 객관적인 시선을 토대로 정치와 이념, 역사와 사상, 사회와 문화를 직시한다. 식민지 시대의 지배와 피지배 구도에서 재일사회의 패배의식, 이상론과 현실론 사이에서의 갈등과 방황, 남북한의 이념적 대립을 지켜보는 복잡한 시선, 민족의식과 자기정체성 탐색, 역사의식과 자의식에 대한 불안 등 재일문학에서 형상화되는 다양한 주제들은 그들의 위치를 확인시켜 줌과 동시에 재일문학의 혼종성과 보편적 가치의 현재적 지점을 피력한 것이라고 할 수 있다.[45]

재일문학은 일찍부터 소수민족에 대한 일본사회의 편견과 차별을 지적해 왔다. 민족적 · 탈민족적 글쓰기, 실존적 글쓰기, 현실론에 근거한 공생철학을 내세우면서 소수의 입장에서 주류사회로 다가서고자 했다. 다양한 소수민족이 공존하는 국가, 다양한 문화가 공존하는 사회를 의식하면서 문학적 행위를 이어왔다. 특히 최근에 거론하고 있는 국제결혼과 혼혈아, 공생논리와 같은 주제들은 이들 문학의 열린 세계관을 구체적으로 보여 준 사례라고 할 수 있다. 다치하라 마사아키(立原正秋), 장혁주, 김사량, 사기사와 메구무, 이회성, 김학영, 김길호, 가네시로 가

45 김환기. 2009. 앞의 글. p. 121.

즈키 등은 혼혈아, 공생논리, 코리안 재패니즈와 같은 탈국가, 탈이념, 탈중심적 주제들을 가지고 혼종성과 다문화주의 공동체를 이해하려고 한다.[46]

재일문학은 국가, 민족, 이념, 역사를 의식하면서도 끊임없이 인간 실존과 보편적 가치에 근거한 열린 시좌를 견지해 왔다. 작가적 시선과 문학적 경향이 어느 특정한 국가와 이념으로 치우치지 않고 경계를 넘나들며 전 지구촌을 대상으로 하고 있고, 철저하게 열린 시좌와 보편성을 기조로 하고 있는 것이다. 그리고 탈국가 · 탈민족의 세계관과 다민족 · 다문화주의의 공동체 의식으로 대변되는 재일문학의 혼종성은 바로 그러한 세계문학으로서의 성격을 규정하는 데 유효하게 작용하고 있다.

재일문학의 민족적 글쓰기에서 보여준 저항의식을 비롯하여 혼혈/혼혈아, 공생논리, 코리안 재패니즈에 이르는 일련의 주제들은 기본적으로 열린 세계관에서 출발한다. 경계인의 위치에서 이방인의식, 유민의식, 소외의식을 피력하면서 동시에 반쪽발이, 박쥐로 불리는 삶을 통해 주류와 비주류, 중심과 주변을 조율한다. 디아스포라의 시선으로 경계인의 생명력을 이어갔고, 혼종성에 내재된 절대적 가치를 보편성으로 승화시켜 갔던 것이다.[47]

코리안 디아스포라 담론은 월경주의, 다양성과 혼종성을 배경으로 국가와 민족, 인종과 종교를 초월한 다문화주의와 궤를 같이 한다는 점에서 한국사회에 던지는 의미가 크다. 코리안 디아스포라 문학은 세계 각국으로 흩어져 살아가는 코리안들의 정착드라마로서 저항과 투쟁, 민족의식, 유민의식, 생명력, 망향 등에 대한 서사라고 할 수 있다. 따라서

---

46 위의 글. pp. 121-124.

47 위의 글. pp. 126-127.

이들 문학이 거주국별로 상이한 드라마를 연출하고 색깔을 달리하는 것은 당연한 일이며, 그것은 곧 거주국의 정치 이데올로기, 문화정책에 따라 독특한 형태의 문학지도를 그릴 수밖에 없는 소수민족의 한계를 대변하는 것이기도 하다.[48]

요컨대 디아스포라를 이산 유태인의 역사적 경험을 넘어서 다른 민족의 국제이주, 망명, 난민, 이주노동자, 민족공동체, 문화적 차이, 정체성 등을 아우르는 포괄적인 개념으로 받아들이고, 그들의 문학을 세계 각지에 흩어져 자국 아닌 이국에서 정착하며 살아남기까지 각고의 간난사, 위치성, 타자와의 타협과 비타협, 조화와 부조화의 관계를 문학적으로 성찰한 것이라고 한다면, 재일문학은 이방인으로서의 삶, 타자와의 투쟁, 핍박의 역사로 상징되는 '한'의 정서와 자기 정체성 문제를 주제로 가장 치열한 형태의 글쓰기를 보여 주었다.[49]

---

48 위의 글, p. 113.

49 위의 글, p. 115.

NOMADISM

제6장

재중동포문학

KOREAN DIASPORA LITERATURE

1. 재중동포문학 개관

1) 시대별 구분: 개혁 개방 이전[1]

재중동포, 즉 중국 조선족은 한민족을 혈연적 기원으로 하고 있는 이주민족이면서 중국공민이다.[2] 중국 조선족의 민족주의 혹은 민족주의적 특성이 중국 소수민족으로서의 성격을 갖게 되는 과정은 곧 중국의 소수민족 정책에 따른 수용과 대응의 과정에서 만들어진 것이다.[3] 그리고 중국적 요소와 모국적 요소가 혼재한 이중적 성격이 특징인 중국 조선족문학은 모국이 존재하는 이주민족으로서의 삶의 조건과 체험을 내용으로 하면서 한글을 주요 수단으로 하고 있다.

중국 조선족문학이 재외한국문학의 성격이 가능했던 것은 이들의 일상생활이 비록 사회주의 체제 내의 환경 조건을 무시할 수 없으며 중

---

1 김종회. 2004. "재외동포문학의 어제 오늘 내일: 재미국 · 재일본 · 재중국 동포문학의 범주와 실상을 중심으로". 『어문연구』 제32권 4호(겨울). 김종회. 2007. "중국 조선족 문학의 형성과 작품세계". 『디아스포라를 넘어서』. 민음사. pp. 189-205; 김종회. 2006. "중국 조선족 문학의 형성과 작품세계". 김종회 편. 『한민족 문화권의 문학 2』. 국학자료원. pp. 318-324 재수록. 이하 내용은 위의 글을 참조하여 요약.

2 중국에 이주하여 살고 있는 동포의 경우 일반적으로 조선족으로 불린다. 그런데 재중동포라고 부르길 원하는 조선족이 많고, 여타 지역에 거주하는 동포들을 재일동포, 재미동포라고 부르고 있기 때문에 여기서 재중동포라고 부른다. 다만 지금까지 중국의 안팎에서 조선족으로 불렸기 때문에 혼용한다.

3 김형규. 2009. "중국 조선족 소설과 소수민족주의의 확립: 1960~70년대 단편소설을 대상으로". 『현대소설연구』 제40호. p. 97.

국을 조국으로 받아들이고 있다 할지라도, 그 깊은 바닥에서 조선족으로서의 결속력을 소중히 여기고 무엇보다도 민족 관습과 풍속을 끈질기게 보존하여 왔다는 사실 때문이었음을 알 수 있다.[4]

중국의 조선족이 사용하고 있는 말이 우리가 사용하고 있는 말과 여러 부분에서 다르고, 언어의 용법이나 표현방식에 있어도 다르다. 그러나 이들의 말과 문학이 우리 민족적 정서에 터하고 공유하는 부분이 많고, 재중동포의 문학에 우리의 공동체적 경험에 익숙한 절실한 체험들이 반영되어 있기 때문에 재외한인문학의 범주에 넣어서 다루어야 할 필요가 있다. 특히 중국의 배타성과 소수 민족으로서의 역경을 이겨내면서 조선족의 생활사를 면면히 보존해 온 데 대하여 경의를 표하지 않을 수 없다.[5]

재외동포문학은 궁극적으로 국가적 경계를 넘어서는 문화적 공동체, 문화적 정체성의 구성이라는 점에서 의미를 갖는다. 재외동포문학의 의의는 국가주의적이고 정치적인 민족주의의 경계를 넘어 존재할 수 있다는 데서 찾아진다. 그런 점에서 정치적인 테두리 안에서 정치에 종속된 조선족문학의 민족주의나 민족적 특성은 재외동포문학을 통해 조선족문학의 민족적 특성은 재외동포문학으로서의 가능성과 의의라는 점에서 신중한 접근이 요구된다.[6]

중국 조선족의 문학은 조선족의 이주역사와 그 궤를 같이 한다. 19세기 후반부터 우리 민족이 대거 중국으로 이주하기 시작하였다. 일제

---

4 김종회. 2003. "중국 조선족문학의 어제와 오늘". 김종회 편. 『한민족 문화권의 문학』. 국학자료원. p. 403.

5 위의 글. p. 402.

6 김형규. 앞의 글. p. 86.

의 식민지배가 시작되자 만주로의 이주는 더욱 가속화되어 다수의 농민들이 월경을 하였다. 만주의 간도지방에서 우리 조선족의 이주역사가 출발하였듯이 조선족의 문학 역시 간도지방 용정에서 시작한다. 그렇지만 20세기에 들어와서야 비로소 문학활동이 이루어지기 시작하였는데, 이 시기는 제국주의와 봉건주의를 반대하고 민권옹호와 자유평등, 문명개화를 주장하는 내용이 주를 이루었다.

이어서 근대문학 시기(이주~1920)에는 창가와 시문학이 융성한 반면에 소설은 그다지 주목받지 못하였다. 당시의 창작품은 인멸되어 거의 남아 있지 않는다. 이어서 1920년대에 들어서면서 러시아의 사회주의혁명의 성공과 중국의 5·4운동 등의 영향을 받으면서 반제 반봉건 투쟁을 전개하면서, 이러한 시대상을 반영하여 무산자계급의 문학이 등장 발전하였다. 1930년대 중국의 조선인은 중국 공산당과 함께 항일투쟁을 전개하였는데, 이 시기 조선족문학은 선행시기의 문학적 전통을 계승하는 것과 아울러 중국과 소련의 혁명문학과 조선문학의 성과를 섭렵하면서 발전해 갔다.

1945년 해방이 되자 중국의 조선족문학은 해방의 기쁨과 감격, 토지개혁을 비롯한 민주개혁, 항일투쟁을 형상화한 것들을 주요한 내용으로 발전하였다. 이 시기 조선족은 민족자치에 따라 동북 3성의 조선족 집거구들을 중심으로 자주족인 발전을 도모할 수 있었는데, 연길을 중심으로 조선족 작가들이 집중하기 시작하였다. 그러나 이 시기 중국공산당에 의한 사회주의 건설사업은 잘못된 지도방칙으로 인하여 사회문화적 혼란을 겪게 되었다.

특히 1966년 5월부터 10년 동안 진행된 문화대혁명은 조선족 당대문학의 수난기라고 할 수 있다. 많은 문인들이 박해를 받았고, 훌륭한 작품들이 금서가 되었으며, 민족문화, 민족정신, 민족감정에 대한 논의는 금지되었다. 문화대혁명이 마무리되자 조선족 문단에도 창작의 자유가 찾아와 4인방의 잔재를 청산하였으며, 이전에 장기간 창작의 권리를 박탈당했던 작가들과 비판을 받았던 많은 작품들이 복권되고, 문학단체와 연구기구들이 새로이 정비되어 발전을 도모하였다.

그런데 문화대혁명 이후 상처소설이 등장하였다. 상처소설이란 문화대혁명이 빚어낸 사회비극, 정치비극, 인생비극과 육체적 · 정신적 상처를 고발한 작품을 말한다. 상처소설은 사실주의의 문학적 전통을 회복하는 데 공헌하였으나, 지난 10년 동안의 역사적 비극의 원인에 대한 깊이 있는 사고가 부족하고 형식면에서 새로운 탐구가 이루어지지 못한 한계를 가졌다. 그리하여 단순히 문화대혁명에 대한 폭로와 비판에 만족하지 않고 문혁의 원인에 대한 깊이 있는 역사적 반성에 눈을 돌리기 시작하면서 반성문학이 등장하였다. 이제 1990년대 들어서면서 중국이 개혁개방의 길로 들어서자 급격한 사회적 변화를 초래하였고, 이는 다시 조선족 문학에도 영향을 미치고, 이에 조선족 문학은 다원적인 복합사회의 다양한 모순을 파헤치면서 적극적으로 새로운 현실을 탐구해 가고 있다.

중국 조선족문학 속에 내재된 의식과 내용을 보면, 초기에는 이민자들이 만들어 낸 이민문학이었으나, 점차 중국적 특성이 증가하여 지금은 이중적 성격으로 전이된 경계선상에 자리한다. 아마 망향의식, 정착의식, 향토문학 등의 성격이 병존하는 혼거의 양상을 띠고 있기 때문일 것이다.[7]

---

7 오양호. 2006. "현대 중국 조선족문학의 정체성". 김종회 편. 『한민족 문화권의 문학 2』. 국학자료원. p. 339.

현재의 중국 조선족문학은 여러 소수민족 문학의 하나로서 그 정체성을 잡아가고 있다. 그 가운데 조선족문학의 변화 양상을 보면, ① 연변 조선족 문인들의 모국에의 빈번한 내왕과 문학행사의 초빙, 그리고 한국문인들의 빈번한 중국 방문과 그곳에서의 문학행사 개최, ② 중국 조선족 문인들 작품의 허다한 국내출판과 민감한 반응, ③ 한국문학 작품의 연변 조선족 자치주 진출, ④ 현대의 조선족문학에 여전히 등장하는 모국의 문제 등이 제기된다. 그런데 조선족 시인의 작품을 분석해 보면 여전히 민족동질성을 벗어날 수 없음을 확인할 수 있다.[8]

2) 개혁 개방 이후 개관[9]

중국 사회가 1970년대 후반 극좌주의와 전면적 계급투쟁을 부정하고, 사회주의의 현대화 건설을 지향하면서 대외적으로 문호를 개방하는 등의 전환을 도모한 이후, 이러한 변화는 재중 조선족 사회에도 영향을 미쳤다. 먼저 계급투쟁 시대에 억울한 누명을 쓰고 문단에서 강제로 추방된 수많은 문인들이 명예롭게 문단에 복귀하여 창작활동을 재개하고, 서구의 자본주의적 가치와 문화를 받아들이기 시작하였다. 또한 1991년 한중수교에 따라 한국과의 교류가 빈번해지면서 한국문학을 수용하고 더불어 조선족 문학의 발전계기로 삼게 된다. 요컨대 개혁 개방으로 특징지을 수 있는 이 시기의 새로운 사회 환경은 조선족 사회 전반에 걸

8 위의 글. pp. 352-354.

9 이하 정덕준의 글을 참조하여 요약 정리. 정덕준. 2006b. "개혁개방시기 재중 조선족 소설연구: 1970년대 후반~1990년대 전반기 작품을 중심으로". 김종회 편. 『한민족 문화권의 문학 2』. 국학자료원.

쳐 다양한 가치기준과 대중문화를 확산시킨다.[10]

중국의 본격적인 시장경제체제의 도입은 중국 조선족문학에도 많은 영향을 미쳤다. 특히 시장경제의 충격 앞에 많은 작가들이 문학적 방황을 할 수밖에 없었다. 개혁 개방이 시작되면서 금전과 물질에 대한 관심이 높아지고, 정신문화에 대한 관심도는 상대적으로 낮아졌다. 문학이 갖고 있었던 사회생활적인 측면에 대한 영향력이 현저히 낮아졌고, 문학에 대한 사람들의 관심 역시 낮아졌다. 더불어 문인의 지위가 현저하게 낮아졌다. 개혁 개방 이후 문화의 정보교류가 활성화되면서, 작가와 독자는 각종 정보와 지식의 급격한 증대와 신속한 전파로 인하여 더 이상 작가들에 대한 독자들의 신성함을 갖지 않게 되었다.[11]

1978년 10월 연변문연 제3차 전체회의는 '중국작가협회 연변분회'를 복권하고, 그 산하에 시문학, 소설문학, 평론문학, 아동문학, 번역문학 등 각 분과위원회를 설치하는 한편, 길림, 통화, 하얼빈, 목단강, 북경 등지에 작가소조를 두는 등 조선족문단 조직을 체계적으로 재편한다. 또한 1979년 2월 '연변문학예술연구소'를 창립하고, 연변조선족자치주 산하에 '문학창작실'을 설치한다. 이에 따라 조선족문학에 대한 체계적인 연구기반이 조성되고, 조선족문인들의 창작공간이 확보된다.

그리고 연길, 길림, 통화, 심양, 하얼빈, 목단강 등지에서 수많은 문예지들이 창간된다. 연변지역의 『연변문예』, 『문학과예술』, 『아리랑』, 길림지역의 『도라지』, 통화지역의 『장백산』, 하얼빈지역의 『송화강』, 목단강지역의 『은하수』, 심양지역의 『갈매기』 등이 대표적 잡지이다.

---

10 위의 글. pp. 358-359.

11 손보미. 2003. "1990년대 중국 조선족문학에 나타난 변화 양상". 김종회 편. 『한민족 문화권의 문학』. 국학자료원. pp. 420-422.

이들 문예지는 『연변일보』, 『흑룡강신문』, 『길림신문』, 『요녕조선문보』와 같은 신문의 문예면과 함께 이 시기 조선족문단의 주요 활동무대가 되어 조선족문학 발전에 기여한다.[12]

개혁 개방의 시기 조선족문단은 신구세대가 통합된 화합의 장을 이룸으로써 문예부흥을 맞이한다. 장년세대는 반으파투쟁과 문화대혁명 기간 창작의 권리를 박탈당한 경험한 세대로 복권되어 역사에 성찰을 주제로 왕성한 창작활동을 하게 된다. 중년세대 역시 냉엄한 암흑기를 숨죽여 지나온 체험 때문에 현실변화에 대한 관찰이 매우 신중하고 섬세하다. 이와는 달리 청년세대는 시대의 우롱을 당했다는 배신감을 느끼고, 기성세대와 현실에 대하여 심한 부정과 저항을 표출한다. 또한 이들 신세대는 한족문단의 새로운 문학사상과 서방의 문학사조를 신속히 적극적으로 수용하여 실험을 하게 된다. 그리하여 1990년대 조선족문단의 중견작가는 이들 세대가 주류를 형성한다. 대표적인 작가로 림원춘, 류원무, 리원길, 정세봉, 고신일, 김훈, 최홍일, 우광훈, 윤림호, 리혜선 등이다.[13]

이 시기 조선족문단은 각양의 서구 문예사조들을 수용하여 이를 실험하는 창작활동이 활발해진다. 조선족의 일상적인 삶과 인정 세태를 진솔하게 그려낸 '세태소설'을 비롯하여 '상처문학', '반성문학', '개혁문학' 등이 등장하였다. 이 시기 조선족소설의 가장 두드러진 특징은 '문학은 인간학'이라는 개념이 확립되면서 사실주의가 주류를 이룬다는 점이다. '상처문학'는 문화대혁명이 빚어낸 엄청난 재난을 폭로하고 비극적 역사가 남긴 상처를 고발하는 한편, 문화대혁명을 겪으면서 수많

12 정덕준. 2006b. 앞의 글. p. 361.
13 위의 글. pp. 361-362.

은 청소년들의 영혼이 얼마나 철저하게 황폐화되었는가를 내보인다. 박천수(『원혼이 된 나』, 1979)와 정세봉(『하고 싶은 말』, 1980)이 대표적 작가이다.[14]

'반성문학'은 상처문학의 심화라고 할 수 있는 문학사조로 문화대혁명의 본질에 대해 본격적으로 문제를 제기하는 경향을 드러낸다. 리원길(『백성의 마음』, 1981)과 류원무(『비단이불』, 1982) 등이 대표적인 작가이다. 이들 작품은 중국이라는 큰 테두리 속의 조선족 사회에 주목하여 당의 지시를 기계적으로 따르던 조선족 사회의 좌파적 경향과 그 폐단을 폭로하고 심각한 반성을 촉구한다. 개혁문학은 반성문학을 뒤이어 나온 문학현상으로 개혁 개방시대의 조선족 사회의 각양의 삶, 새 시대 새로운 가치질서에서 비롯하는 고뇌와 갈등 등을 리얼하게 그리고 있다. 김훈(『그녀가 준 유혹』, 1986), 이여정(『잠든 마을』, 1987), 리원길(『리향』, 1988) 등이 대표적 작가이다. 세태문학은 새 시기에 접어들어 조선족 사회의 일상적 삶과 인정 세태를 그려내는 경향의 문학흐름으로, 홍천룡(『구촌조카』, 1981), 임원춘(『몽당치마』, 1983), 윤림호(『고향에 온 손님』, 1989) 등이 대표적 작가이다.[15]

끝으로 개혁 개방의 시기 한국문학과의 교류가 증대됨에 따라 그로부터 영향을 받았는데, 특히 1970년대 한국의 산업화 과정에서 이촌향도의 문학작품들이 조선족문학에 큰 영향을 미쳤다. 리원길의 『리향』, 고신일의 『흘러가는 마을』, 허련순의 『바람꽃』 등이 그런 작품의 예라고 할 수 있다. 특히 시장경제화로 인한 조선족사회의 문제점을 지적한다면 극단적인 이기주의와 배금주의, 향락주의, 인간의 상품화, 빈부격

14 위의 글, p. 365.

15 위의 글, pp. 365-366.

차의 심화에 따른 사회적 불만의 팽배 속에서, 일부 여성들은 자신의 정체성을 잃고 변모된 산업화 시대의 환경 주변을 부유하며 새로운 비극적 상황에 처해지기도 하였다. 그 가운데 가장 큰 문제는 바로 대규모 해외인력 송출에서 비롯한 가정파탄이다. 조선족의 소설은 이러한 사회적 배경 속에서 작품을 창작하고 있다. 김동규의 『뻐꾹새가 운다』, 권선자의 『당신한테 미안해』, 이승국의 『해탈의 욕망』, 권운의 『자아의 분노』, 이동렬의 『벽을 넘어』, 정세봉의 『인간심리』, 김철균의 『다시 찾은 넋』, 윤림호의 『미녀사』와 『세집살이 일기』, 최균선의 『신음하는 영혼』, 이금녀의 『미인초』, 김영자의 『가을비 내린다』 등이 대표작이다.[16]

16 안낙일. 2008. "중국조선족 대중소설 연구". 『겨레어문학』 제41집. pp. 530-532.

2. 재중동포문학 내용

1) 정체성의 문제[17]

조선족이란 중국 국적을 가진 조선민족에 대한 칭호, 국적과 민족 출신을 동시에 표시한 호칭이다. 중국의 조선족은 한반도에 그 뿌리를 둔 한민족의 후예들이며, 지금은 중국의 소수민족의 일원으로 민족적 정체성과 국민적 정체성이라는 이중정체성을 항상 의식하며 살아가고 있다. 이러한 조선족의 이중정체성으로 말미암아 조선족의 문학도 자연 이중적 성격을 지닌다.[18]

중국의 조선족은 민족교육과 민족문화를 강조하면서 민족공동체를 유지하고 민족정체성을 고수함으로써 타민족에 동화되지 않고 중국의 소수민족 가운데 문화수준이 가장 높은 민족으로 평가받고 있다. 한민족이 중국에 이주하기 시작한지 150여 년이 지났지만, 파란만장한 이주역사와 더불어 조선족문학도 많은 우여곡절을 겪었다. 해방 전에는 일제의 가혹한 탄압으로 인하여 창작의 자유를 가질 수 없었고, 해방 후에는 민족의 해방과 더불어 창작의 자유를 얻었으나, 극좌적 사조의 영향으로 모진 어려움을 겪다가 개혁 개방을 맞이하여 비로소 봄을 맞이

---

17 이하 오상순의 글 참조하여 요약 정리. 오상순. 2006. "이중 정체성의 갈등과 문학적 형상화: 조선족 문학의 어제와 오늘과 내일". 『현대문학의 연구』 제29집.

18 위의 글. p. 40.

하고 있다. 현재 '연변작가협회'에는 500여 명의 회원이 소속되어 있는데, 연변지역을 중심으로 할빈, 목단강, 장춘, 길림, 통화, 심양, 북경, 청도 등 지역에 분포되어 다양한 문학활동을 전개하고 있다.[19]

민족교육과 민족문화의 유지를 통하여 민족정체성을 확인하고자 했던 중국조선족은 민족정체성의 확인을 위하여 '뿌리 찾기' 문학을 등장시켰다. 조선족문학에서 뿌리 찾기는 중국의 뿌리 찾기 문학사조와 일정한 연관성이 있지만, 그보다 월경민족으로서의 문화적 특성에 그 연원을 둔다. 조선족의 뿌리는 고국에 있지만 냉전시대 이념의 대립으로 고국과의 단절 속에서 망향의 한과 그리움을 안고 살았다. 더구나 중국의 좌경노선으로 인하여 민족정체성 운운은 금굴이었다. 김학철, 김창걸, 김용식, 이홍규, 김순기 등의 중견문인을 포함하여 당시 조선족 작가들이 적지 않게 '지방민족주의', '우파분자', '남조선특무'라는 비난을 받았다. 그리하여 비로소 개혁 개방 시기에 들어서면서 창작의 자유가 이루어지자 민족 정체성의 확인, 즉 뿌리 찾기 작업에 나선 것이다.[20]

특별히 이민사의 재현은 바로 중국 조선족문학의 원초적인 뿌리 찾기 작업의 일환으로서 중국 조선족이 자신을 정확히 인식하는 과정에서의 첫 걸음이었다. 이근전의 『고난의 년대』(1984), 최홍일의 『눈물 젖은 두만강』(1994)은 조선족 이민사라는 역사재현을 통하여 뿌리 찾기 작업을 실천한 대표작이다. 그리고 이혜선의 『어랑할미백세 일화』는 우리 민족의 문화전통을 이어가고 있는 조선족의 원색적인 생활에서 민족문화의 뿌리를 찾고 있다. 권운의 『황소』 또한 황소에 깃든 이야기를 통하여 우리 민족의 전통문화의 뿌리를 파헤치고 있다. 황소는 조선족

19 위의 글. pp. 38-39.

20 위의 글. p. 46.

농민의 상징이요, 조선족 전통문화의 상징이기 때문이다.[21]

그런데 개혁 개방을 맞이하여 조선족문학의 정체성 의식은 다시 복잡하게 나타난다. 한국과의 교류가 현실화되자 조선족들은 민족의 정체성 확인에 열중하였다. 그러나 모국에서 조선족은 동질성보다 이질성을 많이 느꼈고, 모국에서의 소외감과 갈등은 중국 국민적 정체성을 자각케 하였다. 그러면서도 거주국이나 모국 어디에 가나 주변으로 밀려나야만 하는 소외된 삶 속에서 조선족들은 이중적 정체성의 심한 갈등을 체험하였다. 허련순의 장편소설 『바람꽃』은 자기의 뿌리를 찾아 헤매지만 고향 땅에도 뿌리 내릴 곳 없는 바람꽃이라고 신세를 한탄한다. 이삼월의 시 『접목』(1993)은 조선족의 정체성 갈등을 가장 생동하게 보여준 작품이다. 또 조성희의 소설 『동년』(1999)은 몽환적 사실주의 수법으로 조선족의 이중적 정체성의 갈등을 보여준다.[22]

조선족문학은 바로 이러한 현실을 무대로 이중적 언어생활, 이중적 정체성의 갈등을 형상화하면서 창작되었다. 이중 정체성의 갈등과 그 예술적 극복은 중국 조선족문학의 어제와 오늘 그리고 내일의 핵심적인 주제라고 할 수 있다.

---

21 위의 글. pp. 47-50.

22 위의 글. pp. 43-44.

2) 작가별 연구[23]

(1) 김창걸

김창걸(1911~1991)의 문학활동은 만주에서 시작하여 만주에서 끝나는 토종의 재만 작가이다. 1936년부터 1943년까지의 그의 작품 모두는 만주를 배경으로 하고 있으며, 만주의 이주민들이 당대에 겪어야 했던 시대사적 굴곡을 고스란히 끌어안고 있다. 그의 작품은 그 시대의 정치 사회적 변화와 문학의 관계 양상을 확인할 수 있는 충실한 자료로서의 기능을 갖는다. 그는 만주 유이민들의 고통스러운 삶을 소설로 드러냄으로써 일제 강점기의 시대상을 문학화했다. 그는 특히 만주 토착세력의 부당한 착취에 대한 비판의식과, 항일저항의식, 민족공동체의 미래와 후대의 삶에 대한 각성된 의식은 그의 작품의 중심 주제가 되었다.[24]

(2) 리욱

리욱(1907~1984)은 망명문인이 아니라 간도에서 태어나 생애를 마칠 때까지 조선족 이민의 역사와 함께 문필활동을 한 작가이다. 그의 시는 주로 향토와 민족에 대한 의식을 담은 낭만주의적 서정시를 썼고, 해방 후에는 국가적 목표와 관련된 서사적 성향을 확대해 나가는 시 세계를 보였다. 향토적 서정성과 민족적 역사의식은 그의 시를 지탱하는 두 축

23 김종회. 2007. 『디아스포라를 넘어서』. 민음사. p. 95; 김종회. 2006. "중국 조선족문학의 형성과 작품세계". 김종회 편. 『한민족 문화권의 문학 2』. 국학자료원. pp. 327-333 재수록.

24 김종회. 2007. 앞의 책. p. 199.

이다. 그의 생애 후반에 쓴 서사시들은 사정 서사시라고 불리는데, 당시 연변에서의 우리 민족시 형성에 뚜렷한 이정표를 세웠다는 평가를 받는다. 그는 소설의 김창걸과 함께 대표적인 재중국 재만 조선족 문인이라고 할 수 있다.[25]

(3) 김학철

중국 조선족문학을 대표하는 또 한 작가로 김학철(1916~2001)을 들 수 있다. 조선의용군의 항일 혁명 무장투쟁이라는 새로운 소재를 가지고 문단에 등장한 그는 그 자신이 항일투사의 경험을 가졌기 때문에 자전적이고 기록문학적 성격을 갖는 소설을 썼다. 그는 원산에서 태어나 서울에서 보성고보를 졸업하고, 중국으로 건너가 김원봉이 지도하는 조선민족혁명당에 가입해 조선의용대의 전사로서 항일전선에서 투쟁하였다. 투쟁기간 단편 극작품을 창작하였으며, 혁명가요의 가사를 짓고 항일투쟁의 의지와 사기를 앙양하였다. 1940년 중국공산당에 입당한 김학철은 1941년 태항산 전투에서 다리에 총상을 입고 일본군에게 포로로 잡혀, 나가사키 형무소에 수감되었다가 해방이 되자 귀국하였다.[26]

해방 공간 서울에서 조선독립연맹의 위원으로 활동하면서 문학활동도 재개하였다. 1946년 월북하여 기자로서 문학활동을 하다가, 중국 베이징을 거쳐 연변으로 이주해 문학활동을 하였다. 1957년 반우파투쟁 기간 반동작가라는 누명을 쓰고 문단에서 쫓겨났으며, 문혁기간 옥고를 치르기도 하였으나, 1980년 무죄 석방되었다. 이렇게 파란만장하

25 위의 책. p. 201.
26 위의 책. p. 202.

고 험난한 굴곡의 생애를 민족해방과 중국혁명을 위하여 싸워 온 혁명투사이자, 지속적으로 창작활동을 해 온 작가로서 일관하였다. 사회주의적 사실주의라는 명료한 방향성을 갖고 창작된 김학철의 자전적 소설 『격정시대』는 지역적 제한을 탈피하여 한반도와 중국 대륙의 곳곳을 공간적 배경으로 하면서 항일투쟁을 역사적으로 복권하였으며, 문학적으로 체험의 힘으로만이 창출될 수 있는 창작의 성취를 보여 주었다.[27]

2007년 중국조선족 문단은 김학철을 기념하는 문학상을 제정하였다. 조선족 1세대 작가로서 당의 정책에 따른 창작을 하고, 민족의 정체성을 강조하는 항일무장투쟁사를 그리기도 하였던 김학철을 기념하는 문학상의 제정은 주변으로서의 조선족문학이 중심을 지향하는 사고의 결과이다. 조선족문학권 내에서 조선족문학의 발전을 위한 문학상은 김학철문학상을 비롯하여 진달래문학상, 장백산문학상, 도라지문학상, 아리랑문학상 등이 함께 시행되고 있다. 2007년 제1회 김학철문학상 대상에 허련순의 『누가 나비의 집을 보았을까』, 우수상에 박옥남의 『목욕탕에 온 여자들』이 수상작으로 발표되었다. 그리고 2008년 제2회 수상작으로 박선석의 『재해』와 조성희의 『빛의 피안』이 발표되었다.[28]

3) 디아스포라 문학으로서 중국 조선족문학

중국의 개혁 개방 시행이 국가적 지원의 대외관계 재정립은 물론

27 위의 책. p. 203.

28 박진숙. 2009. "중국 조선족문학의 디아스포라적 상상력을 통해 본 디아스포라적 의미". 『민족문학사연구』 제39호.

중국 내 소수민족 가운데 하나인 조선족의 경제 문화 교류 대상국 변화에까지 영향을 미쳤다. 중국의 문학평론가들은 위와 같이 중국 조선족의 위치를 디아스포라로서 성격 짓고 있다. 중국 국민으로서의 성격과 소수민족으로서의 조선족이라는 주변적 성격의 공존적 존재방식을 디아스포라로 보고 있는 것이다. 국민(중국)–민족(조선)에서 드러나듯이 국민과 민족 양자 사이에 놓여 있는 것은 하이픈(–)은 결합의 상징이자 탈구의 지표이다. 이른바 디아스포라적 사유의 가능성을 모색할 수 있다면, 그것은 바로 이 하이픈에서 시작되고 또 하이픈에 머무름으로써 가능해질 것이다. 그리고 이때 '사이에 머물기'는 특정한 기표에 안착하려는, 궁극적인 기의를 채택하고자 하는 욕망을 스스로 가로지르는 시도라고 할 수 있다.[29]

최근에 이를수록 중국조선족은 그곳에서의 삶의 불안정성을 자신들의 조건으로 받아들여 이산민으로서의 삶을 당연시하는 경향을 보이고 있다. 바로 김학철문학상 2007년 수상작들은 이러한 이산적 정체성으로서의 민족적 정체성을 보여주고 있는 것이다. '이산'은 아직 민족이라는 타자적 개념을 떠나서 상상될 수 없다. 동시에 끊임없이 민족간 경계를 넘어서는 장소에서의 삶 및 그 장소들 간의 연대로서의 네트워크적 아이덴티티를 상상한다. 디아스포라적인 공간이라고 말할 때, 그것은 일단 기원의 땅과 공간적으로 분리되면서 상상적으로는 어떤 식으로든 유대를 계속 가지고 있는 상태를 가리킨다는 조선족문학의 디아스포라에 적극적인 의미를 부여하는 것은 이곳(타향)에 거주함으로써 그곳(조국)으로의 연계나 연대가 상정되는 것이지, 단지 하나의 단절된 기원이

---

29 임유경. 2008. "디아스포라의 정치학: 최근 중국조선족 문학비평을 중심으로". 『현대문학의 연구』 제36호. p. 210.

조국에 있다는 것은 아니라는 측면에서이다.[30]

제1회 김학철문학상 수상작 허련순의 장편소설 『누가 나비의 집을 보았을까』에 대한 다음과 같은 심사평을 보면 중국 조선족의 위치와 성격을 확인할 수 있다. 『누가 나비의 집을 보았을까』는 전형적인 디아스포라의 문학이다. 이 작품은 바로 디아스포라의 비극적인 운명을 그린 작품이다. 중국 조선족의 오늘날 상황을 시대의 서기관답게 리얼하게, 전형적으로 재현함과 동시에 이를 통해 디아스포라로서의 중국 조선족의 민족적 아이덴티티에 대한 작가의 깊은 사색을 보여주었다.[31]

이렇듯 조선족의 존재방식으로서의 디아스포라, 우리 문학의 영원한 주제로서의 이중적인 아이덴티티의 갈등에 주목하면서, 디아스포라 개념의 전략적 활용을 통해 중국 조선족문학의 경향을 보여주고 있다.[32] 김호웅에 의하면 "연변"의 연작을 통해 시인 석화는 다문화적 혼종성을 보여준다고 평가한다. 여기서 혼종성이란 상이한 것들이 갈등이 없이 공존하는 상태 혹은 문화형태 간 대화와 친화적인 관계를 뜻하는데, 이는 궁극적으로 조선족과 한족이 연변 당내에서 공존 공생해야 하는 숙명 내지 필연성과 연계된다.[33]

그는 한편으로 '사이'에 대한 인식을 통해 국민과 민족으르부터의 탈피와 국민/민족이라는 기표로서의 (재)회귀라는 모순된 욕망에 관한 것과, 다른 한편 '디아스포라 되기'를 통해 조선족문학사를 재인식, 재정립하고자 하면서 보편/특수의 변증법을 통해 세계인으로서 거듭나고자

30 박진숙. 앞의 글. p. 283.
31 위의 글. p. 284.
32 임유경. 앞의 글. p. 196.
33 위의 글. p. 196.

하는 욕망을 보여준다.

요컨대 '이종교배', '잡종교배'의 개념을 사용함으로써 물리적 환경에 기인하는 이 멘탈리티가 편협한 민족주의로부터 벗어난 문명사적이고 범인류적인 시각을 갖게 만들었다고 판단한다. 조선족문학의 가장 큰 특성은 디아스포라의 성격이 반영되어 있다는 점이다. 다시 말해 조선족의 민족성을 중심에 대해 주변적인 것으로 보고, 소수성 담론에 복속시킴으로써 주변인으로 혹은 특수한 주변적 존재로 규정한다.[34]

김관웅도 소수자로 살아 온 경력이 박해나 희생의 경력으로 치환되는 과정에서, 새로운 귀속에의 의지가 표출된 것으로 이해한다. 그것은 조선족이 처한 상황, 즉 디아스포라는 이중의 과업이 부여된 상황을 극복하는 미적 가상이자 주체를 새롭게 재확립하는 것으로 보는 것이다. 요컨대 조선족이 처한 상황이란 한편으로 중국의 인민으로 귀속이 강화되는 가운데 국민으로서의 충성도를 드러내 보여야 하는 일과, 다른 한편으로 새로운 세대가 갖고 있는 민족 정체성이 상당히 느슨해진 가운데 민족성을 고취해야 하는 일을 동시에 수행해야 하는 상황을 강조하고 있다.[35]

중국 조선족문학의 디아스포라적 특성을 구체적으로 보면, 실향의 한과 유랑의식 및 이주민 콤플렉스를 형상화하는 데서 확인할 수 있다. 먼저, 향수–망향의식은 중국 조선족의 역사에서 세대를 거듭하면서 문화심층에 자리 잡고 있는 의식이다. 우리 민족의 이주사를 반영하고 있

34 김호웅. 2007. "디아스포라의 삶과 문학의 형식미에 대한 탐구". 『2006년 중국조선족우수작품집을 중심으로』. pp. 116-118; 임유경. 2008. 앞의 글. pp. 196-203.

35 김관웅. 2008. "지난 세기 90년대 이후 중국조선족문학에서의 디아스포라문학 주제: 허련순의 장편소설 『누가 나비의 집을 보았는가』를 사례로 하여". 한국문학연구학회 제2회 국제학술대회 자료집; 임유경. 2008. 앞의 글. pp. 204-206.

는 작품들은 바로 실향의 한과 처절한 망향의식이 자리하고 있다. 다음으로 그 뿌리는 망향이라고 할 수 있는 유랑의식이다. 조선족의 문학에서 망향의식 못지않게 주요한 의식성향으로 유랑의식과 유동의식을 지적할 수 있다. 망국의 한을 안은 그날부터 우리 민족의 유랑생활은 숙명적이었다. 이주민 1세들의 망향의식은 중국이란 문화공간에서 언제든지 떠난다는 유동의식을 초래하였고, 그러한 유동의식은 조선족들의 심리에 무의식으로 잠재해 있다가 시장경제가 도입되자 다른 민족보다 심리적 우세를 표출하였다. 구체적으로 한국에로의 친척방문, 약장사, 노무수출, 불법체류, 위장결혼, 밀항에 이르기까지 수많은 비극을 만들어냈다. 대표적인 작품으로 조룡기의 『피안』(1999), 최국철의 『당신과 당신의 후예들』(1999), 이원길의 『설야』, 신국철의 『개천바닥』(1994), 김남현의 『마가툰 사람들』(1993), 조광명의 『새벽새는 울고 있다』(1990) 등을 들 수 있다.[36]

셋째, 민족적 자긍감과 이주민 콤플렉스이다. 조선족 작가들은 조선족의 수난의 이민사와 불멸의 투쟁사를 서사적 화폭으로 재현하면서 조선족의 위업을 자랑하는 한편, 이를 통해 조선족도 중국 국민으로서의 당당한 자격을 가지고 있음을 호소하고 있다. 이는 조선족이 중국 역사에 남긴 불멸의 공훈에 대한 긍지감의 표현인 동시에 개혁 개방 이전 중국이 좌경노선을 집행하면서 조선족들에게 가한 박해와 수난에 대한 반발이기도 하다.[37]

---

36 오상순. 앞의 글. pp. 55-59.

37 위의 글. p. 61.

NOMADISM

제7장

CIS지역 동포문학

KOREAN DIASPORA LITERATURE

1. CIS지역 동포문학 개관

1) CIS지역 동포문학 전개과정과 연구 소사

한민족이 구소련지역으로 이주해 간 역사는 구한말인 1860년대 시작하여 150여 년에 이른다. 이들은 거주국의 정책에 적극적으로 따르면서도 지금까지 우리 민족의 전통 또한 잊지 않는 이중적 특성을 견지하며 살고 있다. 제정 러시아와 소련, 그리고 독립국가연합이라는 역사의 격변기를 거치면서 이민족과의 동화는 생존을 위한 불가피한 선택이었을 텐데, 지금까지 한글신문이 간행되고 있는 것은 우리 민족의 정체성을 잃지 않으려는 노력의 소산으로 볼 수 있다.[1]

특별히 1937년 강제이주와 함께 연해주에서 중앙아시아로 이어지는 고려인의 삶의 궤적은 해외한인 이주사의 질곡을 그대로 보여준다. 고려인은 이주과정에서 온갖 박해와 멸시를 받고, 연해주로부터 중앙아시아로의 강제 이주의 수모를 당하면서 민족의식을 강하게 표출시켰다. 또한 이들 문학작품도 민족주의적 성향을 강하게 드러내고 있다.

지금까지 재외동포문학 연구는 미국이나 일본 또는 중국 등의 지역에 편중되어 있었고, 러시아, 카자흐스탄, 우즈베키스탄 등을 비롯한 CIS지역에 관한 것은 거의 없었다. 비록 그 지역에 거주하는 동포 수가

---

1 이준규. 2001. "소련의 해체와 중앙아시아 고려인". 『민족연구』 제7호; 김종회. 2007. 『디아스포라를 넘어서』. 민음사. p. 206.

50만 명에 이르고 있음에도 불구하고 상대적으로 소홀하였다. 러시아, 카자흐스탄, 우즈베키스탄 등지의 우리 민족은 한글문학작품을 창작하여 민족성을 고취하였을 뿐만 아니라 디아스포라의 애환을 구체적으로 형상화하고 있다.[2]

그러한 고려인 문학을 한인문학의 일부로 볼 수 있을 것인지에 대하여 논란이 되고 있다. 그렇지만 해외 한인들이 살고 있는 공간은 그 나름 자족성을 지니고 있는 또 다른 세계로서, 여기와 또 다른 저기이지, 여기와 저기와 같은 대립적 장소와 공간이 아니다. 국내와 해외사이의 경계가 무화되면서 경계가 만들어지는 그 사이에서 해외 한인문학을 바라볼 때 한인문학의 정체성이 생겨나는 것이다.[3]

간략히 고려인 문학을 개관하면 다음과 같다.[4] 이 지역에 거주해 온 고려인들의 문학은 한글신문 『선봉』이 창간되어 문예란을 통하여 작품이 발표되기 시작한 1923년 무렵부터 시작하여 80여 년의 역사를 이어오고 있다. 냉전시기 이들 작품은 국내에 소개되기 어려웠고, 1983년에 이르러서야 정치학자 김연수에 의하여 한정적으로 소개되었다. 고려인 문학의 본격적인 소개는 소련이 해체된 이후의 일이다. 그나마 자료수집이나 소개가 여타 지역의 재외동포문학과 비교하여 상대적으로 부족한 편이다.

지금까지 소개된 작품 상황을 보면, 작품의 분량은 상당한데 주로 합동작품집의 형태로 되어 있다. 문인들에 대한 프로필조차 없고, 작품

---

2 장사선 · 우정권. 2005. 『고려인 디아스포라 문학연구』. 월인. p. 3.

3 위의 책. p. 11.

4 이하 이명재의 글 참조하여 요약 정리. 이명재. 2006. “고려인 문단의 현황과 자료의 체계화: 중요성과 접근방향을 중심으로”. 김종회 편. 『한민족 문화권의 문학2』. 국학자료원.

의 창작 시기가 기록되어 있지 않으며, 한 사람이 여러 이름을 갖고 있는 경우 다른 사람인 것처럼 따로 수록되어 있는 점 등 많은 문제가 있다. 그리고 아직 이 지역 고려인 문학에 대한 관심과 연구가 미미하여 기왕에 소개된 작품조차 품절되거나 출판사의 폐업 등으로 아예 자료가 남아 있지 않거나 수집할 수 없는 경우도 부지기수다.[5]

1923년 『선봉』 신문 창간호부터 기점을 찾을 수 있는 고려인 문학은 이국땅에서 겪었던 고난극복의 이주사를 고스란히 담고 있다. 고려인의 이주사는 러시아 원동으로부터 중앙아시아로 강제 이주해야 했던 박해의 역사로 점철된 자취였기에, 그러한 흔적을 형상화하고 있는 고려인 작품의 문학적 그리고 문학외적 가치는 그 중요성을 아무리 강조해도 지나치지 않다.[6]

강제이주 후 연해주에서 발간되던 『선봉』은 카자흐스탄 크즐오르다에서 『레닌기치』로 복간된다. 『선봉』이 민족주의적 색채가 강했다면, 『레닌기치』는 고려인의 민족정체성을 드러내는 것을 자제하였다. 이 과정에서 강제이주의 기억은 고려인들의 깊은 내면으로 침잠되고 무의식의 수면 아래로 숨겨 두어야 할 금기가 된다.[7]

강제이주 후 중앙아시아에 정착하게 되는 고려인들은 현지인들로부터 비교적 따뜻한 대접을 받는다. 고려인 작가들은 현지인들이 고려인과 함께 살아가야 할 공동운명체임을 소설을 통해 전달한다. 이 계열의 작품으로 김기철의 『첫사귐』, 주동일의 『백양나무』, 김 보리스의 『집으로 가는 길』 등이 있다. 그러나 고려인들이 중앙아시아인들을 대

---

5 김종회. 2007. 앞의 책. pp. 207-208.

6 장사선 · 우정권. 앞의 책. p. 4.

7 최강민. 2009. 『탈식민과 디아스포라 문학』. 제이앤씨. p. 232.

등한 친구관계로 표현한 반면에, 러시아인들은 소설에서 고려인보다 우월적인 위치로 등장한다. 이러한 작품으로 한상옥의 『옥싸나』, 리정희의 『아름다운 심정』, 김광현의 『새벽』 등이 있다. 이러한 의식의 식민화는 대러시아주의가 생산하는 차별과 배제의 메커니즘에 의해 고려인들을 암묵적으로 길들였을 것이다. 또 그것은 생존을 위한 전술적 차원의 체질화되었을 것이다.[8]

장사선과 우정권의 공저 『고려인 디아스포라 문학연구』는 고려인들의 애환과 자긍심 및 민족의 정체성과 문학적 우수성을 탐구하기 위하여 고려인들의 시, 소설, 평론 등이 게재된 『레닌기치』와 『고려일보』에 대한 연구, 그리고 이 모든 관계를 살피는 데 중요한 한국문학과 러시아 문학의 상호 관련성 연구 등으로 구성되어 있다. 고려인 문학은 다른 해외 지역 한인문학과는 달리 작품활동이 신문을 통하여 이루어졌으며, 신문은 대중매체이어서 당시 구성원의 생활과 의식세계를 알 수 있는 중요한 척도가 된다. 시나 소설, 평론, 희곡 등과 같은 문학작품이 신문에 실리면서 당시 사회의 구성원들과 혼연일체가 되는 효과를 냈기 때문이다. 특히 이 책의 권말에는 고려인 문학 기초자료 분석의 타이틀로 CIS의 한국문학 관계 논저 목록과 주요 작가의 기초사항, 고려인 주요 단행본 작품 개요, 고려일보 문예페이지 게재 주요 작품 경향 등을 싣고 있다.

뼈아픈 수난의 역정을 걸어 온 이산의 유랑에서 나오는 디아스포라적 속성을 그들 문학을 통해서 엿볼 수 있는 고려인 문학의 전개과정을 이명재의 글을 인용하여 정리하면 다음과 같다.[9]

---

8 위의 책. pp. 201-205.

9 이명재. 2006. 앞의 글. pp. 528-531.

(1) 고려인 소비에트 문학 건설기(1925~1937)

『선봉』의 문예페이지 등을 통한 독자 중심의 고려인 초창기 문단으로 조명희가 연해주에 망명하여 한글문학을 교육하던 시기이다.[10] 이때 그곳에서 태어나 자란 김두칠, 김세일, 김준, 김광현, 림하, 박일, 연성용, 우제국, 태장춘, 한 아뽈론 등이 그의 영향을 받아 글을 발표하고 고려인 문단의 중심으로 성장한다.

(2) 중앙아시아 강제이주 및 수난기(1937~1953)

중앙아시아로 강제이주 후 척박한 문화여건과 스탈린의 공포정치에 의한 탄압시기이다. 『레닌기치』에 소박한 한글작품을 발표하던 시기로서, 강태수의 "밭 갈던 아씨에게"가 발표되었다. 원동을 그리워한 내용을 담고 있는 이 시를 쓴 작가는 반동의 혐의로 체포되어 20년 동안 연금생활을 하였다.

(3) 재소 고려인 문학 부흥기(1953~1991)

스탈린 사후 개선된 재소 고려인의 지위향상과 더불어 문단이 활성화되는 시기이다. 그리고 이 시기 북한 출신의 모스크바 유학생이 고려인 문단에 합류하기도 하였다(리진, 한진, 허진). 고려인 문인의 창작집

10 1928년 소련으로 망명한 조명희에 의하여 태동하기 시작한 고려인 문학은 소련체제를 위하여 복무하지만, 조명희는 1937년 강제이주 직전 일본의 첩자라는 죄명으로 체포되어 총살되었다. 또 강제이주 이후 1938년 "밭 갈던 아씨에게"라는 시를 쓴 강태수는 연해주를 그리워한다고 반동으로 체포되어, 다른 고려인 작가들에 영향을 미치고 자기검열의 족쇄로 작용한다. 최강민. 앞의 책. pp. 229-231.

『시월의 해빛』, 『오늘의 벗』 등 문인들의 공동창작집이 출판되었다.

(4) 알마타 한글문단의 위기와 재정립기(1991~현재)

소련이 해체되고 고려인 작가들의 모국과의 교류가 시작된 시기이다. 『레닌기치』가 『고려일보』로 바뀐 뒤 한글 해독능력을 지닌 세대들의 노화와 별세 등으로 인하여 한글문단이 쇠퇴한 반면, 연성용, 정상진, 양원식, 허진, 최석 등의 작품집이 서울에서 출판되어 모국과의 문학교류가 활성화되었다.

이명재는 이를 다시 유형별로 분류하고 있다.[11]

① 연해주 계열 문인(고려인 문단 1세대)

원동 연해주에서 태어나 자라거나, 한반도에서 출생한 뒤 연해주 신한촌에서 지내다가 중앙아시아 지역으로 이주하여 문단 활동을 한 문인들이다. 강태수, 태장춘, 김광현, 김준, 연성용, 조기천, 김기철, 기석복, 전동혁, 정상진 등이다.

② 사할린 계열 문인(고려인 문단 2세대)

일제 강점기 징용으로 사할린 섬에 갔던 동포의 자녀들로서 고려인이 많이 살고 있던 중앙아시아 지역으로 합류해 온 이정희, 정장길, 최영근, 남경자 등 문인들이다. 이들은 원동에서 이주해 온 1세대 못지않게 부모나 조부모 등으로부터 익힌 모국어와 한글 구사력을 통해서

---

11 이명재. 2006. 앞의 글. pp. 532-535.

알마타 한글문단 발전에 기여하였다.

③ **탈북자 계열 문인**(고려인 문단 2세대)

소련에 유학하거나 벌목장 등에서 일하던 북한출신 문인들이 고려인 문단에 합류한 경우이다. 리진, 한진, 허진, 양원식, 맹동욱, 박현, 남철 등 모국어 구사가 훨씬 자유로운 이들은 본디의 고향이 한반도였다는 점에서 소련 태생의 고려인 문인들과 상이한 속성을 가졌다.

④ **정착한 서울 계열 문인**(추가로 편입된 신세대)

소련과 한국 사이에 관계 정상화 이후, 구소련 지역에 나갔던 남한 출신으로서 고려인 문단에 합류한 경우이다. 서울에서 성장하여 문단 활동을 시작한 그들은 모국어 활용이 유창하고 모국과의 유대도 원활하다는 점에서 기존의 고려인 문인들과 차별성을 갖는다. 최석, 김홍준, 문희권, 현재호, 김병학 등 서울출신 문인들은 침체된 고려인 문단을 계승하여 고려인 문학의 활성화에 기여할 것으로 기대된다.

⑤ **기타 현지어 계열 문인**(고려인 문단 3세대)

중앙아시아 지역에서 태어나 한국어 구사에 서툰 대신에 러시아어를 통해서 작품활동을 하는 경우이다. 김 로만, 리 드미뜨리, 강 게느리에타, 아나톨리 김, 박 미하일 등 소설가가 있으며, 박 보리스, 리 영광(리 웨체슬라브 보리스비치), 리 스타니슬파브 등 시인이 있다. 고려인 혈통을 계승하고 있지만, 중앙아시아 문화적 배경을 지닌 이들은 한글작품과는 판이한 문학세계를 지니고 있다.

2) CIS지역 동포문학 특징

(1) 소수민족의 문학적 특징: 체제순응적, 디아스포라적 성격

앞서 고려인 문학은 1923년부터 간행된 고려인 신문 『선봉』, 고려인 문학의 창시자라고 할 수 있는 소설가 조명희의 지원, 『선봉』에서 제호를 변경하고 1938년부터 발간한 『레닌기치』신문 등에 의해 발전과 명맥을 유지하였음을 확인하였다. 특히 『레닌기치』는 1958년에 문예면을 신설하여 고려인 문학을 유지 발전시키는 데에 중요한 몫을 담당한다. 이 신문은 친체제적 성격의 신문으로서 프롤레타리아 국제주의를 표방한 소련의 이데올로기를 대변하는 입장이었기에 민족정체성이 부각된 고려인들의 작품을 찾기는 쉽지 않다. 고려인 문학은 강제이주 전에 주로 항일독립투쟁과 민족정체성의 발현을 중심으로 이루어졌다면, 그 이후는 사회주의 건설과 개인 간의 일상사에 창작의 역량을 집중시킨다. 이것은 사회주의 리얼리즘 원칙과 소수민족의 열악한 처지가 맞물려서 나타난 현상이다.[12]

특히 강제이주와 관련된 것들은 고려인 작가에게 오랫동안 표현할 수 없는 대표적 금기였다. 강제이주라는 기호는 스탈린으로 대변되는 혹독한 정치적 탄압을 상기시켜 공산체제에 대한 일종의 저항이나 불만의 표출로 해석될 수 있었기 때문이다. 또한 내부적으로도 강제이주의 기억은 큰 저항 없이 순응해야만 하였던 고려인들의 치욕스러운 역사를 들추어 보는 것이기도 하였다.[13]

그렇지만 강제이주의 사건은 소련체제에서 살아가는 모든 고려인

12 최강민. 앞의 책. p. 191.
13 위의 책. p. 192.

들을 짓누르는 원초적 기원으로 자리하면서 현재를 살아가는 삶의 방식을 규정한다. 강제이주로 인하여 고려인들에게는 두 개의 고향이 존재하게 된다. 하나가 강제이주 당하기 직전에 생활하였던 연해주라면, 다른 하나는 굶주림과 일제의 탄압에 의해 쫓기듯 이주해 왔지만 자신의 조상이 살던 조선이다. 따라서 고려인 작가들의 무의식에는 연해주와 조선에 언젠가는 반드시 돌아가리라는 디아스포라 욕망이 숨 쉬게 된다. 디아스포라의 욕망은 공산체제가 강력하게 작동할 시기에는 잠복해 있다가 소련이 균열하면서 다시 수면 위로 부상한다.[14]

(2) 장르적 특징: 시문학의 발달

이러한 고려인 문학의 전개과정 속에서 고려인 문학의 의의와 작품의 성격을 보면, 고려인 문학의 장르 가운데 가장 많은 부분을 차지하는 것은 서정시를 비롯하여 노랫말(가사), 동요, 장편 서사시, 연시 등 시이다. 특히 노랫말로 쓴 시가 많다는 점이 특징이며, 소설의 경우에는 단편이 압도적으로 많다. 서정시를 비롯하여 노래말(가사), 동요, 장편 서사시, 연시 등을 볼 수 있다. 소설의 경우에는 단편이 압도적으로 많다. 특히 구소련 지역 고려인 문학에서 장편 소설이 적은 것은 그 문학의 규모나 한계를 생각하게 되어 아쉬운 부분이다.[15] 그렇지만 이 지역 한인문학이 1930년대 연해주에서 꽃피기 시작하다가 1937년 강제 이주로 말미암아 모두 상실되고 모국어 교육마저 금지당한 사실을 생각하면

14 위의 책. p. 193.

15 고려인 이주 150년의 파란만장한 이주사에 비추어 장편 소설이 드문 이유는 바로 고난과 통제 때문이라는 것이다. 김종회. 2007. 앞의 책. p. 242.

시나 단편만으로라도 그 명맥을 이어오고 있는 것도 다행이다.[16]

희곡의 경우 꽤 두드러진 점을 발견하게 된다. 이 지역 문학에서 희곡이 발달한 것은 1932년 블라디보스토크의 고려인 사회에서 우리 연예활동의 모체인 '조선극단'을 조직 운영한 것을 보아도 그 뿌리가 깊음을 알 수 있다. 다만 한 가지 참고할 사실은 구소련 지역 한인 작가들의 경우 시인, 소설가, 희곡작가, 평론가 등의 구분이 없어 보인다는 점이다. 사회주의체제의 특성으로 말미암아 전문 창작 영역이 따로 없다는 특성이 있다.[17]

(3) 고려인 문학작품의 언어

① 한글 작품

카자흐스탄과 우즈베키스탄 국적을 가진 고려인 문인들 가운데, 특히 연해주와 사할린계, 탈북자 계열의 경우 한글을 구사할 줄 알기 때문에 한국문학으로 포용한다고 해도 문제되지 않는다. 그렇지만 한글 사용이 서툴어서 현지어를 사용하는 문인들의 경우 과연 한국문학의 범주에 넣을 수 있을 것인지 논쟁이 되지만 당연히 범주 안에 넣을 필요가 있다.

그간 연해주 체험의 고려인 1세 문인들 100여 명이 활동하였지만, 이제 그들의 작품은 레닌기치나 단행본 공동 작품집들의 활자로만 남아 있다. 현재는 사할린에서 옮겨온 고려인 2세와 탈북자 계열의 현역문인 10여 명이 고려인 한글문학의 명맥을 유지하고 있다. 이들은 꾸준히 모

---

16 위의 책, p. 208.
17 위의 책, p. 209.

국어를 사용한 한글문학을 통하여 민족 정체성을 유지하여 왔다는 데 의미를 둘 수 있다.[18]

② 러시아 작품

한국어에 서툴기 때문에 러시아어로 작품활동을 하는 이들 고려인 문학가들은 전 소련권에 폭넓은 독자층 가지고 있다. 아나톨리 김, 로만 김, 율리 김 등이 널리 알려진 고려인 작가들이다. 이들 러시아어 작품도 역시 한국문학사에 포함시켜야 하는 이유는 고려인으로서 주체적인 작품활동을 하고 있기 때문이다. 영어 작품활동을 하는 재미작가나 일본어로 작품활동을 하는 재일작가들과 다를 바 없기 때문이다.[19]

18 이명재. 2006. 앞의 글. pp. 544-545.

19 위의 글. pp. 546-547.

2. CIS지역 동포문학 내용

1) 정체성의 문제

(1) 체제순응적 문학

고려인들은 1937년 중앙아시아로 강제 이주 당하면서 자칫 잘못하면 자신들이 절멸할 수 있다는 집단적 공포를 경험하였다. 강제이주 과정 속에 고려인들은 소련체제를 성립시키는 데 일조를 담당했다는 자존심이 여지없이 뭉개졌고, 그에 비례하여 스탈린 체제에 대한 배신감도 커졌다. 그렇지만 분노의 감정은 생존의 본능 앞에 억압되고 당대 지배체제에 충성하지 않으면 안 된다는 절박감으로 대체된다. 이러한 고려인들의 집단적 외상 체험은 소비에트에 완벽하게 동질화됨으로써 위험을 회피하려는 소수민족의 생존전략을 채택하게 만든다.[20]

그리고 강제이주라는 집단적 외상은 집단농장인 콜호즈에 같이 소속된 고려인 사이의 교류마저도 꺼리게 만든다. 고려인들끼리 서로 어울리기보다 러시아인이나 중앙아시아인들과 어울림으로써 민족정체성의 억압과 프롤레타리아 국제주의의 신봉을 밖으로 과시하고자 하였다. 그 대신 고려인들은 사적 관계인 친척을 중심으로 한 가족모임을 활성화시킨다. 1938년 소련정부는 민족어 학교의 폐쇄와 러시아어 교육을

20 최강민. 앞의 책. p. 194.

강제하게 된다. 결과적으로 고려인들은 단일한 지역에 뭉쳐 사는 것이 아니라 흩어져 살았기에 일상생활에서도 민족어의 사용은 점차 줄어든다. 상상의 공동체인 민족이란 범주를 성립시키는 가장 기초적인 조건 중 하나가 언어의 동질성이라는 점을 상기할 때, 민족어의 위축은 고려인들이 지닌 민족정체성의 붕괴를 촉진시킨다.[21]

이렇듯 소수민족인 고려인들은 문학작품을 통해서 자신들이 소련 체제에 적대하는 적성민족이 아니라는 것을 강조할 필요가 있었으며, 러시아인과 고려인의 공통의 적인 일본에 대한 항일무장투쟁을 벌인 전력과 내전 시기의 빨치산 활동을 적극 부각시킨다. 비록 '조국수호전쟁'에 병역의 기회가 주어지지 않아 직접 참전하지 않았지만, 후방에서 노력전선에 투입되어 열심히 일한 것은 제대로 평가받지 못하였다. 따라서 소비에트 국민으로 당당히 인정받으면 모든 고난에서 벗어나 행복하게 될 것이라는 환상은 조국귀환신화인 디아스포라 욕망을 지속적으로 억압한다. 문학을 통해서 자신들을 끊임없이 배제하고 차별하는 주류 집단을 향한 고려인들의 일편단심은 한 마디로 눈물겹다. 민족의 구원과 박해라는 상반된 양면성 사이에서 고려인 작가들은 가해자라는 기억을 지워버리고 구원자로서의 이미지만을 계속 기억하는 자기합리화의 방어기제를 사용하였던 것이다. 결과적으로 스탈린 사후에 고려인들은 '소비에트 국민되기'의 이데올로기에 사로잡혀 열심히 충성한 대가로 '소비에트 이등국민'으로 자랑스럽게 편입한다.[22]

---

21 위의 책, p. 195.
22 위의 책, pp. 196-201.

(2) '모델 마이너리티'

고려인들의 문학활동은 모국어의 억압이라는 엄혹한 현실 속에서 그나마 자신들의 언어만은 지키고자 했던 처절한 노력의 산물이었다. 고려인 디아스포라 문학은 약소민족이 겪어야 했던 고난의 역사와 일치한다. 따라서 고려인 디아스포라 문학은 자신들이 누구이며, 어디서 무엇을 했고, 어떻게 살았는지를 서툴지만 고통스럽게 이야기하는 자기고백에 가깝다. 민족절멸의 위기를 경험하고 소수민족으로서 소련인민의 소비에트화 정책에 따라 철저하게 소비에트인화되었던 고려인들의 문학을 제국의 중심으로 나아가고자 했던 모델 마이너리티의 자기고백이라는 측면에서 살펴본다.[23]

'모델 마이너리티'(model minority)란 본래 1960년대 이후 미국의 백인사회가 아시아계 미국인들을 지칭한 개념이다. 백인사회는 아시아계 미국인들이 숱한 정치적 경제적 어려움에도 불구하고 백인을 능가하는 수입을 올리고 성공한 중산층으로 성장하자 그들을 모델 마이너리티로 명명했다.[24]

일반적으로 이민자나 소수자들은 어느 정도 그 사회에 편입되어 안정화되면 자신들의 경험을 자서전적 형식으로 표출하곤 한다. 특히 소수자로서 그 사회의 질서를 성공적으로 내면화한 이들은 이전까지 말할 수 없었던 자신들의 역사적 경험을 역사적인 서사형태를 통하여 재현한다. 이것을 통해 모델 마이너리티들은 과거의 불의와 현재의 불이

---

23 강진구. 2006. "제국을 향한 모델 마이너리티의 자기 고백: 고려인 디아스포라 문학의 특징". 『현대의 문학연구』 제29집. p. 174.

24 박정선. 2002. "아시아계 미국인에 대한 타자화화와 그 문제점". 『역사비평』 제58호(봄호). p. 289; 강진구. 앞의 글. p. 178.

익을 시정하려는 노력을 경주하는 한편 그들 스스로를 독립된 집단으로 인식하게 된다. 바로 고려인들은 김준의 『십오만원 사건』이나 김세일의 『홍범도』 등 일련의 역사적인 서사를 통해 그 동안 말해지지 않은 그들의 역사를 복원하려 한다는 사실은, 1960년대 현재 그들이 이미 소련사회에서 이른바 '모델 마이너리티'의 지위에 있음을 의미한다.[25]

(3) 방랑자 의식

현재 러시아에 거주하는 고려인들에게는 방랑자 의식이 세대를 거듭해 이어지고 있다. 그것은 그들의 첫 선조가 월경하여 러시아로 이주하면서 시작된 피할 수 없는 현실이었다. 그리고 강제이주라는 역사적 사건이 그것을 숙명으로 만들었다. 반복된 이주로 인하여 고려인들의 방랑자 의식은 고착화되었다. 특히 소비에트 연방 해체 이후 고려인들의 이 같은 의식은 더욱 짙어졌다.[26]

방랑자라는 의식은 인간이 자신이 살던 고향을 떠나는 순간부터 형성되는, 이방인이라는 일종의 자기 정체성이다. 타지의 타문화와 대립하면서부터 인간은 자신이 방랑자라는 것을 인식하게 되고, 비로소 그곳이 자신이 여태껏 보아온 풍경이 아님을 깨닫게 된다. 곧 인간은 그 풍경의 내부로 흡수될 것인가 아니면 계속 외부에서 존재할 것인가를 두고 고민하게 된다. 하지만 어떤 결정이 이루어지든 간에 방랑자의 내면에는 고향의 풍경이 이미 화석화되어 존재하고 있으며, 그것은 새로

25 강진구. 앞의 글. p. 179.

26 주정란. 2003. "재러 고려인의 방랑자 의식에 대한 고찰". 김종회 편. 『한민족 문화권의 문학』. 국학자료원. pp. 567-569.

운 풍경과 끊임없는 충돌을 한다.[27]

이처럼 고려인 문학은 조선인들이 연해주나 중앙아시아로 이주하면서 창작된 일종의 이민문학이라고 할 수 있다. 이민문학은 낯선 땅에 정착하면서 다양하게 겪는 삶의 애환이나 고향에 대한 그리움을 주로 형상화한다. 중앙아시아 고려인 문학은 과거 소련체제를 지지하는 체제문학의 속성상 민족정체성을 드러내는 데 한계를 가졌다. 그런데 소련의 해체 속에 억압되었던 민족정체성의 목소리는 고려인 문학을 주도하는 패러다임으로 복귀한다. 1980년대 이후 고려인 문학의 심층을 지배하는 것은 언젠가 조국으로 귀환하겠다는 디아스포라 욕망이다. 디아스포라 욕망은 연해주와 통일된 조선이라는 두 개의 지향점을 갖는다. 이 두 개의 고향은 고려인들이 처한 비극적 현대 역사를 고스란히 대변하는 것이기도 하다.[28]

2) 작가별 연구

(1) 아나톨리 김: 동양적 전통과 환상성 문학

아나톨리 김의 문학세계에 영향을 미친 요인들을 보면, 회화를 비롯한 다양한 예술에 대한 깊은 관심, 순수한 한국인의 피를 이어받고 타국 땅 러시아에 살면서 경험한 정체성의 위기, 광활한 러시아 땅 여러 곳을 끊임없이 이동하면서 갖게 된 독특한 시간 및 공간 감각 등이다.[29]

---

27 위의 글. p. 567.
28 최강민. 앞의 책. pp. 222-223.

그는 고려인 3세이지만 고려인을 대상으로 작품활동을 하지 않고, 이민과 같은 소재를 다루지 않는다. 화가 지망생이었던 그는 블라지미르 리진의 지도 아래 문학수업을 마치고 작가의 길을 걷는다. 아나톨리 김은 초기 고려인들이 겪은 역경과 비애의 고난사를 우리의 전통적인 설화와 섞어 특수한 경험 세계라는 감상적 한계를 뛰어 넘는 작품활동으로 소련 문학계의 주목을 받았다. 그리고 플롯이 거의 없는 구성, 서정성, 철학적 깊이, 실험적 형식 등을 특징으로 하는 아나톨리 김의 문학은 기존 소비에트 문학의 주된 흐름과는 다른 차별성을 갖는다.[30]

1960년대부터 작품을 쓰기 시작한 아나톨리 김은 초기 고려인들의 고난과 우리의 전통적 설화를 섞어 특수한 경험 세계라는 감상적 한계를 뛰어 넘는 작품활동으로 주류 문학계의 주목을 받았다. 1970년대에 들어서는 러시아에서 명성을 얻었는데, 그의 작품 세계를 이해하기 위해서는 환상문학과 폭로문학에 대한 선이해가 필요하다. 아나톨리 김의 소설은 전형적인 러시아 리얼리즘이나 사회주의 리얼리즘과는 궤적이 다른 작품세계를 보여준다. 철학적이며 관조적인 분위기의 소설을 통하여 자신의 출신에 대한 인식의 강화와 불교를 비롯한 동양 사상에의 경도를 나타내면서 삶에 있어서의 선과 도덕, 사후 세계에 있어서의 영혼의 문제 등 형이상학적 주제가 두드러지는 경향을 보인다.[31]

그는 소설의 메시지를 탑재하는 중심주제는 물론이려니와 이를 담는 그릇으로서의 형식 문제에서도 끊임없는 자기 발전을 추구하였다.

---

29 강선화. 2003. "정체성의 위기와 철학적 변용". 김종회 편. 『한민족 문화권의 문학』. 국학자료원. p. 589.

30 위의 글. pp. 586-589.

31 김종회. 2007. 앞의 책. p. 216.

작품세계의 독특한 면모에 비추어 그가 서술방식에 있어서도 선형적 시간의식에서 이탈하여 과거, 현재, 미래의 시간대를 자유롭게 부유한다. 또 외형적 질서에 구속되기를 거부하고 현상 이면에 잠복한 영혼의 움직임을 포착하는 데 집중한다. 그리고 등장인물의 내면세계에 자유롭게 개입하는 1인칭 복수형의 화자 '우리'의 사용 등은 당대 문단에 큰 반향을 불러 왔다.[32]

아나톨리 김의 작품은 범우주적이면서 신비한 정신을 담고 있다는 평을 받는다. 동양적 전통과 환상성 문학, 변용과 특이한 서술화법 등을 그의 문학적 특징으로 요약할 수 있다.

① 작가의 동양적 뿌리

러시아인이면서 한국인이고, 러시아인도 아니면서 한국인도 아닌 작가의 정체성의 위기는 그에게 지리적 인종적 역사적 범주로 민족을 규정하던 기존의 틀을 넘어서서 새로운 인간관, 민족관, 세계관을 형성할 수 있는 계기가 되었다. 그럼에도 불구하고 그의 성장과정에서 영향을 미친 죽음과 영혼, 영원한 삶, 사후의 세계 등 불교적이고 동양적인 흐름에 집착하고, 두 전통의 만남과 어우러짐을 그의 작품에서 보여준다. 그리하여 우리 민족의 비애와 역사와 전통적 신앙과 설화를 바탕으로 작가의 특수한 경험세계를 그림으로써 동양적인 철학적 사고가 텍스트에 투영되어 환상문학의 새로운 장르를 창조하였다.[33]

32 위의 책. p. 217.
33 강선화. 앞의 글. p. 590.

② 환상성의 의미

소련 사회주의 리얼리즘에 기초한 정치적 · 문화적 속박으로부터 벗어나고자 하는 자유에의 동경이 환상문학을 가져왔는데, 사실적인 것과 환상적인 것의 혼합으로 개인의 관심사를 재조명하고, 현실을 도피하는 것이 아니라 새로운 세계로의 몰입을 시도한다. 따라서 그는 소비에트-러시아 문학에 깊게 뿌리 내린 환상적 리얼리즘 토양에 새로운 환상 문학의 요소를 가미함으로써 작가 고유의 독특한 서술기법의 구조와 테크닉을 창조하고, 초자연적인 화자를 내세움으로써 새로운 형태의 환상문학을 도래케 하였다. 그의 작품에 나타난 환상적인 요소들은 시간여행, 죽은 자의 부활, 영혼의 이동, 환생, 말하는 동물, 날아다니는 인간, 용, 초자연적인 화자인 켄타우로스, 다람쥐, 방사선 총 등이다. 특히 『켄타로우스 마을』에서 철학적 주제를 환상주의적 문학형식으로 표현하였는데, 소비에트연방의 붕괴과정에서의 러시아의 사회적 혼란을 배경으로 삼고 있다.[34]

③ 변용과 특이한 서술화법

아나톨리 김의 주된 관심은 선형적 시간에서 벗어나 현재에서 과거로, 현재에서 미래로, 그리고 심지어는 미래에서 현재로 자유로이 비행하며 눈에 보이는 현실의 이면에 숨어 있는 영혼의 움직임을 포착하는 것이었다. 자연히 전통적 의미의 플롯은 최소화되고, 파편처럼 흩어져 있는 영적 변화의 순간들은 논리성보다는 직관에 의존하는 환상을 매개로 전혀 다른 시간과 공간으로 창조되었다. 특히 『아버지의 숲』에

34 강선화, 앞의 글, pp. 591-592.

서는 여러 명의 화자가 등장하는 다성악(polyphony)적 기법으로 자신만이 독특한 미학을 추구한다. 그리하여 현재와 과거 미래가 공존하는 보편적 시간의 도입과 등장인물들의 내면세계를 자유롭게 드나드는 일인칭 복수형 화자 우리의 등장 그리고 현실적인 요소와 초자연적인 요소가 기묘하게 결합된 작품 『연꽃』을 내 놓는다.[35]

(2) 미하일 박: 방랑자 의식과 민족성으로의 회귀

미하일 박은 구소련 지역에서 한글로 창작활동을 수행하는 소수의 작가 가운데 한 사람이며, 그의 작품을 통하여 고려인들의 삶과 생각 그리고 그 정체성을 확인할 수 있다는 것은 매우 소중하다. 미하일 박은 고려인 5세이면서도 오히려 스스로 민족성을 찾고자 애쓰고, 외국어로 배운 한글을 이용하여 창작을 하기도 하였다. 그가 뿌리를 찾고자 하는 모습은 자신을 스스로 뿌리 뽑힌 방랑자로 인식하고 있음을 보여준다. 더구나 뿌리를 찾고자 하는 것은 요원한 일이기에 오히려 탈민족적인 사고를 보이다가 결국엔 다시 극복하고 민족성으로 회귀하는 그의 작품세계는 현지 이주민들의 과거와 현재 미래를 암시해 준다고 하겠다.[36]

미하일 박은 고려인 이민 5세이며, 그의 고조부가 다른 이민자보다 일찍 월경하여 연해주에 정착하였다. 이주가 빠른 만큼 현지 적응이 용이했을 것으로 생각되지만, 그만큼 방랑자 의식이 깊었을 것으로 미루어 짐작된다. 이는 그의 작품 세계에 특성으로 나타난다. 작가의 길을 걷기 시작하면서 한글로 소설을 집필하게 되자, 그에게는 혈통 속에 숨

---

35 강선화. 앞의 글. pp. 600-606.

36 김종회. 2007. 앞의 책. p. 210.

어 있던 민족 정서가 표출되기 시작하였고, 그것은 선조들의 이주사와 방랑자 의식을 작품에 담는 방식으로 형태화된다. 그의 작품 『천사들의 기술』에서 주인공 아르까지의 세계에 대한 인식은 객관화되고 중립화된 것으로 나타난다. 이러한 대타적 세계 또는 문화적 현상에 대한 중립적인 태도는 고려인의 후예요 방랑자 의식의 계승자라는 신분적 특수성에서 유래한 것이지만, 그것은 한편으로 고향 의식에 대한 경도와 다른 한편으로 탈민족적 사고의 형성이라는 양가적 가치를 동시에 형성하는 아이러니를 보인다.[37]

그의 작품에서 표출되는 탈민족성의 경향은 문자 그대로 민족의 혈통 문제에 관한 관심이나 문학적 표현으로부터의 이탈을 뜻하는 것은 아니다. 오히려 그 자신의 내부에 잠재해 있는 민족성 자체를 소거할 수 없기 때문에 구태의연한 민족 개념을 작품의 중심 주제로 추구하는 것을 회피하는 것이다. 이러한 양면적 속성이 곧 그의 문학에 방랑자 주인공을 생산하는 원인이 된다.[38]

① 방랑자 의식

미하일 박의 작품 속에서 방랑자 의식을 읽을 수 있다. 먼저 예술가로서의 방랑자 의식이다. 미하일 박은 화가이기도 하였다. 따라서 그의 작품은 다분히 회화적이며, 화가가 직업인 인물이 등장하기도 한다. 『천사의 기술』은 러시아의 젊은 화가의 성장소설이며, 『해바라기 꽃잎 바람에 날리다』에서도 조선인의 러시아 정착사라는 주제와는 이질적으로 이주민 1.5세 월국의 화가로서의 성장을 말하고 있다.[39]

37 위의 책. p. 219.
38 위의 책. p. 220.

② 탈민족성

다음으로 방랑자 의식에서 오는 탈민족적 사고를 읽을 수 있다. 고려인의 민족 정체성은 여타 지역에 거주하는 동포들의 그것과 다르다. 차이의 근원적인 이유는 강제이주에 있다. 언제든지 조국으로 돌아가리라 마음먹고 있던 고려인들은 조국과 거리상 너무도 멀리 떨어진 곳으로 이주되면서 그 꿈을 접어야 했다. 그리고 생존을 위하여 민족정체성을 유지하기 보다는 체제에 순응하려고 하였기 때문에 민족의 언어는 자연 소멸되었고, 문화 역시 유지되기 어려웠다. 게다가 소비에트 해체라는 또 한번의 역사적 굴곡은 중앙아시아 고려인들에게 또 다른 문화를 강요받고 있다. 따라서 미하일 박의 작품에서 탈민족의식을 가진 주인공들은 방랑자로 출현하고 있는 것이다.[40]

③ 민족성으로의 회귀

그렇지만 탈공간으로 내몰린 미하일 박 작품의 주인공들은 그곳에서 주저앉지 않고 민족성으로 회귀한다. 그들의 탈민족의식은 민족성에의 진정한 탈피가 아닌 민족으로의 회귀를 위한 노정인 것이다. 미하일 박이 나중에 작품『해바라기』와『 가노츠까』를 한글로 쓴 것도 언어를 통해서 민족의 문화를 습득하고 고향으로 돌아가려는 준비 작업으로서 고향 풍경의 공간을 마련한다.[41]

---

39 주정란. 앞의 글. pp. 572-576.

40 위의 글. pp. 577-580.

41 위의 글. pp. 581-583.

(3) 기타 작가

그런데 아나톨리 김과 미하일 박 같은 이들의 문학적 성과에도 불구하고 대개 러시아어로 창작을 하고 있으며, 정체성에 있어서도 과연 민족문학사의 범주에 넣는 데 전혀 거리낌이 없을 것인가 문제가 있다. 이들과는 달리 논의는 제대로 이뤄지지 못하고 있지만, 한국어로 왕성한 창작을 할뿐만 아니라 현지에서 널리 수용되는 작가로 한진과 리진, 양원식, 연성용 등이 있다.

한진의 경우에는 당대 강제이주와 그에 따른 민족적 억압, 월남전 등 현실적인 문제를 다룬 희곡을 많이 썼다. 한진은 강제이주로 인하여 민족 말과 글을 제대로 배우지 못한 카자흐스탄 이주 고려인 2세대들의 문화적 공백을 메워 주고, 문학작품 창작에 관심을 가진 젊은 고려 사람들을 지도하여 후배 작가 양성에 공헌한 카자흐스탄 고려인 문단 발전에 중요한 역할을 한 작가이다. 또한 타민족 작가들의 희곡작품을 민족 말로 번역하여 고려 사람들의 민족 말 보전과 발전에 기여하고 한민족의 사적 사건이나 민담들을 희곡화하여 고려 사람들에게 민족의식을 고취시키며 고려 사람들의 민족문화 보존에 크게 기여한 민족주의자이다.[42]

리진이나 양원식의 경우는 국내에 개인 시집이 발간되어 기존의 합동 작품집에서 보이던 모습과는 전혀 다른 모습을 보여 주고 있는 시인들이다. 이들의 개인 작품집에서 발견되는 새로움은 강제이주 당시의 참혹상과 독재 체제에 대한 여러 방식으로의 비판, 타민족과의 유대, 한국전쟁의 작품화 등이며, 분위기도 합동작품집의 밝고 희망적인 분위기와는 달리 다양한 감정을 진솔하게 보여 준다.[43]

---

42 김종회. 2007. 앞의 책. p. 211.

라브렌티 송의 경우에는 카자흐스탄 고려 사람들에게 민족의 전설처럼 대대로 전해지는 강제 이주의 비극적 상황을 연극으로 형상화한 선구적 공적이 있다. 그는 1989년 영화사 “송 씨네마”를 설립하여 소수민족의 다큐멘타리를 제작하는 데 힘을 쏟고 있다. 이를 통해 그는 고려 사람들의 민족문학 발전과 고려 말의 보존이라는 중요한 역할 외에도 무대 공연을 통하여 고려인 젊은 세대들에게 민족의 뼈저린 역사적 현실을 시각적으로 경험케 하고, 잊혀져가고 있는 역사를 상기시키는 데 크게 기여하고 있다.[44]

---

43 위의 책.

44 김필영. 1999. “송 라브렌티의 희곡 기억과 카자흐스탄 고려 사람들의 강제 이주 체험”. 『비교한국학』 제4호; 김종회. 2007. 앞의 책. p. 212.

NOMADISM

제8장

해외입양문학

KOREAN DIASPORA LITERATURE

1. 해외입양문학

1) 다문화와 해외입양

디아스포라의 개념은 흩어진 백성과 이산의 장소를 의미하고 있음을 앞서 충분히 확인하였다. 원래 디아스포라의 어원을 살펴보면 BC 3세기 히브리 성서를 희랍어로 번역하던 알렉산드리아 학자들에 의해 사용되었다. 여기서 의미하는 바는 단지 바빌론으로 끌려 간 유대인들의 역사적인 이산을 의미하는 것이 아니라, 항상 신의 의지에 복종하지 않을 때 직면하는 이산(dispersion)의 위협을 의미하였다. 요컨대 디아스포라는 거의 배타적으로 신성한 행위로 인식한 것이며, 이 경우 하느님은 죄인들을 흩어놓거나 미래에 한 데 모을 수 있는 존재를 의미하였다.[1] 이러한 역사적인 개념을 문학사에 대입시켜 보면, 식민지배 등 외적 이유에 의해 공동체로부터 이산을 강요당한 사람들 및 그들의 후손을 가리키는 말로 거주국의 주류사회에서 소외되기 쉬운 타자이자 소수자인 국외로 추방당한 소수집단 공동체이다.[2]

그리고 우리는 이 책에서 지금까지 재외동포문학의 노마디즘과 디아스포라 문학의 의미를 계속 강조해 왔다. 현 시기 다문화 현상이 전

---

1 구모룡. 2010. "윤동주의 시와 디아스포라로서의 주체성". 『현대문학이론연구』 제43호. p. 128; 임헌영. 2010. "한국문학과 다문화". 『세계한국어문학』 제3집.

2 임헌영. 앞의 글. p. 51; 황은덕. 2008. "탈국가 탈민족시대의 디아스포라". 『작가와사회』 제30호(여름). p. 38.

지구적으로 확산 전개되고 있는데, 노마드와 디아스포라의 일반적 현상이 그 바탕에 깔려 있다. 전 세계 인구의 10%가 이동하는 가운데 '부유한 유목민'과 '가난한 유목민' 및 '가상 유목민' 사이에 깊은 골이 존재하고, 전 세계 인구의 80%가 곤궁과 고독, 그리고 폭력에 시달릴 것으로 전망된다.[3] 이 가설은 다문화 현상의 부정적인 측면을 지적하고 있지만, 노마드 이론에 입각한 다문화 현상은 향후 더욱 가속화 될 것으로 전망된다.

다문화론은 민족문학과 그 출구로 제기된 탈식민주의 이론과 길항 관계를 지닌다. 민족문화는 민중이 스스로를 창조하고 존속시키는 행동을 사유의 영역에서 묘사하고 정당화하고 찬양하기 위한 모든 노력의 총체이다. 민족문화는 단지 민족을 다시 살려내고 미래의 민족문화에 대한 희망을 정당화하는 역할만을 하는 게 아니라, 심리-정서적 안정을 제공하면서 민족의 총체와 연관된 세계적인 책무까지를 감당해야 하는 것으로 이해된다. 여기서 세계적인 책무란 단순한 자민족의 해방만이 아니라 인류의 이상으로서의 다문화를 수용하는 사해동포주의를 상징한다. 그런 열린 자세여야 바로 그 순간부터 우리는 민족문학을 말할 수 있다.[4]

민족문학론은 이런 저런 과정을 거쳐 지금 시점에서는 크게 백낙청과 조정래의 두 갈래 주장으로 나뉘어 대조된다. 먼저 백낙청은 세계적인 보편성을 강조한 반면, 조정래는 민족적인 특수성에 방점을 둔다. 이를 다문화론에 연장하면 전자는 다문화의 보편성을, 후자는 다문화의 독자성을 중요시한다고 볼 수 있다.[5]

---

3 자크 아탈리. 정혜원 역. 『21세기 사전』. 중앙 M&B. 1988. p. 21; 임헌영. 앞의 글. p. 50.
4 임헌영. 앞의 글. p. 59.

그런데 다문화주의를 민족문학론과 결부시킨 하정일에 의하면, 다문화주의란 각 민족 혹은 인종들의 고유한 문화가 서로 대등하게 공존하는 세계를 지향하는 이론적 기획이다. 지구화의 흐름은 민족문화들 간의 투쟁과 교류와 상호침투를 활성화시켰고, 그리하여 지구화의 흐름은 어느 한 문화의 독점적 지배가 불가능한 시대가 되었다는 것이 다문화주의가 내세우는 현실적 근거이다. 그럼에도 불구하고 다문화주의란 만물의 상품화라는 자본주의의 작동원리를 경시한, 지나치게 낙관주의적인 구상이며, 다문화주의 자체가 또 다른 오리엔탈리즘일 수 있다고 하정일은 경고한다. 서구 중심적 감수성이 근본적으로 바뀌지 않는 한 비서구문화는 서구의 이국취향을 만족시켜 주는 대상에 불과할 뿐이라는 것이다.[6]

하정일의 탈식민적 구상이란 다문화주의와 혼종(hybridity)의 이념을 들 수 있다. 그런데 혼종의 이념은 서구문화의 독점적 헤게모니 내부로부터 그것을 해체할 가능성을 찾고 있다는 점에서 다문화주의에 비하여 좀 더 현실주의적 전략이며, 혼종의 이념은 다문화적 세계를 지향한다기보다는 동질성 내부의 이질성 혹은 통합 속의 균열을 주목한다는 점에서 특징적이라고 한다.[7]

이렇듯 다문화는 지구화 시대 하나의 사회적 문화적 흐름으로 자리하고 있다. 지구화는 국경과 주권의 벽을 넘어 경제거래, 문화교류 등의 상호행위가 기능적으로 통합되어 가고 있는 현상을 지칭한다. 지구화라고 불린 서구 자본주의의 발전은 비서구의 자연과 자원을 탈취하는

---

5 위의 글. pp. 61-62.

6 하정일. 2008. 『탈식민의 미학』. 소명출판; 임헌영. 앞의 글. p. 63.

7 임헌영. 앞의 글. p. 63.

폭력적 행위로 점철된다. 그런 논리의 연장선상에서 미국의 다문화주의 담론은 문화를 정치 경제와 분리시키는 자유주의 논리인 문화주의를 소비문화, 상품문화 시대에 적절한 행태로 분리시키는 것에 지나지 않는다고 지적된다. 이러한 현상은 한국에도 그대로 전이되어 다문화 담론은 미등록 노동자와 다문화 가정 사이에서 문화를 부각하고 노동을 삭제하는 형태로 진전되어 이주자들에 대한 차별을 온존시키고 있는 실정이라고 비판한다.[8]

한국에서의 다문화 현상과 그것의 수용, 그리고 이방인 차별에 대한 한국사회의 폐쇄성을 보면 심각한 수준에 이르고 있다. 한국문화는 자민족중심주의(ethnocentrism)의식이 강한데, 차이나타운이 없는 세계 유일한 곳이며, 같은 핏줄이지만 남한보다 못사는 중국동포나 탈북자들을 무시하는 데서 나타난다. 또 백인에게는 차별당하면서, 흑인에게는 우월의식을 갖는 이중성도 보인다. 그리고 한국에 들어와 있는 동남아시아인들에 대한 한국인의 차별에서도 그러한 차별을 읽을 수 있다.[9]

한국인의 이러한 이중성에 대하여 김동춘은 '자민족중심주의'라기보다는 '자국민중심주의'로 이해한다. 그것은 한국인들의 배타주의의 실제 내용이 단순한 이방인, 재외동포에 대한 차별로 현상화하는 것이 아니라, 한국보다 경제적으로 열등한 국가의 국민에 대한 차별과 잘 사는 국가의 국민에 대한 선망과 존경, 즉 대한민국 국민이 아닌 자들에 대한 일반적인 의심, 사회 내에서 서로의 차이를 인정하지 않으려는 태도, 그리고 선진국이든 후진국이든 외국 및 세계정세 일반에 대한 무지

---

8 태혜숙. 2009.『다인종 다문화 시대의 미국문화 읽기』. 이후. p. 19; 임헌영. 앞의 글. p. 56.

9 김동춘. 2006.『1997년 이후 한국사회의 성찰』. 길. p. 465; 임헌영. 앞의 글. p. 66.

와 무관심이기 때문이라고 한다. 김동춘은 선입관으로 박혀 있는 한국인의 맹목적 애국주의나 외국인 혐오란 것은 고래로부터 존재한 것이 아니라, 미국인 선교사들과 이들의 한국인 문하생에 의해 도입되고 전파된 오도된 개념이라고 밝히고 있다.[10]

앞서 우리는 제3장 '코리안 디아스포라 문학'에서 한국사회의 단일민족중심주의에 대해서 살펴보았지만, 한국사회로 유입되고 있는 외국인과 혼혈인 및 다문화 가정에 대해서 배타적인 기존의 인식으로부터 개방적인 자세로 변하고 있으며, 다문화주의에 대하여 수용적인 태도를 갖추고 있음을 확인한 바 있다. 다문화 현상은 역으로 우리 민족의 해외이주사와 다름 아니다. 혼혈과 다문화의 경우에도 재외동포의 국제결혼(민족외 혼인) 문제와 다를 바 없다. 특히 한국사회가 포용하지 못하고 해외로 내보냈던 해외 입양인문제는 필히 거론될 수밖에 없다.

그 동안 해외입양인 문제는 잊혀지고 은폐되어 왔지만,[11] 1998년 김대중 대통령이 해외입양인 23명을 청와대로 초청하여 16만 명의 해외입양인들에게 조국이 해외입양을 보낸 데 대하여 공식적으로 사과한

---

10 김동춘. 위의 책. p. 472; 임헌영. 앞의 글. pp. 66-69.

11 한국에서 해외입양의 역사는 은폐된 역사였다. 따라서 해외입양인의 귀환, 모국에서의 뿌리 찾기는 바로 죽은 자의 귀환, 즉 유령의 출몰과도 같은 것이다. 유령을 계속해서 생산해 내는 순환적 역사는 해외입양제도라는 관행 속에서 여전히 존속되고 있는 것이다. 노동계층, 10대 청소년, 미혼모, 성산업 종사자, 강간의 피해자로 구성된 친모들은 견고한 가부장제와 여성에게 불리하게 적용되는 사회복지제도 아래에서 아이를 품에서 떠나보내고 죽은 존재로 치부해야만 했다. 그리고 침묵을 강요당한 채 국가에 의해 본인의 아이들이 타국으로 보내지는 상황을 묵묵히 지켜보고 있어야만 했다. 해외입양인과 친모는 억압된 국가적 상흔의 흔적을 공유하며, 한국사회로부터 버려진 주변부적 존재라는 점에서 역사 내 상실된 자리에 위치했다. 그들은 역사의 한 부분으로 인정받지 못한 채 은닉되고 은폐되었으며, 한국의 정치와 경제 속에서 이러한 사회적 실종의 역사는 지속되어 왔다. 최유진. 2010. "해외입양인 내러티브에 나타난 침묵된 이주와 죽음의 이미지: 〈여행자〉와 〈귀향〉을 중심으로". 『비교한국학』 제18권 3호. p. 204.

이후 공개적으로 거론되기 시작하였다. 물론 정부는 해외입양을 폐지하기 위하여 노력하고 있지만, 여전히 매년 1천여 명을 해외입양 보내고 있다. 한국전쟁의 와중에서 전쟁고아와 혼혈아의 해외입양으로 시작된 한국의 해외입양은 전쟁이 종식되었음에도 불구하고 계속되었다. 경제적 빈곤 등을 이유로 해외입양을 보내고 있으며, 가부장제적 전근대적 사회질서로 인한 미혼모의 친권포기로 해외입양이 여전히 계속되고 있다.[12]

해외입양의 근본적 원인으로는 경제적 낙후와 인구의 과잉, 인권적 차별, 복지제도의 미비를 들 수 있다. 그런 가운데 발생한 해외입양은 이민의 한 유형이며, 자발적이지 못한 강제적 이민으로 볼 수 있다. 해외입양은 한민족의 순수혈통주의의 문제점을 드러낸 것으로, 그것은 해외입양 초기 미군과 한국 여성 사이의 혼혈아동을 해외입양의 대상으로 하였다는 점에서 단일민족국가라는 허상의 자긍심을 지킬 수 있었다.[13] 이렇게 50년 넘게 해외입양이 지속되고 있음에도 불구하고, 해외입양의 문제를 고의로 외면해 왔으며 자신들을 버린 모국에 대하여 이제 해외입양을 그만 두라고 해외입양인 스스로 나서서 외치고 있다. 뿌리 찾기를 통해 모국에 들어 온 해외입양인들의 사회활동과 자서전적 문학활동을 통해 그러한 주장을 하고 있다.

---

12 장윤수. 2010.『코리안 디아스포라와 문화네트워크』. 북코리아. pp. 48-50.

13 위의 책. p. 51.

2) 해외입양인 문학의 디아스포라적 성격

최근 디아스포라문학에 대한 연구가 활성화되어 각 지역의 해외동포 문학에 대한 다양한 연구가 행해지고 있으나, 해외입양인문학에 대한 연구는 그리 많지 않다.[14] 그러한 이유는 첫째, 해외동포 범주에 해외입양인을 포함시키지 않고 우리의 관심 밖에 두었기 때문이다.[15] 둘째, 해외입양 1세대에 이어서 2세대들이 다양한 분야에서 뛰어난 역량을 발휘하고 있음에도 불구하고 아직 진지한 연구대상이 되지 않고 있기 때문이다. 그리고 마지막으로 그들의 문학작품이 문학상을 수상하는 경우도 없지 않으나 국내에 번역 출간되는 일이 드물기 때문이다.

한국인에 의해 한국어로 쓰인 문학작품만을 한국문학이라고 정의하는 협의의 관점에서 벗어나, 조국에서 밀려나 서구에서 살면서 자기의 정체성을 정립하고 세계를 객관적이고 이성적인 시각으로 볼 수 있는 지적인 여성이 된 해외입양인 여성의 문학을 통해 한인 디아스포라문학의 영역을 확장하는 것이 요구된다. 경계인으로서의 입양인의 관점을 보여주는 이들의 문학은 창조적 표현방식을 보여준다는 관점에서 한국문학의 발전에 이바지할 수 있고, 세계와 교류하는 재외동포 문학이라는 측면에서 많은 시사점을 줄 수 있다는 것이다.[16]

들뢰즈와 가타리에 의하면 현대사회를 탈영토화와 재영토화의 개념으로 정의하고 있음을 우리는 이 책의 제1장 '현대사회와 노마디즘'에서 확인한 바 있다. 탈영토화는 영토를 떠나가는 과정이고, 재영토화는

14 유진월 · 이화형. 2010. "침묵하는 타자에서 저항하는 주체로의 귀환: 해외여성 입양인 문학의 한 지평". 『우리문학연구』 제29집. p. 397.

15 장윤수. 앞의 책. p. 41.

16 유진월 · 이화형. 앞의 글. p. 399.

영토로 귀환하는 것 또는 탈영토화된 요소들을 재조합하는 것을 의미한다. 따라서 비자발적 이주라고 할 수 있는 해외입양은 한국사회에 있어서 탈영토화의 매개체적 구성물이고 이들의 귀환과정은 재영토화를 향한 노력이라고 할 수 있다.[17]

해외입양인들은 자랄 때는 스스로 현지 거주국민으로 생각하였지만, 성인이 되고 나서는 자신을 한국계 미국인 또는 한국계 유럽인으로 인식한다. 그렇지만 입양인들은 이민자들보다 더 어려운 환경에서 현지 거주국인인가 아니면 한국인인가 하는 문제보다, 사회의 비주류로서 어떻게 살 것인가 하는 문제를 안고 살아간다고 고백하고 있다. 이민자들에게 조국은 그들의 힘이 될 수도 있지만, 입양인은 부모와 조국으로부터 버림을 받은 존재로서 조국 거주국 사이에서 낀(소외된) 존재라는 것이다.[18]

나아가 해외입양인들은 동양인/유색인종/한국인으로서 자신을 구성하는 본질을 부정하면서 서구사회에 적응하도록 교육받고 강요받는다. 따라서 이질적인 사회에서 동화와 수용에의 노력을 기울이며 혹독한 정체성의 혼란과 극복의 과정을 겪은 후에 가족을 찾게 된다. 그것은 자기의 본질과 출발지점을 확인하지 않고서는 근본적으로 자신의 정체성을 확신할 수 없다는 판단 때문이다. 한국으로의 귀환에서 가장 중요한 것은 이것이 자아발견으로의 여정이라는 점이다. 한국으로의 귀환은 타자로서의 자기체험이며 자기 존재의 핵심을 포함한 모든 것들이 문제 붙여지는 과격한 탈영토화의 경험이며 해방의 경험이기도 하다.[19]

---

17 위의 글. p. 410.

18 장윤수. 앞의 책. p. 54.

19 김 수 라스무센. 2009. "한국의 입양증후군", 제4회 입양의 날 기념 전시회 팸플릿. 『이

2008년 Asian American Literary Award 시 부문 수상자인 신선영은 2007년『검은 색으로 가득찬 치마』(*Skirt Full of Black*)를 출간하였다. 이주여성의 생애에서 일어나는 불협화음의 사건들과 목소리들의 거대한 협주라 할 수 있는 이 시집은 날카로운 정치적 인식과 상상력, 그리고 잊히고 기억된 언어의 감각 등이 표현된 개인적 암시이며 일종의 사회적 비평이라고 할 수 있다.[20] 이 시집의 끝에 한국 관련, 특히 해외입양을 시사하는 자료가 부기되어 있는 것을 보아, 한국에서 태어나 미국으로 입양된 작가의 지향점을 보여준다. 한국 관련 자료들을 통하여 알게 된 것과 실제 한국 사이의 차이에 대하여 실망한 그는 여전히 많은 아동들을 해외로 입양하는 한국에 대하여 비판을 서슴지 않는다.

제3세계의 경험을 제1세계에 알리기 위해서 제3의 영역에 대한 회복이 필요하기 때문에, 민족문화와 민중문화와 같은 한국의 고유담론으로의 회귀에서 한국적 저항의 가능성을 찾는다. 한국의 무속, 민담, 설화는 저항의 표징으로 한국의 이산문학이 세계문학사에 기여하는 데 대안담론으로 기능한다. 특히 한국의 무속은 현실에서 억압받는 존재인 여성이 주체가 되어 행사를 주관한다는 점과 고난의 삶을 인종과 희생으로 이겨내며 살아가는 여성들을 위한 전복의 장이라는 점에서 한국입양인 여성들의 이산문학에서 중요한 자리를 차지한다.[21]

또한 신선영이 명미 김과 테레사 차학경이 보여준 한국계 미국인으로서의 용감한 비전에 감사를 보낸다는 데서 알 수 있듯이, 그녀는 한

산과 귀환의 틈새』(*Dispersed and Return*). 뿌리의집. p. 67; 유진월 · 이화형. 앞의 글. p. 409.

20 유진월. 2009. "이산의 체험과 디아스포라의 언어: 해외입양인 여성문학을 중심으로". 『정신문화연구』 제32권 4호(117). p. 70.

21 유진월 · 이화형. 앞의 글. p. 402.

국계 여성의 이산문학이 갖는 탈식민의 저항적 문화의 특징을 보여준다.[22] 억압받는 존재인 여성이 주체가 되어 행사를 주관한다는 점과 고난의 삶을 인종과 희생으로 이겨내며 살아가는 여성들을 위한 전복의 장이라는 점에서 신선영은 한국입양인 여성들의 이산문학에서 중요한 자리를 차지한다.[23] 노라 옥자 켈러의『종군위안부』와 테레사 차학경의『딕테』에서 사용된 이러한 영역에 대한 탐구를 계승하고 있다는 점에서 신선영은 또한 한인 디아스포라 여성 문학의 흐름을 보여준다. 그리고 서구의 언어로 글을 쓴다는 것은 문화적 혼종성을 바탕으로 하여 민족 혹은 인종을 넘어선 새로운 공동체 의식을 함양하는 매체가 될 수 있다는 것이다.[24] 서구의 언어를 통해 모국의 문화유산을 새롭게 구성해 내는 과정에서 다문화 세계의 디아스포라적 주체로서 재구성되는 것이다.

그리고 신선영은 한글/한국어를 사용하고 있는데, 그에게 한글/한국어는 현재 사용하지 않는 잊힌 언어이다. 자신의 몸과 기억 속에 아로새겨져 일종의 흔적으로 남아 있는 어휘로서 한글/한국어에 대한 애착과 관심은 그녀에게 낯선 나라의 기호에 불과한 해독불가능의 언어이지만, 애써 그 언어에 대한 기억을 찾아내려고 노력하는 과정에서 연결고리를 엮어내는 타자의 언어라고 할 수 있다. 이처럼 신선영이 언어를 사용하는 방법은 들뢰즈의 소수 언어 사용의 측면에서 탈영토화로 해석될 수 있다. 소수 언어를 가지고 작업하는 것은 그 언어를 탈영토화 하는

22 임진희. 2003. "한국계 미국 여성문학에 나타난 포스트식민적 이산의 미학".『여/성이론』 제9호. p. 251.

23 유진월 · 이화형. 앞의 글. p. 402.

24 태혜숙. 2001.『탈식민주의 페미니즘』. 여이연. p. 65.

것이며, 그렇게 함으로써 언어적 풍부함이나 빈곤함의 과정을 창조성의 원천으로 전환시킨다. 이러한 언어의 소수적 사용의 원리는 모국어 내에서 외국 사람처럼 존재함으로써 얻어진다. 작가에게 영어가 모국어이면서 모국어가 아니고, 미국인이면서 미국인 아닌 경계선 상에 자리한 작가는 자신이 사용해야 하는 언어의 속성을 도리어 적극적으로 활용함으로써 언어의 탈영토화를 모색하고 있다. 그리고 결국 자신만의 언어를 개척하는 재영토화로 나아가 디아스포라 문학의 한 지평이 된다고 할 수 있다.[25]

---

25 유진월 · 이화형, 앞의 글, pp. 405-406.

2. 여성해외입양문학

제3세계에서 서구사회로 밀려온 인종적 민족적 소수자로서 해외입양인은 제국 안에서 또 하나의 제3세계 곧 내부 식민지를 형성하게 된다.[26] 이는 내부의 이방인이라는 의미인데, 해외입양인은 자기를 밀어낸 제3세계의 상처를 안고 제1세계 내에서 살면서 이중적 정체성을 형성하게 되고, 그 결과 디아스포라가 된다.

근자에 들어서 해외입양인이 주체가 되고, 작품의 주인공인 해외입양인 작가 가운데 미국과 유럽으로 입양된 여성작가들의 작품이 우리 문단에서 연구의 대상이 되고 있다. 이는 해외입양인도 코리안 디아스포라의 범주에 듦을 의미하고, 해외입양인문학 또한 코리안 디아스포라 문학의 범주에 듦을 의미한다. 특히 어려서 강제적으로 추방당해 가족해체와 상실을 체험하고 인종과 국가, 언어, 문화가 다른 이국땅에서 성장한 해외입양인 여성작가들은 아시아/유색인종/어린이/여성이라는 다층적 억압이 중첩된 타자로서의 경험을 갖고 있다.[27]

해외입양인은 아동시기에 한국의 친가족과 결별을 경험하였고, 백인 중심의 서구 가정과 사회에서 성장하였으며, 항공 교통과 인터넷 환경과 영어사용을 축으로 해서 국경이나 지리적 한계를 초월한 초현대적 글로벌공동체를 형성하고 있는 점에서 매우 독특한 정체성을 지닌 재외

---

26 태혜숙. 2003b. "제3세계 여성의 글쓰기: 전지구화, 이산, 민족에 관하여". 『여/성이론』 제9호. p. 14.

27 유진월. 앞의 글. p. 80.

동포집단이다.[28] 특히 제1세계 속의 제3세계 출신 유색인종/여성/작가라는 다층적 지위 구성 요소들에 기반을 둔 해외입양인 여성작가들의 문학은 혼종적 정체성을 그리고 있으며, 그들은 다문화 시대 디아스포라 자아로서 새로운 문학 창조의 주체이다. 그들은 타자/소수자/이방인으로서의 자아를 확인하고, 경계인의 위치에서 주체를 객관화하는 과정을 거치는 동안 입양에 대한 사회적 인식을 갖고 말하는/저항하는 주체가 된다. 그러한 어우러짐의 과정 속에서 새로운 관계형성을 하게 되고 확장된 자아인식으로 나아가는 성숙한 자아로 거듭나게 된다는 것이다. 요컨대 그들의 문학은 중심도 주변도 아닌 경계에서의 글쓰기와 디아스포라적 상상력으로 문학과 예술의 영역을 확장하는 데 기여하게 될 것으로 본다.[29]

제3세계 출신이지만 제1세계 구성원으로 교육받고 그렇게 간주되지만 성인이 된 해외입양인은 심하게 정체성의 혼란을 겪는다. 요컨대 해외입양인은 한국인이 되고 싶지 않기 때문에 백인이 되고 싶어 하지만, 언제나 유색여성이며 백인사회의 불청객이자 주변적 존재로 타자화된다. 인종적 차이는 주체형성에 선행하며, 인종차별적인 호명에 의하

---

28 유진월 · 이화형. 앞의 글. p. 397.

29 유진월. 2009. 앞의 글. p. 81. 지금까지 소개된 여성해외입양인문학을 정리하면 다음과 같다. Dobbs, Jennifer Kwon. 2007. *Paper Pavilion*. White Pine Press; Kim, Sunee. 2008. *Trail of Crumbs: Hunger, Love and the Search for Home*. 강미경 역. 2008. 『서른 살의 레시피』. 황금가지; Langvad, Maya Lee(이춘복). 2006. *Find Holger Danske*. Borgen; Lee Herrick. 2007. *This Many Miles from Desire*.; Løes, Stnne Sun(지선). *Å spise blomster til frokst*. 손화수. 2006. 『아침으로 꽃다발 먹기』. 문학동네; Robinson, Katy(김지윤). 2002. *A Single Square Picture: Korean Adoptee's Search for Her Roots*. 최세희 역. 2002. 『커밍 홈』. 중심; Shin, Sun Young. 2007. *Skirt Full of Black*. Coffee House Press; Trenka, Jane Jeong(정경아). 2003. *Language of Blood*. 송재평 역. 2005. 『피의 언어』. 와이겔리; Trotzig, Astrid(박서여). 1996. Blod ar tjockare an vatten. 최선경. 2001. 『피는 물보다 진하다』. 석천미디어; 조미희. 2000. 『나는 55퍼센트 한국인』. 김영사; 윤주희. 박상희 역. 2007. 『다녀왔습니다』. 북하우스.

여 수치와 비참이 반복되고 억압의 역사는 지속된다. '바나나'와 같은 혐오발화로 불리는 주체는 수치스러움을 느끼고 상처받으며 거기서 벗어나기 위하여 한국인이라는 비(주)체로서의 호명을 거부한다.

이러한 정체성의 혼란스러움은 제3세계의 인종과 제1세계의 국적 사이에서 어디에도 명확하게 속할 수 없는 이산자아의 이중적 정체성으로 인하여 국가에 대한 애증관계를 형성한다. 그들은 미국인(스웨덴 사람)이기도 하고 한국인이기도 하면서, 동시에 미국인(스웨덴 사람)도 한국 사람도 아닐 수도 있다. 그렇다고 반은 미국인(스웨덴 사람)이고 반은 한국 사람이기도 할까? 그들은 한국인/미국인/유럽인 사이를 오가는 경계인적 존재로서 이산자아를 보여 준다.[30]

해외입양인들은 성인이 된 이후 겪게 되는 그들의 정체성 및 뿌리찾기 과정은 심각한 내적 갈등과 자기모순, 자아분열 등의 과정을 거치게 되며 그 과정에서 다양한 감정을 경험하게 된다. 특히 한국 입양인들의 대부분은 미국과 유럽의 백인 가정에서 성장하게 되므로 필연적으로 인종적 정체성의 갈등을 겪게 된다.[31]

바로 해외입양인문학은 국가에 의해 포기되고 방출된 여성들의 삶, 곧 제3세계적인 특성을 보여 준다. 백인사회에서 그들의 문화를 체화하고 그들의 언어로 말하지만, 언제나 낯선 타자로서 소외되어야 했던 상처받은 유색인종/입양인/여성은 잠시 한국에서 외모의 동질성만으로도 동화되는 편안함을 느끼게 된다. 한국사회의 남성 중심의 가부장제도, 가족을 돌보지 않는 폭력남편, 아들선호사상, 경제력이 없는 여

---

30 유진월. 앞의 글. pp. 59-60.

31 이소희. 2010. "초국가적 시민주체: 귀환한 해외 입양인들의 탈경계적 정체성". 『탈경계인문학』 제3권 2호. p. 201.

성, 순결에 대한 강박관념, 가족의 해체, 사회의 제도적 무관심 등은 그들을 해외입양으로 몰아갔다. 그렇지만 오해와 불신과 갈등을 거쳐 마침내 생모와 화해에 도달한다. 가족을 만나면 비로소 자기의 진짜 이름과 발음과 의미를 알게 되고, 그 이름 안에 담긴 부모의 소망을 알게 되면서 자아의 소중함을 느끼게 된다. 따라서 부모를 찾고 이름에 대해서 제대로 알게 되는 것은 자아 찾기와 새로운 정체성 형성이 출발이 된다. 발음할 수도 없고, 뜻도 알 수 없는 이름과 자신을 연결시키는 일은 제1세계 안에서 살아가야 하는 제3세계 출신 여성의 어려움과 고통을 그대로 표출한다.[32]

거주국의 언어로만 말하도록 강제되고 모국어를 전혀 할 수 없는 이산 자아들은 그 어려움을 나름의 방식으로 극복한다. 예를 들어 오랫동안 자기 이름을 발음할 줄도 몰랐던 해외입양인을 위하여 일하는 활동가이며, 화가이자 비디오 아티스트 조미희는 발견 당시 이름이었던 조미희, 벨기에에 와서 생긴 이름 미희 나탈리 르무안느(Mihee-Nathalie Lemoine), 생모를 만난 뒤 생긴 이름 김별 등 이름이 세 개다. 이 혼란스러운 삶의 흔적 앞에서 그녀는 남들은 하나밖에 없는 나는 세 개나 되는 풍요로움이라고 말한다.[33] 힘겨운 삶을 역설적인 위트와 유머로 표현할 수 있는 것은 자신의 위기를 극복해 내고 긍정적인 세계관을 갖게 된 당당한 여성상을 보여 준다. 그래서 그녀는 더 이상 자신이 유럽인도 한국인도 아닌 것을 힘들어 하지 않고, 양쪽의 경계에 선 그를 그대로 받아들인다. 이제 그녀는 한국인이기도 하고 유럽인이기도 하며 이 모두를 포함한 세계인이기도 한 것이다, 마침내 얻어낸 존재의 풍요로움인

32 유진월. 앞의 글. pp. 62-63.

33 조미희. 2000.『나는 55퍼센트 한국인』. 김영사; 유진월. 앞의 글. p. 62.

것이다.[34]

또 다른 해외입양인 여성 제인 정 트렌카는 결혼하게 되면서 세 가족으로부터의 이름을 얻게 되어 많은 이름이 생긴다. 결혼을 하게 되는 그때 자신이 원하는 이름을 선택할 수 있게 되면서 자신의 생의 의미를 정리하게 된다. 다시 말해 정경아, 아니면 경아 정? 제인 마리 브라우어, 제인 마리 트렌카, 제인 부라우어 트렌카, 제인 경아 부라우어 트렌카. 그리하여 출생한 한국 가족, 성장한 미국 가족, 결혼하면서 남편의 가족으로부터 각기 이름 한 자씩을 따오기로 결정한다. 제인 정 트렌카. 그 이름은 바로 제인 정의 현실을 그대로 반영한 상처이자 신분증이다. 이렇게 그녀는 자신의 생애를 정리하면서 새로운 정체성을 확인하게 된 것이다.[35]

그러나 모든 해외입양인이 조국과 부모와 화해하는 것은 아니다. 해외입양인은 남성의 보호가 없는 가난한 여성의 자녀이며, 국가와 사회에 의해서 밀려난 자이며, 국가경제에 외화벌이로 기여한 자이며, 이질적 문화 환경에서 차별받는 소수자인데, 이제 그 모든 것을 이겨내고 정체성을 찾아가는 적극적이고 주체적이고 능동적인 저항적 인간이며, 자신을 버린 부모를 용서하고 화해하는 성숙한 인격자이어야 하며, 고난을 이겨낼 사람이라는 다층적 위치를 한 몸에 담고 있는 매우 복잡한 인격체이다.[36]

그들은 한번 버려진 적이 있는 사람이 가진 두려움, 아무도 나를 원

---

34 유진월. 앞의 글. p. 63.

35 Trenka, Jane Jeong. 2003. *The Language of Blood*. Saint Paul: Graywolf; 제인 정 트렌카. 2010. "백만 명의 살아있는 유령: 구조적 폭력, 사회적 죽음 그리고 한국의 해외입양". 『여/성이론』 제22호; 유진월. 위의 글. p. 64.

36 유진월. 앞의 글. p. 64.

하지 않고 사랑하지 않을지도 모른다는 두려움, 사랑받아야만 한다는 그리고 칭찬을 받아야만 한다는 강박관념을 갖고 있다. 여성해외입양인은 출생지에도 불구하고, 생긴 모양새에도 불구하고, 그리고 또 입양아임에도 불구하고 꽤 잘났다는 것을 보여주어야만 한다는, 제일 잘해야 한다는, 절대 실패해서는 안 된다는 것 등이 자신을 억압하던 강박관념이라고 고백한다.[37] 제인 정 또한 다시 돌려보내질지도 몰라, 나보다 더 착하고 철이 든 아이, 남에게 상처 주는 말 따위를 하지 않는 아이와 교환될지도 몰라, 한국 어머니에 이어 미국 어머니까지 나를 버린다면 다시는 그 어느 누구도 나를 원치 않을 것이라고 말하면서 어린 시절로 되돌려 보내지는 것을 두려워하였다고 고백한다.[38]

현재 해외로 입양되어 성인으로 자란 이들은 '한인 디아스포라'로 규정되는 것을 거부하고, 단순히 유전적으로만 한국인이기 때문에 제4의 정체성을 주장한다. 현재 해외입양인들의 2/3 이상을 차지하는 한국계 미국 입양인들의 경우 미국 내에서의 한인 커뮤니티와는 일정 거리를 두고 성장하므로, 한인공동체에 문화적 정체성의 기반을 두고 있는 한국계 이민자들 및 한인 디아스포라들과도 차별화된다.[39] 그러나 다른 한편 이들 중 3,000~5,000명 정도가 매년 자신의 정체성을 찾아, 뿌리를 찾아, 가족을 찾아, 모국의 문화와 언어를 배우기 위해 다시 한국으로 돌아오고 있는 실정이다.[40]

이렇게 해외입양인(여성)들이 그들을 떠난 보낸 제3세계로 돌아와

---

37 위의 글. p. 64.

38 위의 글. p. 65.

39 이소희. 앞의 글. p. 205.

40 김도현. 2009. "입양의 날을 어떻게 기념할 것인가?". 제4회 입양의 날 기념 전시회 팸플릿. 『이산과 귀환의 틈새』(*Dispersed and Return*). 뿌리의집. p. 15; 이소희. 위의 글. p. 201.

부모와 가족을 만나고 뿌리를 확인하는 과정을 거쳐서 다시 제1세계로 돌아가는 경로를 거친 결과, 외적으로는 동일하지만 한국인으로서의 정체성을 확인한 이후이므로 내적으로는 다른 의미를 갖는다. 이산문학의 핵심은 이 혼란에 빠진 이산자아가 어떻게 제1세계에서 가려진 기억을 총체적으로 회복할 것인가 하는 것이다. 그것이 바로 글쓰기의 기억을 통하여 기억의 회복으로 나아가며, 결국 새로운 자아를 형성할 수 있는 자신감으로 충만해지는 것이다.[41] 그렇다면 과연 귀환한 해외입양인들은 한국 사회 내에서 탈경계적 정체성을 지닌 초국가적 시민주체로서 자리할 수 있을까? 물론 뿌리 찾기를 하지 않은 대다수의 해외입양인은 차치하고 말이다.

오늘의 세계는 전 지구적으로 열린 사고를 할 수 있는 새로운 공동체 개념이 필요하고, 이 공동체를 형성하는 데서 민족의 의미를 새로 구성하고 복잡한 삶의 당혹감을 버텨내는 과정을 형상화하는 문화적 작업이 중요하게 된다. 이것을 디아스포라의 미학적 실천이라고 할 수 있다.[42] 따라서 이들의 문학이 보여 주는 중심도 아닌 주변도 아닌 경계에서의 글쓰기와 디아스포라적 상상력은 민족적 상상력에 개입하고 영향을 미치게 될 것이다. 이렇게 창출되는 새로운 의식과 표현은 지구화 시대의 독창적 문화양식이 될 것이다. 그리고 해외입양인들의 영어/유럽어로 글쓰기는 문화적 혼종성을 바탕으로 민족 혹은 인종을 넘어선 새로운 형태의 공동체 의식을 함양하는 데 주요한 매체가 될 것이다.[43]

---

41 유진월, 앞의 글, p. 67.
42 위의 글, p. 77.
43 위의 글, p. 78.

NOMADISM

제9장

결 론

KOREAN DIASPORA LITERATURE

지금까지 노마디즘의 개념을 염두에 두고 코리안 디아스포라 문학을 개관하였다. 국경을 넘는 상품과 자본의 이동은 물론이려니와 노동력의 국제적 이동이 일상화되고 있는 지구화의 시대에 인구의 이동과 유목의 개념은 천착할 필요가 있다. 특히 7,000만 명의 한반도 거주 한인의 10%인 700만 명에 이르는 코리안 디아스포라(재외동포)의 이주역정과 정체성을 반영하고 있는 코리안 디아스포라 문학에 대한 연구는 재외동포 연구에서 간과할 수 없는 영역이다. 특히 지구화가 가속화되면서 한국 사회가 다양한 소수자들, 즉 탈북자, 재외동포, 동남아시아 이주노동자 등이 많이 유입되면서 다문화 사회로 들어가고 있으며, 소수자들과의 갈등요인을 해소할 수 있는 사회통합이 현안 및 당면과제로 제기되고 즈음에, 이 문제에 대한 해법을 코리안 디아스포라 문학 안에서 찾을 수 있을 것으로 기대한다.[1]

일찍 국문학과 영문학 전공자들에 의하여 일구어진 코리안 디아스포라 문학연구를 노마디즘의 문제 틀로 읽어보려고 하였던 필자의 공부 결과가 이 자료집으로 나오게 되었다. 이 자료집은 서문에서 고백한 바와 같이 코리안 디아스포라 문학의 초심자로서 필자의 주장이 명확한 것도 아니며, 또 그것을 뒷받침할 만한 논거도 부족하다. 탈식민 시대 제3의 정체성을 추구하는 디아스포라로서의 코리안 디아스포라 문학에 대한 선구자들의 작업결과를 개관하는 수준에서 독서를 하였을 뿐이다.

---

1 박연옥. 2006. “재미 한인문학 연구의 현단계”. 김종회 편. 『한민족 문화권의 문학 2』. 국학자료원. p. 38. 여기서 우리는 디아스포라 문학을 정은경의 정의에 따라 디아스포라 문학을 자신의 기원인 민족국가의 영토를 벗어나 바깥에 거주하는 이산인의 문학을 일컫는 말로 받아들인다. 디아스포라의 경험은 국가와 국가의 경계, 문화와 문화의 경계를 넘어서는 혼종문화적 성격을 갖고 있기 때문에 전통적인 주체 이론의 한계를 넘어선 주체연구로 다루어져야 한다는 것이다. 정은경. 2006. “추방된 자, 어떻게 자신의 운명의 주인이 되는가: 코리안 디아스포라 문학의 현재”. 『실천문학』 제83호.

다만 코리안 디아스포라 문학에 대한 선행 연구자들의 연구결과는 지역을 불문하고 재외동포들의 의식과 태도에 있어서 민족정체성의 약화를 확인할 수 있다는 것이다. 이주한인 1세대로부터 2, 3, 4세대로 그 세대를 거듭해 갈수록 점차 정주의식을 반영하여 모국지향적인 정체성은 약화되는 대신에 제3의 정체성을 지향하는 것으로 나타난다는 것이다. 이를 필자는 디아스포라 정체성이라고 부른다. 새로운 유목의 시대, 노마디즘이라고 할 수 있는 디아스포라 정체성이 최근의 코리안 디아스포라 문학을 형상화하고 있다.

이제까지 대다수의 한국계 해외동포 작가들의 작품은 한결같이 '민족 얼'과 '참자아 찾기' 등 기원으로의 회귀로 귀결된 것으로 이해하였다. 이민문학의 가족사 소설로 명명할 수 있는 초기 코리안 디아스포라 문학작품에서는 이미 한국에서도 사라진 풍속과 혈친적 감수성 등을 강조하고 있다. 소박한 민족의식 및 정체성 회복에 초점이 맞춰지는 재외동포 작가들의 초기 작품에서 소수인종으로서 살아가는 코메리칸의 생활상을 우리 당대의 문제로 절감하기는 상대적으로 어렵다.[2]

이러한 민족적 정체성은 국민국가 이후 근대사회의 산물이라고 지적된다. 민족에 근거한 민족(또는 국민)국가의 존재이유는 우리와 그들 사이의 경계를 설정하여 그것을 강화하고 감시하는 것이었다. 특히 상품과 자본과 사람의 이동이 국경을 넘나드는 지구화의 경향 속에서도 상대적으로 부유한 국가가 가난하고 힘없는 이방인들에게 장벽을 설치하여 월경을 금지하는 현실에서 그런 측면이 드러난다. 그렇지만 다른 한편 작금의 지구화는 문화의 다양성을 추진하는 가운데 특정 장소와

---

2 유희석. 2002. "한국계 미국작가들의 현 주소: 민족문학의 현단계 과제와 관련하여". 『창작과비평』 제30권 2호. p. 274.

결합된 문화의 동일성을 깨뜨리고 집합적 기억을 망각의 저편으로 퇴색시키는 작용도 함께 한다.[3]

사회문화적 정체성은 한 집단에 고착된 속성이라기보다는 다양한 집단의 역동적인 상호작용의 결과로 생겨나는 산물이다. 그래서 정체성은 서로 다른 문화적 배경을 가진 집단과의 관계에서 새롭게 생성되고 변화해 나가는 것으로 이해된다.[4] 현 시기 사회는 타자의 존재를 인정하지 않는 폐쇄적인 사회가 아니라, 유동성 비결정성 개방성을 특징으로 하는 접선의 사회를 지향하는 지구화를 통하여 문화는 접변을 일으켜 정체성의 변화를 가져온다. 지구화가 경제논리의 측면에서 획일주의적 성격을 내포하고 있지만, 동시에 지구화의 진행에 따라 전 지구적인 다원성과 다양성의 공존을 회복시키는 일면을 지닌다. 이렇게 지구화는 문화의 다원성 내지 다양성을 초래하기 때문에 타자에 대한 인정이 필요하다. 이를 문화적 다원주의 또는 다문화주의라고 할 수 있다. 따라서 다문주의에 대한 이해를 위해서는 지구화가 양면성을 갖는다는 것을 받아들이고, 이로부터 다양한 문화적 주체들의 공존과 연대의 가능성을 모색할 수 있다는 것을 의미한다.

상대주의적 관점에서 서구의 다문화주의는 보수적 다문화주의, 자유주의적 다문화주의, 좌파적 다문화주의로 나눌 수 있다.[5] 김은중은

---

3 정은경. 2006. 앞의 글 참조.

4 장미영. 2009. "제의적 정체성과 디아스포라 문학". 『한국언어문학』 제68집. p. 440.

5 김은중. 2005. "세계화, 정체성, 다문화주의". 『라틴아메리카연구』 제18권 1호. pp. 167-170. 먼저, 보수적 다문화주의는 다문화주의적 분리주의라고 할 수 있는데, 영국과 미국의 경우가 이에 속한다. 미국은 WASP(White, Anglo-Saxon, Protestant)의 지배적 헤게모니의 유지를 위하여 인종 간의 분리주의 정책을 실천하였다. 다만 정치적 올바름과 연관된 모든 정책은 직접적으로 문화적 다양성을 유지하도록 장려하지는 않지만, 각자에게 민족 문화적 차별을 당하지 않을 권리를 인정하는 것이다. 둘째, 자유주의적 다문화주의는 모든 개인이 동등한 권리와 의무를 갖는 시민으로 인정하며 모든 시민은 서

위와 같은 다문화주의에 대한 상대주의적 관점들은 상호 공존이 가능한가 문제를 제기하고, 그 해답을 '이산적(디아스포라적) 정체성'에 대한 새로운 인식에서 찾는다. 문화적 사실들이 민족적 경계를 가로질러 가며 만드는 새로운 흐름 속에서 다문화적 정체성은 문화들의 경계선에 위치한다는 것이다. 문화집단 사이의 경계는 유동적이며 흐릿하고, 또한 문화집단의 내부도 본질주의자들이 주장하는 것처럼 동질적이지 않다. 따라서 이산은 정체성과 운동 그리고 문화적 잡종화에 대립하는 것이 아니라 오히려 그것과 함께 간다고 본다.

문화적 정체성은 다중심적 체계와 국가 중심적 체계가 상호작용하는 복수의 체계 속에서 다양한 방식과 수준으로 변화한다. 세계경제의 상호의존성과 불확실성은 이주의 흐름을 다변화 가속화시키고 탈지역화된 네트워크가 세계 곳곳에 형성되고 있다. 이주자와 고향에 남은 자 사이에는 다양하고 긴밀한 관계가 존재하고 떠난 곳으로 되돌아가는 일도 빈번하다. 이러한 과정에서 탈영토화/탈민족화되는 운동들은 주체의 위치를 더욱 탈안정화시키면서 주체-주체, 주체-세계의 접촉면적을 확산시킨다. 이런 맥락에서 지구화의 문화적 양상을 '접선의 지구화'라고 부를 수 있는 것처럼 '이산적(디아스포라적) 정체성'은 '접선의 정체성' 혹은 '경계의 정체성'이라고 부를 수 있다는 것이다.

로 간에 그리고 법 앞에서 평등하다는 입장이다. 개별적 특수성이나 공동체적 정체성은 전적으로 사적인 영역으로 취급된다. 프랑스를 중심으로 유럽의 국가들에 적용되는 자유주의적 다원주의는 세속적 공화제의 전통에 뿌리를 두고 있으며 동화주의로 해석될 수 있다. 동화주의적 사회에서 국민으로서 국가에 소속되는 것은 배타적이고 절대적이며, 법은 내국인과 외국인을 인정할 뿐이기 때문에 소수민족집단의 문화와 정체성을 인정하지 않는다. 영미의 '차별철폐 조처'가 프랑스에서는 '실제적 차별화'로 해석된다. 셋째, 좌파적 다문화주의는 자유주의적 다문화주의가 표방하는 개인의 보편적 평등을 비판하면서, 평등이란 이상적 추상화에 지나지 않고 개인은 미시적이고 거시적인 불평등한 사회권력에 종속되어 있기 때문에 이에 대한 해방을 주장한다.

다시 말해 이산적 정체성은 자기동일성을 유지하면서 열린 상대주의를 긍정한다. 그리고 이산적 정체성은 지구화에 대한 논의가 이데올로기적 차원에 머물지 않고 다양한 삶의 방식의 실질적인 공존을 현실화하기 위해 요구되는 상대주의가 된다. 이처럼 지구화는 미디어를 통한 정보의 확산이나 초국적기업의 경제행위의 전 지구적 확산의 한 측면을 갖는 것과 더불어, 사람들이 끊임없는 이주로 인하여 탈영토화된 개인들의 삶의 층위들이 다양한 차원에서 서로 경계를 접하면서 중층적으로 상호작용하는 다른 측면을 갖는다. 특히 이 책의 서두에서 확인한 바 있는 탈영토화와 유목주의로 상징되는 문화적 지구화는 내부/외부의 경계를 끊임없이 넘나듦을 통해 사유의 고질적인 실체론적 이원론을 해체하고 생성적인 삶을 추동한다. 탈영토화와 유목주의는 창조와 생성(되기)이란 개념에 상관적이며, 특권적 권력의 경계 안에 모든 것을 가두고 포획하려는 위협에 대한 적극적 저항이다.

이처럼 이산의 정체성을 통한 문화적 잡종화는 끊임없이 외부를 사유하도록 요구한다. 어떤 경우든 경계 안쪽만의 순수한 내부는 없다. 이런 의미에서 외부란 순수한 내부의 불가능성을 표시하기 위해, 결국은 내부와 외부가 닫힌 경계를 갖지 않음을 표시한 것이다. 그것은 어떤 불변의 내적 본성이 부재한다는 것을 의미하며, 모든 것은 조건에 따라, 그것이 만나는 외부에 따라 다른 것이 되며 다른 본성을 갖게 된다.[6] 외부는 정체성과 문화의 경계 내부에 존재하며, 내부에서 작동하는 외부이고, 내부를 가능하게 하는 외부이며, 경계가 존재하기 이전의 모든 방향을 향해 열린 잠재성 전체이다.

---

6 이진경. 2004. 『자본을 넘어선 자본』. 그린비. pp. 461-462.

인구수의 감소, 3D업종의 기피, 도시여자들의 시골기피 현상, 주변국에 비해 경제적 가치가 높은 현상 등 여러 가지의 사회문화적 변화 속에서 동남아인, 동유럽인, 중국교포, 탈북자 등 다양한 외국인 이주자들의 입국이 이루어지고 있다. 이러한 사회의 변화는 두 가지의 문제점을 야기한다. 먼저 미래에 발생할 잠재적 · 사회적 갈등에 대한 우려이다. 또 다른 문제는 한국사회가 일제 식민지를 거치는 과정에서 왜곡된 민족주의와 인종주의가 내면화되어 외국인 이주자들에 대한 인종, 국가, 민족 평등을 내세우기에는 일정한 한계를 갖는다.[7]

이에 따라 외국인 이주자에 대한 형상화가 한국인 작가에 의해서 이루어지고 있지만 그들의 삶을 사실적으로 그릴 수 있을 것인지 의문이다. 우리는 식민지를 경험하고 자본주의 시대에 제3세계로서의 지위를 경험했지만 서구의 경제구조와 지식담론을 답습하고 있다. 그러한 상황에서 하위주체인 외국인 이주자의 정체성을 어느 정도 정당하게 형상화할 수 있을 것이며, 소설적 형상화 속에 내면화되어 있는 주체-객체 사이의 관습적이면서 권력적인 억압의 논리를 어떻게 폭로하고 객관화할 것인가의 문제가 남는다. 바로 이러한 소설들이 외국인 이주자에 의해서 쓰인 것이 아니라 한국인에 의해서 쓰였기 때문에 외국인 이주자의 삶을 충분히 재현하였다고 볼 수 없으며, 디아스포라 문학이라고

---

7 오윤호. 2009. "디아스포라의 플롯: 2000년대 소설에 형상화된 다문화 사회의 외국인 이주자". 『사학과 언어학』 제17호. pp. 246-7. 외국인의 유입이 급증함에 따라 한국문학에 있어서도 외국인 노동자 및 결혼이주민들을 다룬 작품들이 창작되고 있다. 조선족 결혼 이주자들의 사랑과 결혼을 다룬 천운영의 『잘가라 서커스』와 공선옥의 『유랑가족』, 네팔인과 한국 여성의 사랑을 형상화한 박범신의 『나마스테』, 유쾌한 사춘기를 보내는 혼혈아 완득이를 그린 김려령의 『완득이』 등이 그런 작품이다. 그리고 외국인 이주자 문제를 본격적으로 문제제기한 김재영의 『코끼리』와 손홍규의 『이무기 사냥꾼』 등은 외국인 이주자들과의 공존과 다문화 사회의 갈등에 대한 진지한 사회적 물음을 제기하고 있다.

부를 수 없다.[8]

앞서 우리가 한국문학에서 우리 민족이 해외에 이산되어 살아가는 삶을 그린 것을 코리안 디아스포라 문학이라고 하였다면, 거꾸로 외국인들이 우리나라로 이산되어 와서 사는 현실을 그린 역디아스포라 문학이 존재할 수 있다.[9] 따라서 코리안 디아스포라 문학이 가지고 있는 타자로서 디아스포라를 경험하는 혼종적 정체성과 문화적 비판의식을 기대할 수 있다. 이제 다문화가정 2세가 한국어 혹은 그들 부모의 언어로 문학을 하게 되는 순간에 진정한 코시안 디아스포라 문학이 나올 것으로 기대한다. 소수자에 대한 진정한 연대를 꿈꾸는 문학적 상상력이 우리 안의 타자에 대한 문화적 혼종성의 문제를 드러낼 것이기 때문이다.[10]

8 오윤호, 앞의 글, pp. 246-247.

9 장미영, 앞의 글, p. 438.

10 오윤호, 앞의 글, p. 247.

참고문헌

강상중 · 요시미 슌야, 임성모 역. 2000. "혼성화 사회를 찾아서: 내셔널리즘의 저편으로". 『당대비평』 제10호(봄호).

강선화. 2003. "정체성의 위기와 철학적 변용". 김종회 편. 『한민족 문화권의 문학』. 국학자료원.

강진구. 2006. "제국을 향한 모델 마이너리티의 자기 고백: 고려인 디아스포라 문학의 특징". 『현대의 문학연구』 제29호.

고미숙. 2001. "'천의 고원', 유쾌한 '노마드'의 지적 여정: 연암 박지원의 『열하일기』". 『문학과 경계』 제1권 1호.

고병권. 2009. 『추방과 탈주』. 그린비.

고병권 · 이진경 외. 2007. 『코뮨주의 선언』. 교양인.

고봉준. 2008. "재일조선인문학에서 기억과 망각의 문제: 재일 2세대와 3세대 문학을 중심으로". 『우리어문연구』 제30집.

구모룡. 2010. "윤동주의 시와 디아스포라로서의 주체성". 『현대문학이론연구』 제43호.

구사회. 2009. "〈공무도하가〉의 가요적 성격과 디아스포라". 『한민족문화연구』 제31호.

권혁태. 2007. "'재일조선인'과 한국사회: 한국사회는 재일조선인을 어떻게 표상해 왔는가". 『역사비평』 제78호.

김동춘. 2006. 『1997년 이후 한국사회의 성찰』. 길.

김명환. 2005. "87년 이후의 민족문학론". 『창작과비평』 제34권 4호(겨울호).

김미영. 2006. "혼성적 사회에의 서사적 대응: 이창래 소설의 특성 연구". 『국어국문학』 제143호.

김미정. 2008. " 호스트 네이션 공동체와 문학에 대한 단상: 최근 세계문학/민족문학 구도의 난경을 넘어서". 『작가와 비평』 제8호.

김승희. 2000. "차학경의 텍스트 『딕테』 읽기: 탈식민주의적, 페미니즘적 독해". 『서강인문논총』 제13집.

김완균. 2008. "다문화주의 시대의 문화상호적 문학텍스트 분석". 『독일어문학』 제

40집.
김영민. 2009. “새로운 문화담론으로서의 초국가주의”. 『한국중앙영어영문학회』 제51권 1호.
김응교. 2010. “이방인, 자이니치 디아스포라 문학”. 『한국근대문학연구』 제21호(상반기).
김은중. 2005. “세계화, 정체성, 다문화주의”. 『라틴아메리카연구』 제18권 1호.
김의락. 2003. 『경계를 넘는 새로운 글쓰기』. 신아사.
김종회. 2009. “재외 한인 디아스포라 문학과 민족의식: 미주지역 문학작품을 중심으로”. 『비교한국학』 제17권 3호.
______. 2008. “남북한 문학과 해외동포문학의 디아스포라적 문화통합”. 『한국현대문학연구』 제25호.
______. 2007. 『디아스포라를 넘어서』. 민음사.
______. 2006. “중국 조선족 문학의 형성과 작품세계”. 김종회 편. 『한민족 문화권의 문학 2』. 국학자료원.
______. 2004. “재외동포문학의 어제 오늘 내일: 재미국 재일본 재중국 동포문학의 범주와 실상을 중심으로”. 『어문연구』 제32권 4호(겨울).
김종회 편. 2003. 『한민족문화권의 문학』. 국학자료원.
김태기. 2007. 『일본의 한민족청소년 현황 및 생활실태 연구』. 한국청소년정책연구원.
김필영. 1999. “송 라브렌티의 희곡 기억과 카자흐스탄 고려 사람들의 강제 이주 체험”. 『비교한국학』 제4호.
______. 2004. 『소비에트 중앙아시아 고려인문학사』. 강남대출판부.
김학동. 2009. 『재일조선인문학과 민족』. 국학자료원.
김현택 외. 2001. 『재외 한인작가 연구』. 고려대학교 한국학연구소.
김형규. 2009. “중국 조선족 소설과 소수민족주의의 확립: 1960~70년대 단편소설을 대상으로”. 『현대소설연구』 제40호.
김환기. 2009. “재일 디아스포라 문학의 ‘혼종성’과 세계문학으로서의 가치”. 『일본학보』 제78집.
______. 2008. “재일 디아스포라 문학의 형성과 분화”. 『일본학보』 제74집 1권.
김환기 편. 2006. 『재일 디아스포라 문학』. 새미.
목영해. 2010. “들뢰즈의 유목주의와 그 교육적 함의”. 『교육철학』 제48집.
박선주. 2010. “문학연구의 탈/경계; 트랜스내셔널 문학: (국민)문학의 보편문법에 대한 문제제기”. 『안과밖』(영미문학연구) 제28호.
박성창. 2010. “문학연구의 탈/경계; 민족문학, 비교문학, 세계문학”. 『안과밖』(영미문학연구) 제28호.
박연옥. 2006. "재미 한인문학 연구의 현단계". 김종회 편. 『한민족 문화권의 문학 2』. 국학자료원.
박정선. 2002. "아시아계 미국인에 대한 타자화화와 그 문제점". 『역사비평』 제58호(봄호).
박정희. 2009. "탈민족주의 시대, 신노마드의 모험 그리고 남긴 이야기들". 『독일어문학』 제46집.
박진숙. 2009. "중국 조선족 문학의 디아스포라적 상상력을 통해 본 디아스포라적 의미". 『민족문학사연구』 제39호,
박진영. 2006. "이산적 정체성과 한국계 미국작가의 문학 읽기". 김종회 편. 『한민족 문화권의 문학 2』. 국학자료원.
베이징대륙교문화미디어 편. 양성희 역. 2010. 『역사를 뒤흔든 대이동 77가지』. 현암사.
손보미. 2003. "1990년대 중국 조선족문학에 나타난 변화 양상". 김종회 편. 『한민족 문화권의 문학』. 국학자료원.
신승엽. 2006. "흔들리는 민족문학: 민족문학론을 둘러싼 최근 논의에 대하여". 『창작과비평』 제35권 2호(여름호).
______. 2005. "20세기 민족문학론의 패러다임에 대한 몇 가지 반성". 『크리티카』 창간호.
______. 1999. "세기 전환기, 민족문학론에 대한 단상". 『문학동네』 봄호.
안낙일. 2008. "중국조선족 대중소설 연구". 『겨레어문학』 제41집.
안성렬. 2007. "정처 없이 떠도는 유목주의와 현실의 유목자들". 『문화예술』.
엄묘섭. "세계화, 디아스포라, 민족적 정체성". 『사회과학논총』 제8집.
오상순. 2006. "이중 정체성의 갈등과 문학적 형상화: 조선족 문학의 어제와 오늘과 내일". 『현대문학의 연구』 제29호.
오양호. 2006. "현대 중국 조선족 문학의 정체성". 김종회 편. 『한민족 문화권의 문학 2』. 국학자료원.
오윤호. 2009. "디어스포라의 플롯: 2000년대 소설에 형상화된 다문화 사회의 외국인 이주자". 『사학과 언어학』 제17호.
오창은. 2004. "이주문학에 나타난 정체성 변화에 대한 고찰". 『국제한인문학연구』.
유선모. 2001. 『미국 소수민족 문학의 이해: 한국계 편』. 신아사.
유숙자. 2000. 『재일 한국인 문학연구』. 월인.
유진월. 2009. "이산의 체험과 디아스포라의 언어: 해외입양인 여성문학을 중심으로". 『정신문화연구』 제32권 4호(117).

유진월 · 이화형. 2010. "침묵하는 타자에서 저항하는 주체로의 귀환: 해외여성 입양인 문학의 한 지평". 『우리문학연구』 제29집.
유희석. 2002. "한국계 미국작가들의 현주소: 민족문학의 현단계 과제와 관련하여". 『창작과비평』 제30권 2호.
육성희. 2010. "이분법을 넘어서: 아시아계 미국문학 국외 연구동향". 『안과밖』(영미문학연구) 제28호.
윤성호. 2009. "누가 민족문학을 두려워하랴?: 트랜스내셔널리즘 시대의 민족문학". 『한국학논총』 제45집.
윤송아. 2003. "재일조선인문학 개관". 김종회 편. 『한민족 문화권의 문학』. 국학자료원.
윤인진. 2004. 『코리안 디아스포라: 재외한인의 이주, 적응, 정체성』. 고려대학교출판부.
이귀우. 2000. "『딕테』에 나타난 탈식민적 언어와 파편적 구조". 『영미문학 페미니즘』 제8권 1호.
이동하 · 정효구. 2003. 『재미한인 문학연구』. 월인.
이명재. 2006. "고려인 문단의 현황과 자료의 체계화: 중요성과 접근방향을 중심으로". 김종회 편. 『한민족 문화권의 문학 2』. 국학자료원.
______. 2004. 『억압과 망각 그리고 디아스포라』. 한국문화사.
이명재 편. 2002. 『소련지역의 한글문학: 국외 고려인 문단 조사 보고서』. 국학자료원.
이상봉. 2010. "디아스포라와 로컬리티 연구: 재일코리안을 보는 새로운 시각". 『한일민족문제연구』 제18호.
이소연. 2003. "재미 한인문학 개관 II". 김종회 편. 『한민족 문화권의 문학』. 국학자료원.
이소희. 2010. "초국가적 시민주체: 귀환한 해외 입양인들의 탈경계적 정체성". 『탈경계 인문학』 제3권 2호.
이수미. 2005. "한국의 아시아계 미국문학 연구". 『영어영문학』 제51권 4호.
이우현. 2003. "이민자의 정체성 위기와 그 극복". 김종회 편. 『한민족 문화권의 문학』. 국학자료원.
이정석. 2009. 『재일조선인문학의 존재양상』. 인터북스.
이준규. 2001. "소련의 해체와 중앙아시아 고려인". 『민족연구』 제7호.
이진경. 2010. 『역사의 공간: 소수성, 타자성, 외부성의 사건적 사유』. 휴머니스트.
______. 2007a. "자본주의와 이동의 문제". 이진경 편저. 『모더니티의 지층들』. 그린비.
______. 2007b. "노마디즘과 이동의 문제". 『진보평론』. 제31호.

______. 2004. 『자본을 넘어선 자본』. 그린비.
이희근. 2008. 『우리 안의 그들, 역사의 이방인들』. 너머북스.
임유경. 2008. "디아스포라의 정치학- 최근 중국조선족 문학비평을 중심으로". 『현대문학의 연구』 제36호.
임진희. 2005. 『한국계 미국 여성문학』. 태학사.
______. 2003. "한국계 미국 여성문학에 나타난 포스트식민적 이산의 미학". 『여/성이론』 제9호.
임헌영. 2010. "한국문학과 다문화". 『세계한국어문학』제3집.
장미영. 2009. "제의적 정체성과 디아스포라 문학". 『한국언어문학』 제68집.
장사선 · 우정권. 2005. 『고려인 디아스포라 문학연구』. 월인.
장윤수. 2010. 『코리안 디아스포라와 문화네트워크』. 북코리아.
재외동포문학사업추진회 편. 2005. 『해외동포문학 재미한인 소설 Ⅰ, Ⅱ, Ⅲ』. 해토.
______. 2005.『해외동포문학 재미한인 시 Ⅰ, Ⅱ, Ⅲ』. 해토.
정덕준. 2006a. "재외 한인문학과 한국문학: 연구방향과 과제를 중심으로". 『한국문학이론과 비평』 제32호.
______. 2006b. "개혁개방시기 재중 조선족 소설연구: 1970년대 후반~1990년대 전반기 작품을 중심으로". 김종회 편. 『한민족 문화권의 문학 2』. 국학자료원.
정수일. 2010. "민족과 민족주의, 그 재생적 담론". 정수일 외. 『재생의 담론, 21세기 민족주의』. 통일뉴스.
정은경. 2010. "민족문학, 세계문학, 디아스포라문학". 『우리어문연구』 제38집.
______. 2006. "추방된 자, 어떻게 자신의 운명의 주인이 되는가: 코리안 디아스포라 문학의 현재". 『실천문학』 제83허.
정은귀. 2010. "미국의 한국계 시인들, 디아스포라, 귀환의 방식: 다종기, 캐시 송, 명미 김을 중심 으로". 『비교한국학』 제18권 3호.
______. 2009. "탈경계 시대의 한국계 미국문학- 이산(Diaspora)의 안과 밖". 『플랫폼』 제16호.
정은숙. 2007. "상호텍스트성의 관점으로 차학경의 『딕테』 읽기". 『비교문학』 제42호.
정정호 편. 2003. 『들뢰즈의 철학과 영미문학 읽기』. 동인.
조규익. 2009. "해외 한인문학의 존재와 당위: '한민족문학' 범주의 설정을 제안하며". 『국어국문학』 제152호.
조규익 편. 1999. 『해방 전 재미한인 이민문학 1-6』. 월인.
조미희. 2000. 『나는 55퍼센트 한국인』. 김영사.

조영희. 2003. “형식파괴를 통한 저항적 글쓰기”. 김종회 편. 『한민족 문화권의 문학』. 국학자료원.
조윤경. 2006. “현대 문화에 있어서 노마디즘과 이동성의 의미: Attali와 Maffesoli의 논의를 중심으로”. 『불어불문학연구』 제66집.
주정란. 2003. “재러 고려인의 방랑자 의식에 대한 고찰”. 김종회 편. 『한민족 문화권의 문학』. 국학자료원.
최강민. 2009. 『탈식민과 디아스포라 문학』. 제이앤씨.
최원식. 2003. “민족문학과 디아스포라: 해외동포들의 작품을 읽고”. 『창작과비평』(봄호).
최유진. 2010. “해외입양인 내러티브에 나타난 침묵된 이주와 죽음의 이미지: 〈여행자〉와 〈귀향〉을 중심으로”. 『비교한국학』 제18권 3호.
최진석. 2006. “자크 아탈리의 호모 노마드”. 계간 『문화예술』.
최효선. 2002. 『재일한인 문학연구』. 문예림.
태혜숙. 2009. 『다인종 다문화 시대의 미국문화 읽기』. 이후.
______. 2003a. “아시아계 디아스포라 여성의 위치에서 ‘몸으로 글쓰기’: 『여성전사』와 『딕테』를 중심으로”. 『영미문학 페미니즘』 제11권 1호.
______. 2003b. “제3세계 여성의 글쓰기: 전 지구화, 이산, 민족에 관하여”. 『여/성이론』 제9호.
______. 2001. 『탈식민주의 페미니즘』. 여이연.
트렌카, 제인 정. 2010. “백만 명의 살아있는 유령: 구조적 폭력, 사회적 죽음 그리고 한국의 해외입양”. 『여/성이론』 제22호.
하정일. 2008. 『탈식민의 미학』. 소명출판.
______. 2007. “한국근대문학의 위기에 대한 몇 가지 단상”. 『오늘의 문예비평』 제65호.
한경구. 2008. “민족 정체성: ‘우리’와 ‘그들’ 가르기”. 경희대학교 인류사회재건연구원 편. 『우리 사회의 경계, 어떻게 긋고 지울 것인가』. 아카넷.
홍기삼. 1995. “재외한국인 문학개관“. 유종화 외 『한국현대문학 50년』. 민음사.
황은덕. 2010. “디아스포라 여성 예술가: 차학경의 『딕테』”. 『현대영미소설』 제17권 3호.
______. 2008. “탈국가 탈민족시대의 디아스포라”. 『작가와사회』 제30호(여름).
『레디앙』 2007/02/09.
『오마이뉴스』 2007/01/30.
『조선일보』 2007/12/10.

『중앙일보』 2007/08/20.
『한겨레』 2007/02/03; 2007/02/07; 2007/05/10; 2007/12/28; 2008/01/04 2008/01/11; 2008/01/18.

Anderson, Benedict. 1994. "Exodus". *Critical Inquiry*. 20/1.
Ang, Ien. 2003. "Together-in-Difference: Beyond Diaspora, onto Hybridity". *Asian Studies Review*. 27-2.
Anthias, Floya. 1998. "Evaluating 'Diaspora': Beyond Ethnicity?". *Sociology*. 32/3.
Appadurai, Arjun. 차원재 외 역. 2004. 『고삐 풀린 현대성』. 현실문화연구.
Attali, Jacques. 정혜원 역. 1999. 『21세기 사전』. 중앙M&B
Attali, Jacques. *L'homme nomade*. 이효숙 역. 2005. 『호모 노마드 유목하는 인간』. 웅진닷컴.
Braziel J. E. and A. Mannur. 2003. "Nation, Migration, Globalization: Points of Contention in Diaspora Studies". J. E. Braziel and Anita Mannur eds. *Theorizing Diaspora: A Reader*. Blackwell.
Brubaker, Rogers. 2005. "The 'Diaspora' Diaspora". *Ethnic and Racial Studies*. 28.
Davies. W. D. 1982. *The Territorial Dimension of Judaism*. Berkeley, University of California Press.
Deleuze, G. and F. Guattari. 김재인 역. 2001. 『천 개의 고원』. 새물결.
Dufoix, S. W. Rodarmor trans. 2008. *Diasporas*. University of California Press.
Gandhi, Leela. 이영욱 역. 2000. 『포스트식민주의란 무엇인가』. 현실문화연구.
Hall, Stuart. 1990. "Cultral Identity and Diaspora", Jonathan Rutherford ed. *Identity, Community, Culture, Difference*. Lawrence & Wishart.
Kichung Kim. 2002. "Afflication and Opportunity: Korean Literature in Diaspora, a Brief Overview". *Korean Studies*. vol.25, no.2.
Michel Maffesoli. 1997. *Du nomadisme: vagabondages initiatiques*. LGF
Naficy, Hamid ed. 1998. *Home, Exile, Homeland: Film, Media, and Politics of Place*. Routledge.
Ong, Aihwa. 1999. *Flexible Citizenship: The Culture Logics of Trans-nationality*. Duke University Press.
Safran, W. 1991. "Diasporas in Modern Societies: Myths of Homeland and Return". *Diasporas*. 1(1).
Sheffer, Gabriel. 1995. "The Emergence of New Ethno-National Diaspora".

Migration. 18.

Tölölyan, Khaching. 1996. "Rethinking Diaspora(s): Stateless Power in the Transnational Moment". *Diasporas*. 5(1).

Wallerstein I. 1989. *The Modern World-system. vol. III: The Second Era of Great Expansion of the Capitalist World-Economy 1730-1840*. Academic Press.

찾아보기

ㄱ

ㄴ

ㄷ

ㄹ

ㅈ